U0560536

国家社科基金一般项目"国土空间开发保护中自然资源财产权公益限制与补偿研究"(21BFX055)研究成果

农村土地制度创新的浙江实践及法治因应

胡大伟　著

ZHEJIANG UNIVERSITY PRESS
浙江大学出版社
·杭州·

图书在版编目（CIP）数据

农村土地制度创新的浙江实践及法治因应 / 胡大伟
著. —杭州：浙江大学出版社，2024.1
ISBN 978-7-308-24620-0

Ⅰ.①农… Ⅱ.①胡… Ⅲ.①农村—土地制度—经济
体制改革—研究—浙江 Ⅳ.①F321.1

中国国家版本馆 CIP 数据核字（2024）第 033640 号

农村土地制度创新的浙江实践及法治因应

胡大伟　著

责任编辑	蔡圆圆	
责任校对	许艺涛	
封面设计	周　灵	
出版发行	浙江大学出版社	
	（杭州市天目山路 148 号　邮政编码 310007）	
	（网址：http://www.zjupress.com）	
排　　版	杭州青翊图文设计有限公司	
印　　刷	杭州高腾印务有限公司	
开　　本	710mm×1000mm　1/16	
印　　张	13.25	
字　　数	237 千	
版 印 次	2024 年 1 月第 1 版　2024 年 1 月第 1 次印刷	
书　　号	ISBN 978-7-308-24620-0	
定　　价	68.00 元	

版权所有　翻印必究　　印装差错　负责调换

浙江大学出版社市场运营中心联系方式：0571－88925591；http://zjdxcbs.tmall.com

序　一

　　土地制度是人类社会发展中至关重要的生产关系安排,是一国制度体系的基础,具有"压舱石"的重大意义。中国共产党百年奋斗历史经验表明,回应人民期盼、与时俱进的土地制度是中国共产党推动社会革命向前发展并取得成功的关键之举。党的十八大以来,农村土地制度改革进一步深化,农村土地"三权分置"以及"三块地"改革试点有序推进,实践进展与成效亮点纷呈。地方试点实践为推进乡村振兴与土地法治建设提供了生动样本,形成了一系列实践创新和制度创新成果。站在新时代的历史起点,深化农村土地制度改革已成为加快建设农业强国、推进中国式现代化的重要支撑。

　　长期以来,浙江在农村土地制度改革方面始终坚持"实践是理论先导"的实践唯物主义观念,形成了"干在实处,走在前列"的发展态势。习近平同志在浙江工作期间,亲自擘画实施"八八战略",致力于突破城乡二元结构,深化征地、土地确权等农村土地制度改革。浙江省委省政府坚持一张蓝图绘到底,深入实施"八八战略",坚持城乡融合发展,积极稳妥地推进农村土地制度改革的地方实践,为中国土地制度发展提供浙江经验、贡献浙江智慧。在全力推进国家治理现代化背景下,对浙江农村土地制度改革实践进行追踪考察和法治审视,系统梳理其制度创新样本价值,不仅有助于促进地方治理的法治化,亦有利于推进国家顶层法律制度设计的健全。

　　胡大伟教授近年来持续关注农村土地制度改革问题,在此领域积累了丰富的理论和实践经验。《农村土地制度创新的浙江实践及法治因应》一书是其扎根农村土地制度改革实践,潜心土地法治理论研究的重大成果,具有以下三方面特点。

　　其一,问题导向鲜明,选题意义重大。作者立足于浙江农村土地制度改革实践,从破解改革的理论难题和现实矛盾入手,围绕土地征收增值收益分配、滩涂资源开发利用、集体经营性建设用地入市、宅基地"三权分置"、农村产业融合发展用地保障等重大前沿问题,展开深入浅出的法理阐释和多维度的论证剖析,并提出了许多具有前瞻性和创新性的理论观点与行动方案。该书对于深入贯彻落实党的二十大提出的"深化农村土地制度改革"之要求,带动我国土地法律制度整体破局具有重要的理论启示意义和实践应用价值。

其二,理论创新价值凸显,实践应用特色鲜明。农村土地制度改革研究涉及公私法的交叉,二者有效衔接的制度架构既要考量公共利益的维护,还需彰显对私人土地财产权益的保护。该书放眼于统筹城乡融合发展,立足于公私法融合的研究视域,坚持以赋予农民更多财产权利为价值引领,注重试点实践与法治规范、静态体系与动态过程的彼此融贯、支撑衔接,对土地征收增值收益分配的权益基础、征地与集体经营性建设用地入市增值收益分配的平衡法理、宅基地"三权分置"的规范逻辑等问题进行学理回应,明晰了农村土地制度改革重点领域的法治机理,深化了农村土地制度改革的理论内涵和制度外延。该书以党的十八大尤其是十八届三中全会以来浙江省农村土地制度改革实践为线索,进一步明晰了农村土地制度创新的法治因应脉络,科学分析了地方治理经验与治国之策互动的法治逻辑,研究结论和对策建议的可操作性和实践性很强,不仅能够推动农村土地制度改革的政策命题转化为具体法律制度,而且为农村土地法律制度的修改完善提供了可资参考的理论资源和实践路径。

其三,融汇多种研究方法,彰显多学科综合分析。胡大伟教授坚持扎根中国大地做学问,近年来开展了大量的社会调查研究。此书奠基于浙江改革实践的追踪考察,生动展示了浙江农村土地制度创新的法理逻辑及法治深化图景。中国农村土地制度改革问题复杂,单一学科知识与方法显然无法有效应对,需要借鉴融合不同学科领域的知识、理论与方法。该书坚持以马克思主义为指导,主要遵循"理论逻辑梳理分析→进展及成效实证总结→法治深化勾勒展望"的论证逻辑,综合采用规范分析、比较分析、历史分析、社会实证分析等多种研究方法,贯通使用法学、管理学、社会学等多学科理论分析工具,融理论与实践、文本与实证、逻辑与历史于一炉。

农村土地制度改革之路无比艰辛,理论创新永无止境,相关研究者需要保持长久的耐心,持续投入极大的努力。期望胡大伟教授继续坚守农村土地制度改革及土地法学研究,在此领域取得更丰硕的科研成果。

是为序。

中国人民大学法学院教授

教育部"长江学者"特聘教授

序　二

从人类的发展史上看,土地(最重要的不动产)自古以来就是人类最重要、最珍贵的自然资源,是人类赖以生产、生活和发展开拓的根基,是一切生产和一切存在的源泉。中华人民共和国的社会主义经济制度的基础是生产资料的社会主义公有制,即全民所有制和劳动群众集体所有制。当今中华人民共和国实行土地的社会主义公有制,即全民所有制和劳动群众集体所有制。可见,土地公有制已经真正成为支撑中国特色社会主义制度的最重要基石之一。显然,土地制度是我国基础性制度,且事关我国经济持续发展和社会秩序稳定及国家长治久安。

2016年10月30日,中共中央办公厅、国务院办公厅《关于完善农村土地所有权承包权经营权分置办法的意见》明确指出"坚持农村土地集体所有","始终坚持农村土地集体所有权的根本地位。农村土地农民集体所有,是农村基本经营制度的根本,必须得到充分体现和保障,不能虚置"。2016年12月26日,中共中央、国务院《关于稳步推进农村集体产权制度改革的意见》也明确表示"坚持农村土地集体所有","坚持农民集体所有不动摇"。2023年1月2日,中共中央、国务院《关于做好2023年全面推进乡村振兴重点工作的意见》(中发〔2023〕1号)提出:"赋予农民更加充分的财产权益。深化农村土地制度改革,扎实搞好确权,稳步推进赋权,有序实现活权,让农民更多分享改革红利。"改革开放以来,农村土地集体所有制为推进社会主义现代化发展做出了重要贡献。社会主义制度自我完善和发展的一个重要方面正是坚持农村土地集体所有制,并不断推动农村土地改革。当前,我国现行集体土地所有权是一种特殊的土地所有权,可以说是世上独一无二的,不同于国外任何国家或地区的土地所有权,显然,农村土地集体所有制性质使然,决定集体土地所有权不得买卖、入股、抵押、赠与、继承、抵债,而中国农村土地制度改革创新,在坚持农村土地集体所有制这一公有制前提下,重点突破应该在于农村集体土地利用制度(除农村集体土地征收制度和集体土地所有权之权能完善外)创新与完善。在农业用地"集体所有、集体经营"时期,该集体土地上只存在唯一的一种土地所有权;而我国自1978年底农村土地制度率先改革(农村集体土地利用制度改革)而实行家庭联产承包制、创建具有中国特色的土地承包经营权后,加上宅基地制度改革和集体经营性建设用地制度改革等,使农村各类土地上私法之权利得以丰富多样,且在集体土地所有权基础上,所创设的各种具体财产权(用益物权和债权等)和该类用益物权上所创设的担保物权,更加复杂、更加艰难、更需探索、更需创新、更为丰富、更有特色。农村土地制度改革以来,农村集体土地利用制度的地方实践探索和创新、中央(包括地方)政策指引和推行、国家法律规制和完善其轨迹可循;同时,该时期理论研究成果也极为突出,可谓层出不穷且理论储备已渐丰富并取得一定可喜成就,且部分实践创新成果得到法律回应,如农村集体经营性建设用地可依法入市,依法缩小了土地征收范围,农业用地"三权分置"入法等。但当前农村土地制度发展和深层次改革中也出现众多新问题、新现象、新矛盾或新困境,仍然需要实践探索、政策引领、理论论证、法律规制,如集体土地所有权主体法律地位困惑问题、集体土地所有权之权能完善问题、集体土地被征收之补偿合理性问题、农民在征地与集体经营性建设用地入市之土地增值收益中的分配比例问题、土地经营权流转机制完善和土地经营权担保规制、宅基地"三权分置"探索和规制、农村集体经营性建设用地一级市场和二级市场规则依法完善、优先保障农村产业融合发展用地等。可见,农村土地制度深层次或说进一步深化改革和创新,实践探索在路上、政策引领在路上、理论提升在路上、法律规制在路上。

胡大伟教授长期关注中国农村土地制度改革理论与实践问题,撰写了《农村土地制度创新的浙江实践及法治因应》,该书主要围绕农村土地征收制度改革的地方实践及法治因应、滩涂资源开发利用的法律纷争及化解、集体经营性建设用地入市改革的制度探索及法治因应、征地与集体经营性建设用地入市增值收益分配的平衡法理与制度出路、宅基地"三权分置"的规范逻辑与实现路径、优先保障农村产业融合发展用地的制度创新及法治因应等六方面热点、重点、急点问题开展深入、系统、规范研究,该书之研究具有以下五大特点。

第一,坚持问题导向,挖掘关键命题。事物的发展进步,是在解决矛盾和问题中实现的。问题导向研究就是遵循以发现问题为研究前提,重点以解决问题为研究方向,少做与问题关联不大、不做与问题无关的无用功之研究。坚持问题研究导向,我们才能"知不足而后进""防患于未然",及时发现问题,敢于正视问题,客观剖析问题,找准问题症结,选择可行对策,切实解决问题,从而不断适应新形势,建立新规则,推进新发展,取得新成效。特别是只有坚持问题导向开展调查研究,真正把情况摸清、把问题找准、把症结瞄准、把对策落实,才能真正解决问题。本书充分坚持问题研究导向,从中发现热点问题、困点问题、难点问题、重点问题、焦点问题、凝点问题、痛点问题等,如宅基地"三权分置"改革模式选择、新型城镇化背景下土地征收补偿的现实困境、失地农民城市融入困境、公益性征收与非公益性征收交错混同、留地安置的法治困境、城中村改造中土地权属变更、土地开发权归属、滩涂资源开发利用冲突、推进集体经营性建设用地入市的现实困境、集体土地所有权的归属主体认知模糊、集体经营性建设用地入市的土地增值收益分配、宅基地资格权内涵界定、宅基地资格权的认定、宅基地使用权流转范围、闲置宅基地的盘活利用、优先保障农村产业融合发展用地、农业"标准地"等问题。遵循发现问题是解决问题的前提条件,并通过挖掘关键命题(即真问题),抓住问题的牛鼻子,为本书研究分析问题和解决问题奠定了扎实基础。

第二,立足浙江实践,提炼成功经验。浙江是中国改革开放的先行地,在"三农"改革上有众多方面(除下面农村土地制度改革外)引领全国——发展乡镇企业、家庭工业、个私企业和民营经济的改革;允许农民进城务工经商、分工分业、就业创业的改革;鼓励农民城镇农民建,发展小城镇,推进农村城镇化和城乡一体化改革;推进农业生产市场化、粮食购销市场化改革;停征农业税改革;率先推进农村生产、供销、信用三位一体新型合作服务体系改革;推进农村集体产权制度,率先完成"确权到人(户)、权随人(户)走";推动农村规划建设和生态环境整治的改革,率先实行"千村示范、万村整治"人居环境建设;率先推进城乡基层社会治理现代化;率先提出并实施"基本公共服务均等化行动计划",率先颁布基本公共服务体系"十二五"规划;率先建立城乡一体化的最低生活保障制度,率先建立城乡一体化的居民基本养老保险制度,率先实现基本养老金制度全覆盖和人员全覆盖,率先实现城乡居民基本医疗保险制度整合;率先实现城乡居民最低生活保障标准一致;率先打赢脱贫攻坚战,全面消除了家庭人均年收入 4600元以下绝对贫困现象,给 26 个欠发达县一次性"摘帽",实现了欠发达地区跨越式发展;率先启动美丽乡村行动,率先实施高水平推进美丽城镇建设;率先实施浙江省高质量发展建设共同富裕示范区。浙江省不断改革创新

(包括农村土地制度改革创新),实践充分证明,它不仅激发浙江农村更有活力和更有潜力,而且促使浙江农村更有顽强生命力和持续战斗力。改革开放以来,浙江省的农村经济发展一直走在全国前列,从1985年开始,浙江省的农村居民人均收入连续38年居于全国各省(区)之首。近年来,浙江省始终"干在实处、走在前列、勇立潮头",不断开创农村土地制度创新的新局面。对于浙江省农村土地制度改革创新,本书主要包括:(1)农村土地征收制度改革。主要体现在浙江省全面实行区片综合价补偿、留地安置的实践探索、开发权视角下城中村改造中的土地权属变更探索。(2)沿海滩涂资源开发利用改革。主要体现在浙江省围垦滩涂利用、滩涂资源渔业使用。(3)集体经营性建设用地入市改革。党的十八届三中全会以后,集体经营性建设用地入市改革进入了破冰期,浙江省德清、义乌等地先行先试,全面总结了浙江省德清、义乌的集体经营性建设用地入市改革制度经验,剖析了深入实施农村集体经营性建设用地入市制度面临的困境,探索提出了相关对策建议,为集体经营性建设用地入市法治化建设提供了可靠的地方智识,奠定了扎实的实践基础。(4)宅基地"三权分置"的规范逻辑与实现路径研究。长期以来,浙江农村宅基地改革一直走在全国前列,义乌市率先提出宅基地"三权分置"的制度设计思路。杭州积极推进闲置宅基地盘活利用的创新实践,探索开展了宅基地制度改革的联众模式、淳安实验和临安天目山试点。(5)农村产业融合用地制度创新的浙江实践。主要包括设施农用地形塑新业态的武义试点、农业产业融合项目建设"标准地"(简称农业"标准地")的湖州经验、激活闲置农房及宅基地发展农村新业态的绍兴经验、绿水青山就是金山银山理念引领下浙江省"坡地村镇"试点实践等。上述浙江省各地前期开展的农村产业融合发展用地方各种试点为全国发展提供了很好的浙江经验和浙江样本。本书审视农村土地改革的先行制度创新实践,以期深入总结提炼出可复制、能推广、利修法的浙江农村土地制度改革经验,具有重要的理论和实践意义,不仅为浙江省高质量推进乡村振兴战略做好土地政策支撑,为浙江省高质量发展建设共同富裕示范区提供理论支持和对策参考;而且也为其他地方深入开展农村土地制度改革提供宝贵借鉴经验,还为中央出台相关政策和国家制定或完善法律提供地方成功素材。

第三,融贯四种文本,找准问题症结。农村土地制度改革问题研究,不仅重视法律文本和政策文本,而且更应该重视实践样本和理论真本。法律文本是法律规范的载体,通过文字表达立法者意图的产物,是法治国家建立法治秩序的直接和唯一的依据。法律文本通过具体的条文将被立法者认可的价值吸收到规范中,成为人们遵守的准则。法律文本具有规范性和权威性。一般情况下,政策文本包含标题、签发机构、发文字号、发文时间、实施时间等要素和核心内容,通常核心内容包括政策目标、政策范围、政策措施、政策执行要求等。政策是阶级、政党或社会集团为实现和维护自身的利益,以权威的形式规定的,在一定时期指导、规范人们活动的行为规则。政策未被制定或认可为法律规范之前,是由决定、决议、纲领、宣言、通知、纪要等形式表现的。政策具有阶段性、灵活性和及时性,法律具有长期性、稳定性和成熟性。通常将行之有效的政策措施上升为法律规范,是涉农法律产生和修改完善的主要途径。同时,由于农村土地法律制度缺失不健全和农村土地关系不稳定(不成熟)或农村土地制度需要深化改革等,农村政策仍然能更好作用于农村社会活动。实践样本是行之有效、可复制、可操作、可推广的成功模式和成功案例或成功经验。理论真本是去伪存真后,能有效指导实践、制定政策和成为立法依据的真理论。实践是理论的源泉,理论的发展和完善都离不开实践的不断探索和实践经验的总结。实践是理论的根本动力,只有在实践中不断地发现和解决问题,才能推动理论的不断发展和完善。实践是理论的最终目的,理论的产生和发展都是为了更好地指导实践。理论对实践也有能动的反作用,理论不仅是从实践中总结出来的经验,更是为实践提供指导和支持的工具。只有将理论与实践相结合,才能更好地解决实际问题,推动实践的发展和理论的完善。同样,理论也为制定政策和立法提供指导和支持的工具。因此,融贯法律文本、政策文本、实践样本和理论真本,有利于精辟揭示问题,更好找准问题症结,也为问题的切实解决奠定基础。本书充分体现了上述精髓思想,在法律文本分析上,包括留地安置法律规范缺失、滩涂法律性质不明问题、滩涂资源开发利用法律纷争、集体经营性建设用地入市增值收益分配无法律规范等涉及众多法律;在政策文本分析上,包括浙江省 2014 年 7 月 1 日起全面实施征地区片综合价的政策、《浙江省人民政府关于加快建立被征地农民社会保障制度的通知》(浙政发〔2003〕26 号)、留地安置的地方政策和《国土资源部关于进一步做好征地管理工作的通知》(国土资发〔2010〕96 号)、集体经营性建设用地入市试点的国家(包括部委)和地方政策、农村集体经营性建设用地土地增值收益调节金征收使用管理政策、农村集体土地所有权确权登记政策、宅基地"三权分置"改革政策、闲置宅基地和农房改革政策、省农村产业融合发展用地等等政策;在实践样本分析上,包括留地安置实践探索、城中村改造中土地权属变更实践模式、滩涂资源开发利用、集体经营性建设用地入市地方改革实践等;在理论真本分析上,本书贯彻理论研究始终。同时,找准问题症结方面内容极为丰富,深刻剖析问题根源,直击要害,如"补偿利益受损关联下的失地农民城市融入困境"中提到失地农民融入城市的造血资本不足、失地农民融入城市的公共福利供给不公平、失地农民融入城市存在文化隔阂的障碍。再如"农村产业融合发展用地制度创新的实践困境"中提到乡镇土地利用规划制定及执行法治化不足、农地产权的法律安定性和用地规模化流转之间存在一定张力、最严格耕地保护与乡村产业融合发展用地保障之间制度衔接不彰、土地用途管制滞后于乡村产业融合发展用地需求、土地综合整治的赋权增能供给不足、契约治理机制不完善引发乡村产业用地市场的公平交易风险。

第四,精准因题施策,夯实法治因应。在锚定问题、深挖原因的基础上,重在精准施策,才能最终有效、切实地解决问题。精准施策做到坚持以人民为中心的发展理念和强化精准理念,树立科学态度,运用科学手段、科学方法和科学数据,对事物的运行规律及发展趋势做出精准认识和精准研判,精准查找存在的问题和短板,精准对接群众的需求与呼声,制定出具有战略性、针对性、实效性的精准策略。只有精准因题施策,才能夯实法治因应。本书聚焦突出问题而靶向精准施策主要表现在,如"统筹推进征地制度改革与集体经营性建设用地入市"可行对策中提到需要坚持城乡融合发展、同地同权、地利共享的改革旨向,协调市场调节和政府规制两种手段,建立国有建设用地与集体建设用地一体化的国土空间规划体系,架构城乡统筹、公平统一的基准价形成机制,构建以土地增值税为基础、政府优先购买为保障的多样化收益平衡调节机制,建立统一的建设用地使用权期限届满处置机制。再如在研究农村产业融合发展用地制度创新困境基础上,"创新和完善农村产业融合发展用地制度"可行对策中提到应该着力于进一步夯实土地产权制度,深化土地要素的市场化配置和政府有效监管改革,以实现农村产业融合用地的集约精准配置为落脚点,从健全乡村规划引领、催化农村土地流转、完善农村土地分类管理体系、加强全域土地整治、健全风险防控体系等方面系统发力。

第五,树立多维认知,拓展评判能力。土地属性存在自然属性、经济属性、社会属性、文化属性等四种属性;土地基本功能包括承载功能、生产功能、资源功能、资产功能、生态功能;土地法律规范包括公法上法律规范、私法上法律规范、社会法上法律规范。显然,农村土地制度改革问题不仅横跨公法、私法、社会法领域,而且还涉及法学、管理学、经济学、生态环境学、政治学和社会学等学科。本书注重从农村土地制度改革的整体性、系统性和协同性的角度进行探究,较好运用多学科交叉的视角、公法私法社会法多元的法域、多维度思维认知的透视、多种研究分析方法(调查研究法、实证分析法、比较分析法、案例分析法、文献研究法等)的交替,从而提升对问题的评判能力,得到比较新颖且深刻的研究结果。如通过集体经营性建设用地入市改革的德清探索和集体经营性建设用地入市改革的义乌探索,全面总结了浙江省德清、义乌的集体经营性建设用地入市改革制度经验,剖析了深入实施农村集体经营性建设用地入市制度面临的困境,探索提出了相关有效对策建议。又如湖州市人民政府从准入标准、用地额度、使用要求、规划空间保障、建设用地新增指标保障、事后监管等方面对农业"标准地"的具体实施做出了全面规范。湖州农业"标准地"制度创新是对国家推进城乡融合发展实验的有效回应和具体落实,不仅能够有效解决农业经营主体"用地难"问题,而且也为农村产业融合发展用地集约节约利用提供借鉴经验。

胡大伟教授主要从事土地法学、行政法学研究,近年来在《中国土地科学》等期刊上发表《土地征收与集体经营性建设用地入市利益协调的平衡法理与制度设计》《自然保护地集体土地公益限制补偿的法理定位与制度表达》《宅基地"三权分置"的实施瓶颈与规范路径——基于杭州宅基地制度改革实践》等多篇农村土地制度改革方面论文。《农村土地制度创新的浙江实践及法治因应》之研究具有新颖性、实证性、规范性、理论性、智识性,是一部好成果,特为此而序。

丁关良

浙江大学教授

中国农业农村法治研究会副会长

目　录

导　论

第一节　研究背景及意义

　　土地是人类赖以生存的物质基础,亦是经济社会发展不可或缺的首要生产要素,因此土地制度是关系国家昌盛、人民幸福、民族富强的基础性制度。具有创新精神的浙江人民善于通过农村土地制度创新打破束缚省域经济社会发展的桎梏,让"资源小省"成长为"经济大省"。早在1956年,浙江永嘉县大胆探索"包产到户"改革,虽然由于受"左"倾思想的干扰,永嘉试点仅持续了不到一年的时间,但此项改革试点初步展示出浙江人民"勇于创新"的精神,一定意义上也为我国农村土地承包责任制的确立提供了早期探索经验。一直以来,浙江在土地制度改革方面始终坚持"实践是理论先导"的实践唯物主义观念,为中国土地制度发展提供了大量的浙江经验和浙江模式。目前,浙江建立了农村集体产权制度体系;率先创新宅基地"三权分置"、集体经营性建设用地入市、闲置农房激活等经验做法,保障了农民的基本权益,助力乡村要素的市场化以及农民财产权利实现。① 正如汪晖、陶然在阐释"土地发展权跨区交易"的浙江模式时所言:"浙江模式改革的根本动因,并不是来自浙江有关部门官员对此前某种社科理论重大创新的认识,而是来自强大的实践压力,来自在建设用地空间配置问题上我国的传统建设用地计划管理体制与市场化条件下经济发展、城市扩张之

---

① 赵兴泉、汪明进、潘伟光:《深化农村改革的浙江路径》,《浙江日报》2021年7月26日。

1

间必然存在的突出矛盾。"①这种发轫于实践、面向实践的土地制度创新模式,摒弃"等靠要"思维,充分尊重群众的首创精神,善于激发基层改革发展的内生动力,具有强大的生命力和示范价值。

近年来,土地制度制约问题是发展中反映比较集中的痛点和难点之一。针对用地难,党的十九大报告提出实施乡村振兴战略,其中重点强调要深化农村土地制度改革,促进农村一、二、三产业融合发展,支持和鼓励农民就业创业,拓宽增收渠道,建立健全城乡融合发展体制机制和政策体系,加快推进农业农村现代化。② 2020 年,党中央、国务院在《关于构建更加完善的要素市场化配置体制机制的意见》中明确把"推进土地要素市场化配置"作为首要战略布局之一。③ 2021 年,《中华人民共和国国民经济和社会发展第十四个五年规划和 2035 年远景目标纲要》在健全城乡融合发展体制机制专章中明确对"三块地"深化改革(农村宅基地、农村集体经营性建设用地入市以及农村土地征收制度改革)作出部署。④ 党的二十大报告提出"全面推进乡村振兴。坚持农业农村优先发展,坚持城乡融合发展,畅通城乡要素流动""深化农村土地制度改革,赋予农民更加充分的财产权益"。⑤ 由此可见,深化农村土地制度改革,通过土地制度创新优化土地要素配置,盘活农村土地要素,加快培育农业农村发展新动能,已成为城乡融合发展、乡村振兴战略深入实施的基础性课题。2018 年 4 月,浙江省委、省政府印发了《全面实施乡村振兴战略高水平推进农业农村现代化行动计划(2018—2022)》,提出坚持城乡融合发展,围绕巩固和完善农村基本经营制度、深化农村土地制度改革、深化农村集体产权制度

---

① 汪晖、陶然:《论土地发展权转移与交易的"浙江模式"——制度起源、操作模式及其重要含义》,《管理世界》2009 年第 8 期。

② 习近平:《决胜全面建成小康社会 夺取新时代中国特色社会主义伟大胜利——在中国共产党第十九次全国代表大会上的报告》(2017 年 10 月 18 日),《人民日报》2017 年 10 月 28 日。

③ 《中共中央、国务院关于构建更加完善的要素市场化配置体制机制的意见》(2020 年 3 月 30 日),《人民日报》2020 年 4 月 10 日。

④ 《中华人民共和国国民经济和社会发展第十四个五年规划和 2035 年远景目标纲要》,《人民日报》2021 年 3 月 13 日。

⑤ 习近平:《高举中国特色社会主义伟大旗帜 为全面建设社会主义现代化国家而团结奋斗——在中国共产党第二十次全国代表大会上的报告(2022 年 10 月 16 日)》,《人民日报》2022 年 10 月 26 日。

改革等部署了一系列重大改革举措和制度建设。① 2021年1月,深化土地产权制度改革作为浙江省乡村振兴重大改革和重大政策的关键内容被写入《浙江省国民经济和社会发展第十四个五年规划和二〇三五年远景目标纲要》。② 同年4月,《中共浙江省委浙江省人民政府关于高质量推进乡村振兴争创农业农村现代化先行省的意见》明确要求"深化农村集体产权制度改革"③。浙江省第十五次党代会忠实践行"八八战略",提出着力推进更高水平城乡一体化,稳慎探索农村土地制度改革。当前,浙江已迈入推进中国特色社会主义共同富裕先行和省域现代化先行的新征程,城乡融合发展、区域协调发展进入新阶段,农村土地制度改革面临新困境新挑战。进一步推进浙江省农业供给侧结构性改革和美丽乡村建设,高质量推进乡村振兴,促进共同富裕的实现,必须坚持创新思维与法治理念,保障合理用地需求并切实加强土地管理,重视研究和探索土地制度改革问题。

（1）新时代背景下,探讨农村土地制度创新及法治深化问题,既是响应党的二十大提出的"全面推进乡村振兴""坚持农业农村优先发展,坚持城乡融合发展"的必然要求,亦是推进农村土地使用制度的改革步伐,规范用地行为,缓解当前农村新产业新业态发展用地瓶颈、创新优化土地要素配

---

① 《浙江省委、省政府关于印发〈全面实施乡村振兴战略高水平推进农业农村现代化行动计划(2018—2022年)〉的通知》,设专章七强调"全面深化农村改革,深入推进城乡融合发展制度建设",其中专节部署"深化农村土地制度改革"。

② 设"专栏19乡村振兴重大改革和重大政策",其中包括"1.农村土地产权制度改革。研究制定第二轮土地承包到期后再延长30年具体政策,健全农村承包地'三权分置'制度,稳妥推进宅基地'三权分置'"。

③ 在"统筹推进乡村集成改革"中设"深化农村集体产权制度改革"专节,并提出有序开展第二轮土地承包到期后再延长30年试点,完善"三权分置"制度,健全土地经营权流转服务体系。稳慎推进农村宅基地制度改革,做好新一轮农村宅基地制度改革国家试点工作,探索宅基地"三权分置"有效实现形式。加强农村宅基地管理,强化管理队伍体系建设,健全市县主导、乡镇主责、村级主体的宅基地管理体制。推进农民建房"一件事"办理,强化土地要素保障,在县、乡级国土空间总体规划和村庄规划中为农民建房预留空间,在村庄规划中预留一定比例的建设用地机动指标,严格执行农民建房建设用地计划指标单列管理。稳妥推进农村集体经营性建设用地入市,建立健全城乡统一的建设用地市场。深化村集体经济组织改革,建立农村经营管理工作评价体系。保障进城落户农民土地承包权、宅基地使用权、集体收益分配权,探索依法自愿有偿转让具体办法。

置的重要途径。

（2）立足浙江农村土地制度改革实践，提出土地要素市场化配置的制度创新及法治深化建议，对于破解"三块地"深化改革难题，进而带动我国土地法律制度整体破局具有较强的理论和实践意义。当前，农村"三块地"改革已经迈入关键时期，一些深层次的体制机制问题不容回避，包括配套政策缺失问题、集体土地产权虚化弱化问题等，这些问题的解决亟待作为农村土地制度改革先导区的浙江省提供创新实践和智识。

（3）总结提炼浙江省农村土地制度创新经验，尤其是党的十八届三中全会以来的浙江改革经验，是深化拓展土地制度改革先行先试成果，把制度优势转化为治理效能的客观要求。浙江作为美丽乡村建设和农村土地制度改革的先导区，应按照习近平总书记提出的"干在实处、走在前列、勇立潮头"①的要求，进一步抓紧推进乡村振兴战略下农村土地制度创新，为促进乡村产业兴旺，保障农村产业融合发展用地积累浙江素材、提供浙江经验。

（4）通过土地制度创新优化土地要素配置，盘活农村土地要素，加快培育农业农村发展新动能，已成为城乡融合发展、乡村振兴战略深入实施的基础性课题。习近平同志在浙江工作期间，亲自擘画实施"八八战略"，致力于突破城乡二元结构，深化征地、土地确权等农村土地制度改革。20年来，浙江坚持一张蓝图绘到底，深入实施"八八战略"，坚持城乡融合发展，积极稳妥地推进农村土地制度创新，为"中国之治"提供了浙江素材和浙江经验。浙江省第十五次党代会忠实践行"八八战略"，提出着力推进更高水平城乡一体化，稳慎探索农村土地制度改革。持续完善深化"八八战略"的制度体系，推动"八八战略"迭代深化和螺旋式上升，亟待立足于法律政策文本和创新实践，以及深入总结提炼"八八战略"指引下浙江农村土地制度改革的创新经验。

---

① 《始终干在实处走在前列勇立潮头 奋力谱写中国式现代化浙江新篇章》，《人民日报》2023年9月26日。

第二节　国内外研究现状和发展趋势

一、国内研究现状和发展趋势

通过持续的农村土地制度创新,撬动乡村振兴的巨轮运转起来,能够有效地推动生产要素在城乡之间、农村内部的自由流动,激发乡村振兴的内在动力。[①] 长期以来,农村土地制度中的诸多问题受到理论界和实务界的广泛关注。农村土地产权主体不尽清晰、农村土地权能不尽完整、农村土地市场机制相对缺位等问题被学者们长期诟病。[②] 因此,关于农村土地制度改革的呼声始终高涨。近年来,围绕征地制度改革、集体建设用地流转、宅基地制度改革、农村土地承包制度改革以及农村土地制度改革的历史变迁与基本经验等,国内研究者展开了许多有益探索。

(一)征地制度改革研究

征地制度研究起步于20世纪80年代中后期,90年代后,随着中国工业化、城镇化的快速发展,征地制度改革逐渐成为研究热点。研究成果集中于征地的理论基础[③]、征地范围及"公共利益"的界定[④]、征地程序正当化[⑤]、征地补偿标准与方式[⑥]等方面。征地制度改革研究历程与《土地管理

[①]　钱忠好、牟燕:《乡村振兴与农村土地制度改革》,《农业经济问题》2020年第4期。

[②]　姚洋:《土地、制度和农业发展》,北京大学出版社,2004,第126-144页。

[③]　早期代表性的研究文献有:陈泉生:《论土地征用之补偿》,《法律科学》1994年第5期;王卫国:《中国土地权利研究》,中国政法大学出版社,1997;等等。

[④]　早期代表性的研究文献有:刘连泰:《"公共利益"的解释困境及其突围》,《文史哲》2006年第2期;王利明:《论征收制度中的公共利益》,《政法论坛》2009年第2期;等等。

[⑤]　早期代表性的研究文献有:程洁:《土地征收征用中的程序失范与重构》,《法学研究》2006年第1期;章剑生:《行政征收程序论——以集体土地征收为例》2009年第2期;等等。

[⑥]　早期代表性的研究文献有:张千帆:《"公正补偿"与征收权的宪法限制》,《法学研究》2005年第2期;沈开举、胡光全:《美国行政征用补偿市场价值计算方法解读》,《行政法学研究》2007年第3期;等等。

法》修订①以及党的重大政策紧密关联。党的十八届三中全会之后,缩小征地范围,改革国家垄断建设用地供给制度,提高补偿标准成为学者们的基本研究旨向。学者们围绕土地征收补偿范围的界定、补偿标准的确立、补偿程序的重构等问题展开了集中探究②,不断推动征地制度的完善。整体观之,如何合理分配土地增值收益是征地制度改革研究的一条主线,法学、经济学、社会学等领域的一些专家学者围绕此主线展开了许多卓有成效的探究。相关研究集中如下。(1)从反思土地基本制度宪法秩序的角度探讨土地增值收益分配的困境及出路。围绕合理分配土地增值收益,改革征收补偿制度,学界提出三条道路:一是集体土地国有化③;二是土地私有化④;三是走中间道路,即坚持土地公有制度,实行集体土地和国有土地的"同地、同权、同价",改变土地政策二元分割格局⑤。(2)从土地发展权的角度研究土地增值收益分配。一些学者把征地补偿标准争议归结为土地发展权的配置矛盾问题,并从土地发展权的角度论证土地增值收益分配的理论基础和制度前景。⑥围绕土地增值收益的归属,学界形成了三种观

---

① 改革开放以来的土地征收制度经历了三个阶段的演变。第一阶段是 1998 年《土地管理法》修订之前。这一时期土地征收主要是由国家建设项目实施推动的,相当一部分农村土地非农建设开发是以兴办乡镇企业的形式完成,不涉及土地所有权变动,无须经过土地征收。第二阶段是 1998 年修订《土地管理法》之后,为适应社会主义市场经济发展形势,国家全面建立"先征后用"制度,要求农村土地必须经过征收才能用于城市化与工业化开发。第三阶段是 2019 年通过《土地管理法》修改,对征地制度做出新的规范性要求。具体参见桂华:《地权形态与土地征收秩序——征地制度及其改革》,《求索》2021 年第 2 期。

② 参见陈小君:《农村集体土地征收的法理反思与制度构建》,《中国法学》2012 年第 1 期;申建平:《对农村集体土地征收补偿范围的反思》,《比较法研究》2013 年第 2 期;王克稳:《我国集体土地征收制度的构建》,《法学研究》2016 年第 1 期;高飞:《集体土地征收程序的法理反思与制度重构》,《云南社会科学》2018 年第 1 期;等等。

③ 颜运秋、王泽辉:《国有化:中国农村集体土地所有权制度变革之路》,《湘潭大学学报(哲学社会科学版)》2005 年第 2 期。

④ 蔡继明:《中国土地制度改革论要》,《东南学术》2007 年第 3 期。

⑤ 参见刘守英:《同地同价同权》,《中国国土资源报》2005 年 11 月 7 日;黄贤金:《论构建城乡统一的建设用地市场体系——兼论"同地、同权、同价、同责"的理论圈层特征》,《中国土地科学》2019 年第 8 期;等等。

⑥ 陈柏峰:《土地发展权的理论基础与制度前景》,《法学研究》2012 年第 4 期。

点,"涨价归公论"①、"涨价归农(私)论"②和"公私兼顾论"③。过去相当长的时间里,"涨价归公论"深刻地影响着我国的立法实践。自由派经济学家坚持"涨价归农(私)论",而当前更多学者支持"公私兼顾论",因为规划变更以及基础设施改善等正外部因素引起的集体土地增值,应当由国家代表全社会进行独占,并在全社会范围内公平分享。④ 为了支持自己的观点,学者们从土地发展权的来源、归属和法律属性等方面展开了不同的论证。⑤ (3)从主体确权的角度探讨土地增值收益分配制度改革。有学者从新集体主义的视角提出改革设想,他们认为由于村社集体是一个利益共同体,将部分土地增值收益保留在村社集体内部,既实现了"失地人员无后顾之忧"的征地补偿机制设想,又防止了土地食利阶层的产生,从而解决了土地增值收益中的公平和效率的矛盾。⑥ 也有学者强调在强化集体经济组织法律地位和个体成员权、全面落实集体土地确权发证的前提下,注重从所有权和用益物权两个层面,完善耕地、宅基地、集体建设用地乃至自留地、自留山的分类征收及其补偿机制。⑦

(二)集体建设用地流转研究

改革开放以后关于集体建设用地市场化的称谓,早期主要表现为"集体建设用地流转",党的十八届三中全会以后主要表现为"集体建设用地入

---

① 华生:《城市化转型与土地陷阱》,东方出版社,2013;贺雪峰:《地权的逻辑 II:地权变革的真相与谬误》,东方出版社,2013;李怀、朱邦宁:《"分配正义"视角下的土地增值收益分配制度创新》,《理论探索》2016 年第 6 期。

② 许恒周:《农地发展权的设立与土地征用制度改革》,《广东土地科学》2005 年第 3 期;周其仁:《农地征用垄断不经济》,《中国改革》2001 年第 12 期。

③ 参见郑振源:《征地制度需要改革》,《中国土地》2000 年第 10 期;方涧、沈开举:《土地征收中的公平补偿与增值收益分配》,《北京理工大学学报(社会科学版)》2017 年第 3 期;等等。

④ 周诚:《土地经济学》,商务印书馆,2003。

⑤ 参见程雪阳:《土地发展权与土地增值收益的分配》,《法学研究》2014 年第 5 期;靳相木、陈阳:《土地增值收益分配研究路线及其比较》,《经济问题探索》2017 年第 10 期;方涧、沈开举:《土地征收中的公平补偿与增值收益分配》,《北京理工大学学报(社会科学版)》2017 年第 3 期;等等。

⑥ 李元珍、杜园园:《新集体主义:土地增值收益分配的新机制——以成都市大英村调查为基础》,《贵州社会科学》2013 年第 4 期。

⑦ 陈小君:《农村集体土地征收的法理反思与制度构建》,《中国法学》2012 年第 1 期。

市",目前学界对"流转"与"入市"之称谓统一尚未达成共识。从历时性的角度考察,改革开放以来,集体建设用地流转政策经历了从禁止到肯定的过程。有学者把集体建设用地流转(入市)政策分为三个阶段:一是严格控制阶段,时间是从改革开放到 20 世纪 90 年代末;二是探索阶段,多个试点城市进行集体建设用地流转试点,时间是 2008 年之前;三是 2008 年至今,党的十七届三中全会以来农村集体经营性建设用地入市步入了逐步开放阶段。① 早期学者对于集体土地权利残缺导致集体土地流转受限有较为一致的认识②,赋予城乡建设用地使用权"同地、同权"成为集体建设用地流转的立论基点。这也成为一直以来集体建设用地入市改革研究的逻辑主线。围绕推动城乡建设用地统一流转,学界主要基于自发流转现象抑或试点实践建构逻辑分析框架,强调用行政、法律、经济的手段来规范流转机制,并论证提出不同的流转收益分配模式。③ 虽然学界均已认识到集体建设用地流转的重要性,但对是否允许农村集体建设用地普遍入市尚没有达成广泛共识。刘守英、黄小虎等认为城镇化建设、改革征地制度需要农村集体建设用地入市。④ 华生、陈锡文等则强调要理性看待农村集体建设用地入市,不宜扩大入市范围。⑤ 随着农村集体经营性建设用地入市改革的深入推进,农村集体经营性建设用地入市模式、入市增值收益分配及相关法律制

---

① 伍振军、林倩茹:《农村集体经营性建设用地的政策演进与学术论争》,《改革》2014 年第 2 期。

② 早期代表性的研究文献有:王卫国:《中国土地权利研究》,中国政法大学出版社,1997;温世扬、林晓镍:《农村集体土地产权的法律思考》,《法制与社会发展》1997 年第 3 期。

③ 刘国臻、周翔:《论增加农民土地财产性收入的制度障碍与克服》,《法学评论》2014 年第 5 期;冯果、陈国进:《集体建设用地使用权流转之客体研究》,《武汉大学学报(哲学社会科学版)》2013 年第 6 期;陈明:《农村集体经营性建设用地入市改革的评估与展望》,《农业经济问题》2018 年第 4 期;张力:《土地公有制对农村经营性建设用地入市改革的底线规制》,《法律科学》2020 年第 6 期。

④ 刘守英:《中共十八届三中全会后的土地制度改革及其实施》,《法商研究》2014 年第 2 期;黄小虎:《建立城乡统一的建设用地市场研究》,《上海国土资源》2015 年第 2 期。

⑤ 参见华生:《新土改:土地制度改革焦点难点辨析》,东方出版社,2015;陈锡文:《集体土地入市要慎重》,《资本市场》2016 年第 Z2 期;等等。

度的完善等逐渐成为理论界研究的焦点,并涌现出许多有分量的研究成果。[①]

(三)宅基地制度改革研究

中国的几项农村土地安排中,宅基地制度是最落后的一项制度安排。[②]作为农村土地的重要组成元素,农村宅基地不仅发挥着社会保障的价值意旨,同时也承载着财产性功能。当然,在不同的历史时期,宅基地的双重价值属性呈现出不同的制度选择逻辑。新中国成立后的宅基地使用权流转制度的历史沿革大致可以划分为三个阶段,分别为"两权合一"模式下的自由流转阶段、"两权分离"模式下的变相流转阶段及"两权分离"模式下的限制流转阶段。[③] 以社会各界最为关心的城乡一体化进程中农民的房屋能否买卖、农村宅基地使用权能否流转为标准,可以将 1978 年农村改革启动以来我国农村宅基地制度改革划分为延续保护、严格限制、有限放松三个阶段。[④] 进一步而言,随着经济社会的不断发展以及新型城镇化的稳步推进,农村宅基地承载的财产权功能逐渐得到重视,如何激活宅基地的财产权价值成为学界关注的重点、难点和突破点。既有理论研究以宅基地"三权分置"政策的提出为节点,可以分为两个阶段:第一阶段主要是围绕宅基地使用权是否应予自由流转;第二阶段则主要围绕宅基地"三权分置"政策应如何在法律上寻求妥适表达。[⑤] 董祚继较早地提出"实行宅基地所有权、占有

[①] 参见胡如梅、谭荣:《集体经营性建设用地统筹入市的模式选择》,《中国土地科学》2021 年第 4 期;黄砺、姚钰洁:《新时代农村集体建设用地入市模式研究:基于交易费用视角》,《南京农业大学学报(社会科学版)》2020 年第 6 期;欧阳君君:《集体经营性建设用地入市范围的政策逻辑与法制因应》,《法商研究》2021 年第 4 期;周小平、冯宇晴、余述琼:《集体经营性建设用地入市收益分配优化研究——以广西北流市的改革试点为例》,《南京农业大学学报(社会科学版)》2021 年第 1 期;宋志红:《集体建设用地使用权设立的难点问题探讨——兼析〈民法典〉和〈土地管理法〉有关规则的理解与适用》,《中外法学》2020 年第 4 期;等等。

[②] 刘守英:《城乡中国的土地问题》,《北京大学学报(哲学社会科学版)》2018 年第 3 期。

[③] 董新辉:《新中国 70 年宅基地使用权流转:制度变迁、现实困境、改革方向》,《中国农村经济》2019 年第 6 期。

[④] 刘同山:《农村宅基地制度改革:演进、成就与挑战》,《农林经济管理学报》2018 年第 6 期。

[⑤] 程秀建:《我国宅基地"三权分置"改革法律问题研究》,博士学位论文,西南政法大学,2019。

权、使用权'三权分置'"①。近年来,随着党和国家对宅基地"三权分置"的政策认同和战略推进②,宅基地"三权分置"改革已成为理论界集中探究的主题。学者们围绕宅基地"三权分置"的法律内涵、宅基地使用权与资格权的性质、宅基地"三权分置"改革的价值、障碍及实现路径等展开深入探讨,取得较多成果。③

(四)"三块地"制度联动改革研究

土地征收制度改革、集体建设用地流转制度改革与宅基地制度改革虽然各有特色,发展历程亦不尽同步,但它们均系农村土地制度改革的分支系统,三者难以截然分开。进一步而言,征地制度、农村建设用地制度和宅基地制度的改革,必须是三位一体、城乡互动,对"三块地"进行通盘考虑和顶层设计,才能达到预期的目标。④ 建立城乡统一的建设用地市场,意味着

---

① 董祚继:《以"三权分置"为农村宅基地改革突破口》,《中国乡村发现》2017年第1期。

② 2018年中央一号文件明确提出,完善农民闲置宅基地和闲置农房政策,探索宅基地所有权、资格权、使用权"三权分置"。2021年中央一号文件指出,加强宅基地管理,稳慎推进农村宅基地制度改革试点,探索宅基地所有权、资格权、使用权分置有效实现形式。2023年中央一号文件强调,稳慎推进农村宅基地制度改革试点,切实摸清底数,加快房地一体宅基地确权登记颁证,加强规范管理,妥善化解历史遗留问题,探索宅基地"三权分置"有效实现形式。

③ 参见席志国:《民法典编纂视域中宅基地"三权分置"探究》,《行政管理改革》2018年第4期;刘锐:《乡村振兴战略框架下的宅基地制度改革》,《理论与改革》2018年第3期;刘国栋:《论宅基地三权分置政策中农户资格权的法律表达》,《法律科学》2019年第1期;宋志红:《宅基地"三权分置":从产权配置目标到立法实现》,《中国土地科学》2019年第6期;刘凯湘:《法定租赁权对农村宅基地制度改革的意义与构想》,《法学论坛》2010年第1期;陈小君:《宅基地使用权的制度困局与破解之维》,《法学研究》2019年第3期;宋志红:《乡村振兴背景下的宅基地权利制度重构》,《法学研究》2019年第3期;申惠文:《宅基地三权分置改革的立法表达》,《中国不动产法研究》2019年第1期;韩文龙、谢璐:《宅基地"三权分置"的权能困境与实现》,《农业经济问题》2018年第5期;孙建伟:《宅基地"三权分置"中资格权、使用权定性辨析——兼与席志国副教授商榷》,《政治与法律》2019年第1期;孙建伟、Li Jiesi:《宅基地"三权分置"中资格权、使用权定性辨析(英文)》,《中国法学》(*China Legal Science*)2021年第6期;刘恒科:《宅基地"三权分置"的政策意蕴与制度实现》,《法学家》2021年第5期;等等。

④ 蔡继明:《农村"三块地"改革不能被割裂》,《中国经济时报》2016年3月18日。

土地征收和集体经营性建设用地直接入市在建设用地的供给上同时并存，由此必将引发二者如何统筹推进的问题。针对征地制度改革与集体建设用地流转的关系，有学者提出二者具有一体两面性，两项改革关键都在于土地收益分配上要充分保障农民的利益。[①] 2015 年 1 月，中共中央办公厅和国务院办公厅联合印发了《关于农村土地征收、集体经营性建设用地入市、宅基地制度改革试点工作的意见》之后，"三块地"改革迈入了新的实践历程。自此"三块地"改革之间的互动关系、利益纠葛逐渐引起学界广泛关注，学者们围绕三者之间的利益冲突、内在关联、协同路径等方面展开了初步探讨。现阶段，农村"三块地"改革存在缺乏整体统筹、征地改革动力不强、集体经营性建设用地改革范畴有限、增值收益分配缺乏科学依据、宅基地改革认知矛盾凸显等诸多问题。[②]有学者指出，缩小征地范围是开展集体经营性建设用地流转的前提，集体经营性建设用地流转是缩小征地范围后的递进。[③] 当然，集体经营性建设用地使用权入市与征收之间会发生一定的冲突，解决冲突的根本措施是发挥市场对土地资源配置的决定作用，以土地使用权的市价作为征收补偿的标准。[④] 晚近，有学者基于浙江农村土地制度改革实践，以分散聚焦的视角，详细介绍了集体经营性建设用地入市、宅基地、征地制度以及耕地保护与补平衡四项制度创新，并对其特征与绩效做了详细解读和分析。[⑤]

（五）农村土地承包制度改革研究

稳步推进第二轮土地承包到期后再延长 30 年，充分保障农民的土地承包权益，是近年来农村土地制度深化改革的重要内容。2017 年党的十九大报告提出"保持土地承包关系稳定并长久不变，第二轮土地承包到期之后土地承包经营权再延长三十年"，2018 年修改的《农村土地承包法》对此

---

① 黄小虎：《征地制度改革和集体建设用地流转》，《经济研究参考》2008 年第 31 期。

② 严金明、陈昊、夏方舟：《深化农村"三块地"改革：问题、要义和取向》，《改革》2018 年第 5 期。

③ 郑义、刘杨：《缩小征地范围与集体经营性建设用地流转衔接机制研究》，《中国国土资源经济》2015 年第 1 期。

④ 韩松：《城镇化进程中入市集体经营性建设用地所有权归属及其与土地征收制度的协调》，《当代法学》2016 年第 6 期。

⑤ 沈国明、关涛、谭荣、蒋明利：《农村土地制度改革：浙江故事》，科学出版社，2018。

政策进行了法律确认。"保持农村土地承包关系稳定并长久不变"从政策表达转化为法律表达，并成为立法目的之一。2018年以来，历年中央一号文件均对农地二轮承包期满延包做出部署安排。围绕这一部署安排，国内学界高论迭出，主要聚焦承包期届满"继续承包"的法理①、承包地长久不变与适当调整的关系协调②、农村土地承包制度长久不变的起止节点③、农民进城落户后承包地的处置④等四个方面展开理论争鸣。

（六）农村土地制度改革的历史变迁与基本经验研究

农村土地制度改革是解决"三农"问题的关键。习近平总书记指出："土地制度是国家的基础性制度，农村土地制度改革是个大事，涉及的主体、包含的利益关系十分复杂，必须审慎稳妥推进。"⑤一方面，一些学者以改革开放40年、新中国成立70年、中国共产党成立100年等重要历史节点为界梳理和总结农村土地制度的历史变迁与基本经验⑥；另一方面，党的十八大以来，我国农村土地制度改革进一步深化，农地制度从"两权分离"到

① 宋志红：《论〈农村土地承包法〉中的土地承包权》，《吉林大学社会科学学报》2020年第1期；肖鹏：《承包期届满的自动续期制度研究——"第二轮土地承包到期后再延长30年"的法律表达》，《中国农业大学学报（社会科学版）》2018年第6期。

② 陈明：《农地制度改革40年：一个国家治理逻辑转换的视角》，《湖北社会科学》2019年第1期；刘灵辉：《土地承包关系"长久不变"对征地补偿的影响与制度改革》，《中州学刊》2015年第7期；刘守英：《农村土地承包法修改后的地权结构与权利关系》，《农村·农业·农民（B版）》2019年第2期；程雪阳：《"土地承包关系稳定并长久不变"的理论争议与制度落实》，《中国法律评论》2021年第1期。

③ 单平基：《土地经营权债权定性之解释论》，《法学家》2022年第4期；黄延信：《农村土地承包经营权延续的前沿问题研究》，《毛泽东邓小平理论研究》2019年第5期。

④ 邓朝春、辜秋琴：《我国农村土地承包经营制度的演进逻辑与改革取向》，《改革》2022年第5期；高飞：《进城落户农户承包地处理之困境与出路》，《法学论坛》2019年第5期。

⑤ 陆昊：《关于〈中华人民共和国土地管理法〉、〈中华人民共和国城市房地产管理法〉修正案（草案）的说明》，《中华人民共和国全国人民代表大会常务委员会公报》2019年第5号。

⑥ 韩长赋：《中国农村土地制度改革》，《农业经济问题》2019年第1期；罗玉辉：《新中国成立70年农村土地制度改革的历史经验与未来思考》，《经济学家》2020年第2期；程雪阳、高林娜、蒋仁开：《建党百年土地法治建设的历史逻辑和基本经验》，《中国土地科学》2021年第12期。

"三权分置",对此改革历程亦有学者展开总结和讨论①。此外,有学者基于浙江农村土地制度改革实践,以分散聚焦的视角,详细解读和分析了集体经营性建设用地入市、宅基地、征地制度以及耕地保护与占补平衡四项制度创新②,初步总结和提炼了党的十八大以来浙江农村土地制度改革经验③。

二、国外研究现状和发展趋势

国外关于土地征收补偿的研究起步较早,相关成果亦比较丰厚。在市场经济比较完善的国家和地区,由于土地私有化程度较高,经过市场自由竞争的充分洗礼,土地市场已经相当完备和规范,买卖双方可以通过协商的方法自愿达成土地交易。同理,国家基于公共利益需要对土地进行征收时,大多数国家和地区倾向于采用土地市场价值来确立征收补偿标准。当然,各国关于征收补偿的具体项目和补偿标准并不一致,虽然大多国家会从立法上要求政府必须给予被征地者公平合理的补偿以保证被征地者原有生活水准不下降。但是,关于"公平、公正补偿"是何意义,土地市场价值如何确定,一直是比较有争议且内涵不断变迁的话题。由于土地制度和城镇化发展水平的差异,国外相关制度的理论旨向和实践逻辑对我国土地征收制度改革难以产生直接的参考价值。与此同时,由于农村集体建设用地、宅基地是具有中国特色的概念,其他国家和地区关于集体建设用地使用权流转、宅基地制度改革等问题的直接探讨比较鲜见。

三、简评

综上,从现有文献看,前人对农村土地制度改革问题已作了大量研究,在缩小征地范围、推动城乡建设用地统一流转、加强农村产业用地政策创新等方面达成了部分共识。但大多数学者侧重于农村土地制度某一方面

---

①　严金明、蔡大伟、夏方舟:《党的十八大以来农村土地制度改革的进展、成效与展望》,《改革》2022年第8期。

②　沈国明、关涛、谭荣、蒋明利:《农村土地制度改革:浙江故事》,科学出版社,2018。

③　郑淋议、钱文荣、郭小琳:《农村土地制度改革的研究进展与经验深化——来自改革先行地浙江的探索》,《当代经济管理》2020年第2期。

的单独改革探索研究,系统论述和整体制度构建相对不足。而且囿于学科的分工壁垒,很多研究呈现出碎片化的状态。农村土地制度改革问题不仅横跨公法、私法领域,还涉及管理学、经济学和社会学等领域。但当前的研究成果大多视角单一,综合性缺失。单一视域的研究难免会顾此失彼,亦不利于农村土地法律制度的构建。再而言之,目前扎根地方改革实践的系统化、特色化实证研究依然比较缺乏。立足于地方改革实践的法律制度研究才更有说服力和生命力,亦更符合当前的研究趋势。虽然改革开放40多年来,中国经济取得了翻天覆地的变化,但区域发展不平衡的问题依然存在,这种不平衡对农村土地制度改革必然会产生影响。换而言之,农村土地制度改革实践在我国不同区域呈现出不同的特征,对这些地方性智识进行深入总结提炼,才能提出更有针对性的政策建议,建构更有生命力的法律制度。近年来,浙江省始终"干在实处、走在前列、勇立潮头",不断开创农村土地制度创新的新局面。当前,深入总结提炼浙江农村土地制度创新经验,具有重要的理论和实践意义。

第三节　主要研究内容

一、研究思路及内容框架

本书综合运用法学、社会学、公共管理学等相关学科的理论,具体采用规范分析、比较分析、历史分析、经验实证等多种研究方法,坚持问题导向型的应用对策研究。本书立足法律政策文本和浙江改革实践,在全面梳理城乡融合发展用地实践及制度需求的基础上,深入剖析农村人地矛盾问题的法理动因,厘清农村土地制度创新的演进脉络和法理逻辑,发掘农村土地制度创新的法治空间,提出契合土地法治理论和政策走向的改革策略。一方面,目光往返于法律政策文本的字里行间,通过比较找寻农村土地制度深化改革的政策走向和发展脉络,对未来立法及制度创新作出预测;另一方面,综合土地法治基本理论和现行土地法律规范,审视农村土地改革的先行制度创新实践,以期总结提炼出可复制、能推广、利修法的浙江农村土地制度改革经验,为浙江省高质量推进乡村振兴战略做好土地政策支撑,为浙江省高质量发展建设共同富裕示范区提供理论支持和对策参考。

全书共分为六章,具体如下。

导论。本章主要以浙江省为例描述了开展农村土地制度创新及法治因应研究的背景及意义,详细梳理了国内外研究现状、进展及存在问题;简单介绍了本书的主要框架内容及特色创新之处。

第一章,农村土地征收制度改革的地方实践及法治因应。本章重点围绕如何解决好土地征收利益补偿矛盾,解决好土地征收中农民利益、集体利益和国家利益之间的关系,提高农民在土地增值收益中的分配比例,让广大农民共享城市发展成果的问题;通过实证调研和理论演绎,揭示新型城镇化背景下土地征收补偿的现实困境,全面反思和评价土地征收补偿的历史发展、现实状态、法理基础以及规范依据,深入研究提高农民在土地增值收益方面的法理基础和法治环境,提出土地利益共享和补偿机制改革完善的规范方向与具体框架。具体包括三方面内容:(1)失地农民城市融入视角下土地征收补偿的制度省思。立足浙江改革实践,在全面梳理失地农民应享受的市民待遇的基础上,以新型城镇化过程中土地利益共享为切入点,围绕解决土地征收补偿冲突以及增值收益分配问题展开研究,提出征地制度改革中收益分配的法治架构方案。(2)留地安置的实践探索、制度困境及法治回应。留地安置作为我国征地补偿实践的地方创新,具有较强的现实合理性和深厚的实践基础,但在改革强调于法有据的时代背景下,它亦面临着与现行法律秩序难以兼容的现实拷问。为此,当前亟待对留地安置实践经验及相关政策进行全面梳理和总结,并及时把实践证明行之有效的地方智识和公共政策进行法治化改造。(3)开发权视角下城中村改造中的土地权属变更。城中村改造面临的土地法治困境,表面上是"入城"集体土地转为国有或保留集体所有的选择问题,实质上则是集体土地利用及增值收益分配的权利配置问题。如何实现土地增值收益在土地权益人之间的均衡分享? 如果对城中村改造中的集体土地权属变更及配置处理不当,将会导致"改造性问题的重复再现"。本书在坚持城市土地国有之宪法规范安排的基础上,以土地开发权为切入口,努力寻求城中村改造中土地权属变更的最佳途径,最大限度地化解宪法法律规定与城中村改造实践之间的紧张关系。

第二章,滩涂资源开发利用的法律纷争及化解。在一些领域,如海滩围垦补偿等领域,无论在法律上抑或实践中都存在很多的特殊之处。从法理上厘清它们的特殊性,并从"一揽子"改革的视角提出整体制度设计方案,是城镇化过程中土地利益共享和补偿得到妥善解决的关键。围绕滩涂资源开发利用一直存在着法律选择适用上的争议,该争议的根源在于滩涂法律性质认知上的模糊不定。历史考察和现行法律制度表明,滩涂在法律性质上属于土地的范畴,而低潮线才是海域与土地二者区分的法律界碑。滩涂资源开发利用的法律纷争的化解,需要明晰滩涂的土地性质,建立更加严格的滩涂资源开发利用审批制度,建立统分协调的滩涂资源开发利用管理体制。

第三章,集体经营性建设用地入市改革的制度探索及法治因应——基于德清和义乌的实践。集体经营性建设用地入市改革是农村土地制度改革的关键内容之一,对深化征地制度改革有"一体两面"之功效,亦关系着城乡统一建设用地市场的建立健全。党的十八届三中全会以后,集体经营性建设用地入市改革进入了破冰期,浙江省德清、义乌等地先行先试,为集体经营性建设用地入市法治化建设提供了可靠的地方智识,奠定了扎实的实践基础。本章梳理了改革开放以来农村集体经营性建设用地入市的制度变迁过程,全面总结了浙江省德清、义乌的集体经营性建设用地入市改革制度经验,剖析了深入实施农村集体经营性建设用地入市制度面临的困境,探索提出了相关对策建议。

第四章,征地与集体经营性建设用地入市增值收益分配的平衡法理与制度出路。统筹推进征地制度改革与集体经营性建设用地入市需要实现土地增值收益分配的大体平衡。科学有效地协调土地征收与直接入市之间的利益关系是农村土地法律制度深化改革的关键环节,对此学界尚缺乏深入的法理阐释和制度回答。关于土地增值收益分配可以分为两个层面:第一层面是地方政府与集体经济组织之间的利益分配,第二层面是集体经济组织与成员之间的利益分配。而土地征收与直接入市之间的利益协调集中体现在第一层面,这是本章相关主题论证的主要聚焦之处。土地征收与直接入市收益的平衡难题,反映了长期以来我国城乡二元割据的对立困境。"转权获利"与"保权获利"形成的地权权属差异、公私立场下市场价值的形成与认定偏差是影响土地增值收益平衡分配的法理渊源。统筹推进征地制度改革与集体经营性建设用地入市,需要坚持城乡融合发展、同地同权、地利共享的改革指向,协调市场调节和政府规制两种手段,建立国有建设用地与集体建设用地一体化的国土空间规划体系,架构城乡统筹、公平统一的基准价形成机制,构建以土地增值税为基础、政府优先购买为保障的多样化收益平衡调节机制,建立统一的建设用地使用权期限届满处置机制。

第五章,宅基地"三权分置"的规范逻辑与实现路径——基于杭州的实践。杭州积极推进闲置宅基地盘活利用的创新实践,探索开展了宅基地制度改革的联众模式、淳安实验和临安天目山试点。基于杭州宅基地制度改革实践的观察发现,宅基地"三权分置"面临着实践需求与政策供给的不匹配,如宅基地所有权难以显化、宅基地资格权的认定及规范保护比较模糊、宅基地使用权规范流转和盘活的市场机制及法治保障不足等困境。深入推进宅基地"三权分置"改革,促进闲置宅基地的盘活利用,应该坚持城乡融合、农村产业融合发展的视角,提高乡村治理能力,充分发挥村集体在宅基地开发利用中的主导作用,保障宅基地集体所有权的有效落实;科学界定农村宅基地"三权"之间的权责关系,显化宅基地农户资格权,建构完善的确权赋能机制;完善政策扶持、平台搭建和空间管制等政府资源配置机制,保障宅基地使用权的适度放活;推进宅基地"三权分置"改革与相关领域改革的协同融合,完善宅基地用益物权保障机制。

第六章,优先保障农村产业融合发展用地的制度创新及法治因应。进一步优化农村产业融合发展用地制度,完善乡村产业发展用地政策体系,是破解农村新产业新业态发展用地瓶颈、强化乡村振兴战略制度供给的重要内容,对于促进城乡融合发展、实现产业振兴、推进乡村治理现代化具有重要的支撑和保障作用。"让改革于法有据""以地方先行法治探索,推动我国土地制度改革的整体破局""通过'政府引导、市场调节、村民自主参与'促进和保障农民土地财产权利的实现"是地方先行先试经验的法理逻辑。实证调研表明,农村产业融合发展用地制度创新依然存在一些困难。创新和完善农村产业融合发展用地制度应该着力于进一步夯实土地产权制度,深化土地要素的市场化配置和政府有效监管改革,以实现农村产业融合用地的集约精准配置为落脚点,从健全乡村规划引领、催化农村土地流转、完善农村土地分类管理体系、加强全域土地整治、健全风险防控体系等方面系统发力。

二、研究特色和创新

(一)研究视角及路径上的特色和创新

本书坚持以赋予农民更多财产权利为价值引领,基于农村建设用地"一体三面"的法理定位,从农村土地制度改革的整体性、系统性和协同性的角度进行探究,坚持整体统筹、城乡统筹、政府与市场统筹的研究原则,角度新颖。多学科交叉的视角会带来比较新颖且深刻的研究结果。

(二)研究方法上的特色和创新

长期以来,浙江省在农村土地制度改革方面始终走在前列,形成了若干发展经验。本书对浙江土地制度改革实践展开追踪调查,全面梳理、总结和分析浙江经验,以此为基础展开法理剖析,探索提出农村土地制度深化改革的法治因应之道,为修改和制定相关法律政策提供坚实的实践基础。

(三)研究视域及制度建构上的特色和创新

坚持城乡融合发展、农村资源资产统筹利用的整体主义立场,注重农村土地制度改革实践与法治规范、静态体系与动态过程的彼此融贯、支撑衔接。本书立足于经济行政法视角和理念,借鉴制度演进的进化博弈思想,运用实证分析法通过动静两种路径厘清"有为政府"与"有效市场"在农村土地制度改革中的法理定位和作用,解析农村土地制度改革中公权力与私权利角力的理论逻辑,透视二者利益冲突的形成逻辑及消弭的制度方向。

第一章　农村土地征收制度改革的地方实践及法治因应

　　我国宪法虽然对征收做出了公共利益的限定,但由于现行法律规定的内在逻辑冲突以及土地二元划分,公益性征收与非公益性征收一直交错混同在一起。公益性征收与非公益性征收交错混同导致土地增值收益分配错综复杂。而且,长期以来,我国的征地补偿制度设计着眼于对被征地农民原来生活水平的恢复,提倡"一次性"金钱补偿,这种模式遮蔽了被征地农民的发展权需求,易引发征地补偿矛盾。为减少征地阻力,经济发达地区的浙江省不仅在法律规定的最高限额标准内给予被征地农民补偿①,而且积极推进土地增值收益合理分享,在政策的引领下做出了一些创新之举,比如产值倍数法向区片综合法的过渡、留地安置、土地入股、土地换社保等。本章立足于浙江征地制度改革创新实践,以新型城镇化过程中土地利益共享为切入点,围绕解决土地征收补偿冲突以及增值收益分配问题展开研究,深入剖析浙江改革经验的法理基础及制度发展可能,并寻求土地增值收益公平分配的制度建构路径。

第一节　城乡融合发展背景下土地征收补偿制度的省思

　　国家统计局数据显示,2020 年末我国常住人口城镇化率超过 60％。②

---

① 为了让征地补偿标准与当地经济社会发展水平相适应,浙江义乌主动提高征地的补偿标准,自 2014 年 7 月 1 日起征地补偿标准提高到每亩 5.6 万元。参见徐博、岳永兵、黄洁:《"三块地"改革先理顺利益关系——对部分地区农村土地制度改革实践的调研与分析》,《中国土地》2015 年第 2 期。

② 国家统计局:《中华人民共和国 2020 年国民经济和社会发展统计公报》(2021 年 2 月 28 日),http://www.stats.gov.cn/tjsj/zxfb/202102/t20210227_1814154.html。

促进农业转移人口有序有效融入城市已经成为当前及未来我国经济社会发展的重要任务之一。[1] 随着新型城镇化与城乡融合发展的稳步推进,国家公益性建设用地的使用需求依然很大,土地征收现象必将持续发生。然而经过不断改革的土地征收制度尚不尽如人意,征地补偿矛盾依然存在。据中国人民大学和美国农村研究所等学术机构从 1999 年至 2012 年对中国 17 个农业大省和自治区的地权调研数据显示,自 20 世纪 90 年代后期以来,43.1%的中国农民经历了至少 1 次征地,而在 17.8%的征地案例中,被征地农民反映地方政府采取了强制征地拆迁的手段;有 12.7%的失地农民没有得到任何补偿,而 9.8%的失地农民虽然得到了补偿承诺但还没有收到应得的钱款。[2] 如何解决好土地征收补偿的矛盾,解决好征地拆迁中农民利益、集体利益和国家利益之间的关系,让广大农民共享城市发展成果,已成为党和国家面临的重大挑战。近些年来,党和政府对土地征收补偿引发的问题不可谓不重视,但是,该领域内总体上仍然呈现出矛盾越积越多、冲突屡有所见的态势。[3] 长期以来,传统的"一次性"金钱补偿虽然能够及时满足失地农民的眼前利益需求,但这种缺乏后续能力支撑的征地补偿模式忽视了失地农民的发展权需求,显然缺乏可持续性。新型城镇化不仅是"物""空间"的改变,更主要强调"人"的转变。新型城镇化及城乡融合发展背景的土地征收不仅承载着发展经济、改变空间面貌的重任,更面临着如何让失地农民实现城镇化转变的机遇和挑战。基于此,新型城镇化实现"人"转变的价值旨向,要求我们对征地补偿制度的反思与完善,必须坚持"以人为本",必须回到对失地农民发展权的关照上。在新型城镇化稳步推进以及城乡融合发展的时代背景下,从失地农民城市融入的角度审视我国征地补偿制度,建构"人地统筹"的征地补偿制度改革方案,探讨土地征收补偿制度完善路径,是解决征地拆迁补偿矛盾的逻辑起点。

---

[1] 国家发展改革委《关于印发〈2021 年新型城镇化和城乡融合发展重点任务〉的通知》(发改规划〔2021〕493 号)明确提出"促进农业转移人口有序有效融入城市""着力解决大城市住房突出问题""实施城市更新行动"等。

[2] 孙春芳:《人民大学完成 17 省农村调查:超四成农民遭遇征地,近二成属强征》,《21 世纪经济报道》2012 年 2 月 7 日。

[3] 蔡乐渭:《中国土地征收补偿制度的演进、现状与前景》,《政法论坛》2017 年第 6 期。

一、补偿利益受损关联下的失地农民城市融入困境

放眼世界，土地问题一直是贯穿城镇化发展的核心问题。由于中国特殊的土地城乡二元治理体制，我国城镇化过程中土地问题相对特别且复杂，尤其是农地征收问题更是"别有洞天"。城镇化过程中的征地问题，主要关涉三个方面，即征地补偿、失地农民安置、失地农民城市融入。研究发现，学者们大都习惯将征地补偿、失地农民安置、失地农民城市融入作为三个独立的问题分别加以研究。但实质上三者之间有着不可分割的内在联系，分割式的研究固然可以实现"片面的深刻"，但难以实现问题的整体解决。笔者以为，征地补偿的完善可以从反思失地农民城市融入困境着手，因为失地农民城市融入困境的发生是和失地农民征地补偿利益受损紧密相关的。不少失地农民不仅在征地过程中受到征地范围过宽、征地补偿较少、征地程序不规范等的侵害，而且进入城市后往往生活无着落，长远生计缺乏保障，成为"就业无岗、种田无地、低保无份"的"三无"游民，从而难以融入城市社会。[1]

（一）失地农民融入城市的造血资本不足

长期以来，中国农村生活一直以低成本、低消费著称。但征地打破了部分农民的这种生活模式，他们被裹挟着进入城镇化的生活模式。城市化的生活模式预示着生活成本的增高。失地农民要顺利进入城市化的生活场景，有赖于一定的经济支撑。对于失地农民而言，征地补偿款是其主要的直接的经济来源，而良好的再就业是其间接的经济来源。然而，这两种经济来源都是相对羸弱的。其中征地补偿款在中国一直是一个多受批评的问题，征地补偿法律制度的不当设计导致补偿款的先天差短，征地补偿运行机制的控权失灵导致补偿款的后天减损。由于近年来农产品价格不断下降，有时甚至出现"滞销"现象，按补偿标准所计算出来的征地补偿款相对较低，外加现实中存在的"层层剥皮"现象，大部分失地农民到手的征地补偿款较少，导致物质资本相对匮乏。[2] 在征地补偿款不足的情况下，如果失地农民能够通过就业、创业获得比较丰厚的经济回报，失地农民城市

---

[1]　钱忠好：《中国农村土地制度变迁和创新研究（Ⅲ）》，中国农业出版社，2010。

[2]　杨风、燕浩杨：《失地农民城市融入的障碍与路径——以山东省为例》，《农村经济》2015 年第 5 期。

融入经济支撑问题就不会存在。但可惜的是,由于失地农民受教育程度一般较低,加上普遍欠缺有针对性的职业技能培训教育,因此他们在就业中并不具有很强的竞争优势。同时,虽然征地补偿款能够为失地农民解决一定的创业启动资金难题,但实践中失地农民一般不会选择创业。直接和间接经济来源的匮乏,导致失地农民只能以颤颤巍巍的姿态进入市民化的角色。

(二)失地农民融入城市的公共福利供给不公平

失地农民融入城市,不仅体现在物理空间的转变上,而且还体现在社会角色的转变上。"当一种由制度规定的、人为的边界得以不断强化时,它对社会成员产生的心理效应就会越来越强,同时对某种价值起到放大效应。随着边界的突出和强化,社会角色期望的隔离将会越来越深。"①因此,失地农民进入城市后,其能否顺利地实现社会角色的转变,关键取决于公共福利制度(尤其是社会保障制度)设计对他们的支持力度。在中国,土地对于农民而言,具有多重价值,不仅是具有作为生产资料的生产价值,同时亦具有社会保障的福利功能和价值。土地征收,不仅意味着生产资料的转移,更意味着农民最值得信赖的保障载体的失去。当征地导致农民失去土地时,他们亦面临着市民化角色的转变,而这种角色转变需要公平社会保障机制的支持,否则他们会继续保持原来的角色定位,被迫放弃市民化角色。然而,长期的城镇化过程中,失地农民虽然被迫转移至城市,并拥有了市民标签,但他们并没有享受到公平的城市化社会保障的福荫。虽然一些失地农民通过"农转非"成为城镇居民,但他们在公共福利方面与农民工一样并没有享受与原城镇居民的同等待遇,只是名义上的市民,从而进一步固化了城市内部的二元社会格局。②

(三)失地农民融入城市存在着文化隔阂的障碍

由于我国长期城乡二元治理机构的存在,城市和乡村是拥有着不同文化意义的场域。失地农民融入城市的过程中,必然面临着城乡两种文化的

---

① 郑杭生、陆益龙:《城市中农业户口阶层的地位、再流动与社会整合》,《江海学刊》2002 年第 2 期。

② 陈学法:《农民市民化的路径选择:放土不放权》,《毛泽东邓小平理论研究》2014 年第 11 期。

碰撞和冲突问题。对于失地农民而言，土地征收不仅导致土地所有权的转移，更导致他们长期养成并习惯依赖的文化圈的逐渐消失。随着失地农民被迫转移至城市，他们能否及时调整好自己的文化角色定位，不断适应城市化的新环境，是"土地城镇化"迈向"人的城镇化"的关键。但由于主客观两方面因素的制约，失地农民融入城市过程中面临着文化隔阂的障碍。一方面，由于我国征地补偿中"土地发展权补偿"的欠缺以及制度环境文化的龃龉，失地农民被排斥在城市文化之外；另一方面，主观上失地农民并没有在心理上接纳自己的市民身份，更大程度上依然认为自己是农民。"对于拆迁户而言，尽管过去的生活空间不复存在，但心理空间并未随之完全消失。他们仍然在一定程度上延续着熟人社会的生活理念，并因此对熟人社会以外的陌生人表现出了比一般城市人更为明显的防备与敌意。这与一般城市社区的业主成员结构复杂、需求分散、疏于联系的特点存在很大反差。"①

二、"要地不要人"——征地补偿的制度关联反思

失地农民城市融入困境或许有各种各样的诱发因素和理论纷争，抑或本身就是一个循序渐进完成的社会化问题，但我们必须看到失地农民进入城市是一个被动的社会化过程，征地是其发生的导火索，而完善的补偿安置是他们顺利恢复原来生活水平进而转型发展的基础和保障。由此推断，失地农民城市融入困境亦折射出我国现行征地补偿制度存在缺憾。

（一）补偿标准较低

新中国成立以后，随着国家大规模建设的广泛开展，政务院于1953年出台了《国家建设征用土地办法》②，该办法确立按年产值补偿的标准。虽然随着经济的发展、法律制度的变迁，年产值的倍数提高了两次，但这种坚持原用途补偿即按年产值计算补偿额的标准一直延续至2020年1

---

① 杨雪云：《空间转移、记忆断裂与秩序重建——对征地拆迁安置小区农民城市融入问题的观察》，《社会学研究》2014年第4期。

② 1953年《中央人民政府政务院关于国家建设征用土地办法》（1957年修正）（已失效）。

月1日。①《土地管理法》第四十七条第一款、第二款和第六款分别规定："征收土地的,按照被征收土地的原用途给予补偿"、"征收耕地的土地补偿费,为该耕地被征收前三年平均年产值的六至十倍。征收耕地的安置补助费,按照需要安置的农业人口数计算。需要安置的农业人口数,按照被征收的耕地数量除以征地前被征收单位平均每人占有耕地的数量计算。每一个需要安置的农业人口的安置补助费标准,为该耕地被征收前三年平均年产值的四至六倍。但是,每公顷被征收耕地的安置补助费,最高不得超过被征收前三年平均年产值的十五倍"、"依照本条第二款的规定支付土地补偿费和安置补助费,尚不能使需要安置的农民保持原有生活水平的,经省、自治区、直辖市人民政府批准,可以增加安置补助费。但是,土地补偿费和安置补助费的总和不得超过土地被征收前三年平均年产值的三十倍"。② 而且实践中土地补偿费和安置补助费并不直接发给被征地农民,经过多层级机构的种种克扣后,最终到达被征地农民口袋的金额常常大打折扣。这种坚持按原用途的年产值倍数补偿标准,在改革开放初期经济社会发展比较落后的情况下,具有一定的合理性,亦对推动城镇化快速发展发挥一定作用,但随着经济社会的发展,这种原用途补偿无论在法理上抑或实务考量中都已显出其落后性。我国目前实行的征地

---

① 《中华人民共和国土地管理法》(2019年修正)第四十八条规定:"征收土地应当给予公平、合理的补偿,保障被征地农民原有生活水平不降低、长远生计有保障。征收土地应当依法及时足额支付土地补偿费、安置补助费以及农村村民住宅、其他地上附着物和青苗等的补偿费用,并安排被征地农民的社会保障费用。征收农用地的土地补偿费、安置补助费标准由省、自治区、直辖市通过制定公布区片综合地价确定。制定区片综合地价应当综合考虑土地原用途、土地资源条件、土地产值、土地区位、土地供求关系、人口以及经济社会发展水平等因素,并至少每三年调整或者重新公布一次。征收农用地以外的其他土地、地上附着物和青苗等的补偿标准,由省、自治区、直辖市制定。对其中的农村村民住宅,应当按照先补偿后搬迁、居住条件有改善的原则,尊重农村村民意愿,采取重新安排宅基地建房、提供安置房或者货币补偿等方式给予公平、合理的补偿,并对因征收造成的搬迁、临时安置等费用予以补偿,保障农村村民居住的权利和合法的住房财产权益。县级以上地方人民政府应当将被征地农民纳入相应的养老等社会保障体系。被征地农民的社会保障费用主要用于符合条件的被征地农民的养老保险等社会保险缴费补贴。被征地农民社会保障费用的筹集、管理和使用办法,由省、自治区、直辖市制定。"根据此条规定,按原用途的年产值倍数补偿标准已被区片综合地价标准所替代,当然制定区片综合地价应当综合考虑土地原用途。

② 1986年《中华人民共和国土地管理法》第四十七条第一款、第二款和第六款(2004年修正)。

补偿制度是建立在债权性的农村土地经营权基础之上的,忽视对失地农民的土地承包经营权单独进行相应的补偿,土地补偿标准低。[①] 而且原用途补偿忽视了被征地农民的发展权需求,忽视了土地发展权价值,这种过低的补偿已经对被征地农民生活造成不利影响,阻碍了失地农民顺利融入城市的步伐。国务院有关调查数据显示,近 10 年来,仅媒体公开报道的因征地引发的集体上访和群体性事件就有数百起,其中 86% 的集体上访和群体性事件的起因就是征地补偿费过低,失地农民基本生活受到威胁。[②]

(二)补偿方式单一

在征地过程中,无论是地方政府,抑或建设业主,面对被征地农民对征地补偿的无限遐想,大都希望"快刀斩乱麻",进而与被征地农民"再无瓜葛"。在市场经济的条件下,金钱是快速解决问题的不二选择。根据现行法律法规的规定,在征地问题上,我国长期采取"一次性"的金钱补偿。[③] "一次性"金钱补偿固然具有便捷性,具有快速斩断纠纷、隔离麻烦的作用,但在征地补偿实践中,这一作用常无法正常发挥出来。一方面,低标准的补偿额常常并不能满足失地农民的生存发展需要。"事实上,农民一旦完全失地,就不可能务农,而在农业之外就业,会有一个或短或长的过程,其间的生活成本会大大提高,靠农业劳动力的补偿费用,难以维持其正常生活,被征地农民的生活水平事实上降低了,因征地而引起的社会矛盾逐渐突出。"[④]另一方面,一些农民面对一次性金钱补偿,常有"一夜暴富"之感。在缺乏家庭规划和有效引导的情况下,这些失地农民会很快把这笔钱挥霍殆尽。征地补偿款是失地农民最主要的原始资本,理应用于创业或投资以

① 张先贵、王敏:《农村土地承包经营权征收补偿制度之构建——基于类型化分析之框架》,《西安财经学院学报》2010 年第 3 期。

② 刘守英:《改革以地谋发展模式》,《西部大开发》2012 年第 1 期。

③ 《中华人民共和国土地管理法实施细则》(中华人民共和国国务院令第 256 号 1998 年 12 月 27 日)第二十五条第五款明确规定:"征用土地的各项费用应当自征地补偿、安置方案批准之日起 3 个月内全额支付。"2021 年 9 月 1 日,施行公布修订后的《中华人民共和国土地管理法实施条例》(2021 年 4 月 21 日,国务院第 132 次会议修订通过)删除了这一条款,但实践中一次性金钱给付依然是土地征收中比较常规的做法。

④ 刘守英:《直面中国土地问题》,中国发展出版社,2014。

实现补偿款的保值增值,保障可持续生计,可实际情况并非这样。① 农民被征地后从"一夜暴富"到"一贫如洗"的事件时有发生,一次性金钱补偿不仅没有解决其生计,反而成为其堕入贫穷的重要诱因,这种现象已成为一个亟待解决的社会问题。

(三)重补偿轻安置

在计划经济时期,针对失地农民,除了一定经济补偿外,政府还会对其进行安置。政府安置方式包括"农转非安置"和"工作安置"两种,即"把失地农民从农业户籍转为非农业户籍"和"安排失地农民在城镇有关企事业单位中工作"。在当时城乡二元体制下,依附在"非农"身份上的福利和荣光是比较可观的,因此,这些安置方式比较受欢迎,一些农民甚至盼望着征地安置的到来。但在 20 世纪 90 年代以后,随着我国社会主义市场经济体制的逐步建立健全,"非农业户籍"光环的荣耀亦逐渐褪去,就业市场化导致就业安置基本失去可操作性。针对失地农民,相关法律规定,政府不再采取就业安置,而是通过提高金钱补偿标准的倍数方式加以弥补。"因为货币化是征地补偿制度的核心,安置补助费的测算和管理基本沿用了征地补偿的规定,使得安置在制度实践上成为补偿的附庸。在制度文本上两者也很快形成了这种从属关系。"②但是,这种变革的正向作用并不明显,实践中征地补偿矛盾反而愈演愈烈。

三、"人地统筹":完善征地补偿制度促进失地农民顺利融入城市

新型城镇化以及城乡融合的发展之路,不仅是土地的城镇化,更是人的城镇化。而人的城镇化则要求失地农民能够顺利融入城市。面对"要地不要人"征地补偿制度牵连下的失地农民城市融入困境,我们必须调整土地增值收益分配模式,改革当前的征地补偿制度。

---

① 杨风、燕浩杨:《失地农民城市融入的障碍与路径——以山东省为例》,《农业经济》2015 年第 5 期。

② 齐睿、李珍贵、李梦洁:《土地征收补偿与安置制度辨析》,《中国行政管理》2015 年第 1 期。

（一）科学制定区片综合地价，保障公平、合理补偿

按照旧的《土地管理法》《土地管理法实施条例》的相关规定，失地农民最高只能获得被征土地前三年年均产值的 30 倍补偿额。这种计算标准显然没有体现出市场条件下的农民土地价值，不能实现公平补偿的目的，不利于失地农民顺利地融入城市。中共十八届三中全会通过的《中共中央关于全面深化改革若干重大问题的决定》（简称《决定》）提出："建立兼顾国家、集体、个人的土地增值收益分配机制，合理提高个人收益。"①《决定》为提高征地补偿标准指明了方向。首先，严格落实公平、合理补偿原则。我国现行宪法虽然规定征地要补偿，却没有规定坚持什么样的补偿原则。②这种"模糊化"或者"克减化"的处理，亦是导致失地农民补偿长期被"适当"的重要规范基础。"适当补偿"是一种低补偿的模式，目前只在少数经济比较落后的发展中国家被采用；大多数国家和地区基本采取"公平补偿"模式，这种补偿模式是相对比较严格的一种补偿模式，其以被征收财产在公开市场上的交易价格作为判断标准，并统筹考虑产权受侵害者的财务损失、土地利用状况、土地市场和过去征收补偿的历史、征地时间、土地投入构成等因素。③ 在充分考量地方改革实践以及我国经济社会发展水平的基础上，2019 年《土地管理法》修改时对土地征收补偿的原则作出规定，确立了公平、合理的补偿原则。④ 能否有效保障公平、合理补偿原则的真正实现成为衡量法治政府建设水平的重要标尺。其次，征地补偿制度改革应该坚持以土地发展权认同为基础，坚持市场化改革导向，对被征地农民的补偿应该考虑以被征用土地的市场价值为依据。2019 年修改的《土地管理法》用"区片综合地价标准"替代了以前的"原用途年产值倍数补偿标准"。此次修改充分彰显了我国土地法治的巨大进步，同时也是地方征地

---

① 《中共中央关于全面深化改革若干重大问题的决定》，《人民日报》2013 年 11 月 16 日。

② 《宪法》（2004 年修正）第十条第三款规定："国家为了公共利益的需要，可以依照法律规定对土地实行征收或者征用并给予补偿。"旧的《土地管理法》（2004 年修正）第二条第四款作出几乎一样的规定，即"国家为了公共利益的需要，可以依法对土地实行征收或者征用并给予补偿"。

③ 刘婧娟：《中国农村土地征收法律问题》，法律出版社，2013。

④ 《中华人民共和国土地管理法》（2019 年修正）第四十八条第一款规定："征收土地应当给予公平、合理的补偿。"

补偿改革成功经验法治化升华的结果。其实,自 2014 年 7 月 1 日起,浙江省征收农村集体土地已经开始全面实行区片综合价补偿。[①] 在浙江省全面铺开区片综合价补偿之前,省内一些地方已先行依据区片综合方式提高了征地补偿标准。当然,2019 年修改的《土地管理法》把区片综合地价的制定授权给了各省、自治区、直辖市,而且要求制定主体在制定区片综合地价应当综合考虑土地原用途以及其他多种相关因素,并保持更新不断。[②] 由此可见,在土地征收补偿标准的设定上,2019 年修改的《土地管理法》虽然没有用"市场化补偿"的明确表述,但基本坚持了市场化改革的修改导向。

(二)建立多元化的长效补偿方式

"一次性"货币补偿因其简便、快捷,能够比较直接地体现公平公正原则,因此受到很多被征地农民的欢迎。但这种方式也存在着征地补偿款难以"保值升值""合理利用"的隐忧,在某种意义上缺乏长效性。因此,针对这个问题,未来征地补偿制度改革在坚持货币补偿的前提下,应该探索建

[①] 《浙江省人民政府关于调整完善征地补偿安置政策的通知》(浙政发〔2014〕19 号)明确要求调整征地补偿标准:"自 2014 年 7 月 1 日起,全省征收农村集体土地全面实行区片综合价补偿,征地区片综合价由土地补偿费和安置补助费组成,青苗和地上附着物补偿费另行计算。全省征地补偿最低区片综合价按以下标准执行:征收耕地、其他农用地(除林地以外)和建设用地,一类地区不低于 5.4 万元/亩、二类地区不低于 4.5 万元/亩、三类地区不低于 3.7 万元/亩;征收林地、未利用地,一类地区不低于 2.8 万元/亩、二类地区不低于 2.3 万元/亩、三类地区不低于 1.9 万元/亩。全省征地补偿最低区片综合价标准和地区划分见附件。各市、县(市、区)政府要按照适度提高、与当地经济社会发展水平相适应的原则,依据有关规定,全面开展征地补偿标准调整、公布和实施工作。调整后的征地补偿标准不得低于省政府规定的征地补偿最低区片综合价标准和当地现行的征地补偿标准,并明确土地补偿费和安置补助费的构成比例。2012 年以来已对征地补偿标准进行调整的市、县(市、区),如征地补偿标准符合本通知要求的,可不作调整,但需重新进行公布。2014 年 7 月 1 日起实施的国务院或省政府批准的土地征收方案,按照新的征地补偿标准执行。各市、县(市、区)政府要建立动态调整机制,根据经济发展水平、当地居民人均收入增长幅度等情况,适时调整征地补偿标准。"

[②] 《中华人民共和国土地管理法》(2019 年修正)第四十八条第三款规定:"征收农用地的土地补偿费、安置补助费标准由省、自治区、直辖市通过制定公布区片综合地价确定。制定区片综合地价应当综合考虑土地原用途、土地资源条件、土地产值、土地区位、土地供求关系、人口以及经济社会发展水平等因素,并至少每三年调整或者重新公布一次。"

立其他更加多元化的长效补偿方式,让被征地农民自愿选择某种或某几种补偿方式。其实,近年来许多地方在长效补偿方式方面已经展开许多有益的探索,比如采取土地使用权入股、土地股份合作等方式来达到分期支付,进而化解"一次性"支付的经济压力和社会风险。

（三）补偿与安置并举

"重补偿,轻安置"的征地模式所引发的新的社会问题表明,不仅要解决被征地农民的生存问题,更要使其过上稳定和谐的生活,在公平补偿的基础之上,要通过安置实现社会的长治久安。① 新中国成立以来,征地安置发生从非货币安置（就业、户籍安置）到货币补助安置的转变。这种转变起初发挥着适应市场经济、为政府减负的重要作用,但单一的货币化安置显然忽视了失地农民的发展权需要,低估了他们城市融入过程的长期性和艰难性。不能仅仅靠货币安置把被征地农民"一脚踢",要切实解决失地农民的长久生计问题。这里的实质性制度安排是,保障被征地农民部分土地发展权,即在征收农民土地时,给被征地农民保留一部分土地,纳入城市规划,在不改变集体所有权性质下,参与非农建设,这是解决被征地农民长远生计的根本办法。② 当然,近年来围绕征地安置改革,浙江省做出了许多法律制度外的实践尝试,涌现出许多非货币化安置创新举措,比如留地安置、社保安置、就业创业培训安置等等,国家亦出台了相关政策对其中一些改革探索给予认可和鼓励。为保障被征地农民基本权益,妥善解决农民生计,浙江省积极探索多种形式安置被征地农民,变一次补偿为终生补偿。③ 实践中,这些非货币安置措施受到了失地农民不同程度的接纳和欢迎,在不同群体、不同地域中发挥了较大的积极作用。当然,由于这些措施目前还欠缺法律上的明确规范,其实际运作会存在较大风险。为此,未来征地补偿制度改革,应该坚持补偿与安置并举的原则,同时征地安置制度设计中,应该充分吸收地方非货币安置改革实践的经验,建立货币化安置与非货币化安置并举的制度。

---

①　齐睿、李珍贵、李梦洁:《土地征收补偿与安置制度辨析》,《中国行政管理》2015年第1期。

②　刘守英:《直面中国土地问题》,中国发展出版社,2014。

③　王心良:《基于农民满意度的征地补偿研究——以浙江省为例》,博士学位论文,浙江大学,2011。

(四)建立完善的社会保障制度

党的十八届三中全会通过的《中共中央关于全面深化改革若干重大问题的决定》提出,要建立对被征地农民合理、规范、多元的保障机制。[①] 社会保障是多元保障机制的关键之举。2003 年,浙江省在全国率先为被征地农民建立社会保障制度,发挥了较好的作用。[②] 浙江省嘉兴市早在 1999 年就开始实施被征地农民养老基本生活保障制度,对自 1993 年 12 月实施《嘉兴市区土地征用工安置暂行规定》以来的被征地农民实行养老基本保障。[③] 完善的社会保障是化解征地补偿纠纷,促进失地农民顺利融入城市的重要条件。在中国,土地对农民而言隐含着多重意蕴。土地价值既包括生产价值,也应包括社会保障价值。如果对土地实行完全补偿,则应是两者价值的总和。[④] 未来的征地补偿制度设计中应该明确布局地方政府的社会保障义务,规定失地农民社会保障实现的具体路径。一方面,地方政府分享了土地增值收益的大部分,事实上构成了对被征地农民土地财产权的剥夺,而失地农民则因征地失去了土地保障;另一方面,征地制度和党的政策都认为地方政府应该对失地农民的社会保障负主要责任,失地农民也将地方政府作为实现其社会保障的主要诉求对象。[⑤] 首先,完善的社会保障制度设计需要解决“土地换保障”的理念迷局。为失地农民建立基本的社会保障是基于国家承担的对全体公民的公平的社会保障给付义务,换句话说,享受基本社会保障是每个公民的基本权利。失地农民作为中国公民,当然应该享受到基本的社会保障。从这种意义上看,让失地农民享受城镇居民基本社会保障并不能构成政府克减征地补偿额的理由。其次,为失地农民建立多元的社会保障制度,不仅包括城镇居民基本社会保障,还应包括地方政府为失地农民承担的社会

---

① 《中共中央关于全面深化改革若干重大问题的决定》,《人民日报》2013 年 11 月 16 日。

② 《浙江省人民政府关于加快建立被征地农民社会保障制度的通知》(浙政发〔2003〕26 号)。

③ 胡俊生、杜纪栋:《被征地农民保障浙江探路》,《中国社会保障》2007 年第 10 期。

④ 陈莹:《土地征收补偿及利益关系研究——湖北省的实证研究》,博士学位论文,华中农业大学,2008。

⑤ 祝天智:《失地农民社会保障与征地型群体性事件的长效治理》,《当代经济管理》2014 年第 10 期。

保险责任(或者称为补充性社会保障)。一方面,可以考虑适当改变征地补偿的给付结构,在征地补偿额中划出一部分建立失地农民社会保障专项资金,为他们投保补充性社会保障;另一方面,从土地出让金里适当拿出一部分资金,建立失地农民救助保障和就业保障基金,构建失地农民的发展性社会保障制度。通过失地农民救助保障制度,防止失地农民陷入绝境而走投无路,帮助他们摆脱生计困境,享受到城镇化的成果。通过就业保障制度提升失地农民的自我造血功能,帮助他们顺利融入城市,实现可持续发展。

四、小结

虽然失地农民融入城市不单纯受制于征地补偿制度,但没有完善的征地补偿制度肯定不会有失地农民城市融入的顺利实现。将几亿不能与子女家人共同融入就业城市的移居人口——他们代表了这个城市化转型时代的社会主流——放在我们考虑土地及居住问题的首位,无论从什么角度看,都是合理和正当的。① 从失地农民城市融入的视角反向思考我国当前的征地补偿制度改革,不仅是"土地城镇化"向"人的城镇化"转变的重要体现,也是系统认知征地补偿制度的重要面向。只有把"征地补偿、失地农民安置和城市融入"三者串连起来,才能真正把握征地补偿制度改革的正确方向,才能领会征地补偿制度改革的精神实质。

第二节　留地安置的浙江探索、
制度困境及法治完善

长期以来,我国的征地补偿制度一直坚持原用途的年产值倍数补偿标准,采用货币化补偿安置方式。② 但征地补偿实践表明,这种建立在农地原用途基础上的货币化补偿安置模式,难以有效地保障被征地农民的土地财产权益,亦难以得到他们的有效认同和接受。为了应对征地难题,有效化

---

① 华生:《新土改:土地制度改革焦点难点辨析》,东方出版社,2015。

② 这种坚持原用途补偿即按年产值计算补偿额的标准一直延续至 2020 年 1 月 1 日,即《土地管理法》(2019 年修正)的实施。

解征地补偿矛盾,浙江省温州、杭州等地方自发地开展了征地补偿制度改革,纷纷探索实施留地安置。留地安置作为我国征地补偿实践的地方创新,已展示出了较强的现实合理性,对于避免货币补偿可能诱发的短期社会风险,保障被征地农民的生存发展权,推动新型城镇化健康发展发挥了一定的积极作用。近年来,这项实践创新,不仅得到学界的广泛关注,也得到党和国家的高度重视。

当然,这项众多地方广泛实施推广的政策创新并非尽善尽美。由于缺乏深入的理论研究,有条件采用留地安置模式补偿的地区目前还都处在探索阶段,留用地的多少还基本上只是凭经验去确定,没有科学的计算标准和依据。① 随着时间的推移,留用地制度逐渐暴露出一些缺陷,不仅未能有效发挥留用地社会保障功能,甚至还衍生出一系列问题阻碍城市建设与经济发展。② 这种实施上的不稳定性折射出留地安置法律制度设计的缺憾。纵观留地安置的发展历程,我们发现其一直是地方政府的制度性安排,始终缺乏中央立法的明确规范,其产生之初即存在法律风险,只不过实践上的合理性优势遮蔽了人们对它的合法性拷问。但一项有益的地方政策创新要发展扩散,进而获得征地补偿各方利益主体的稳定支持,不仅要具有正当性,还需具备完善的法律制度环境支撑。为此,当前亟待对留地安置实践经验及相关政策进行全面梳理和总结,并及时把实践证明行之有效的地方智识和公共政策进行法治化改造。

一、留地安置:地方探索到中央规范

所谓的留地安置,是在土地征收过程中,根据被征收土地的面积或被征地农民的数量,留出一定比例的土地给被征地农民所在的集体经济组织,通过对这些土地的非农建设和开发,实现对被征地农民的合理安置和长远保障。留地安置作为征地补偿方式多元化的实践创新,经历了地方自发的政策创新、中央规范回应到中央规范倡导的发展历程。

---

① 张占录:《完善留用地安置模式的探索研究》,《国家行政学院学报》2009 年第 2 期。

② 岳瑞:《土地发展权语境下的留用地实质及制度优化研究》,《规划师》2022 年第 1 期。

（一）地方政府利益驱动下的留地安置

当前，虽然留地安置发挥着弥合征地补偿矛盾，保障被征地农民长远发展的作用，但这项制度创新的最初价值并非于此。留地安置最早出现于深圳。20世纪80年代初，被批准为经济特区的深圳开始了大规模的城市化建设，而城市化建设需要征收大量的农民土地，有征地必有补偿。但当时的深圳并没有财力给予被征地农民足够的货币补偿。为此，深圳市政府决定在被征收土地中划出5％给予被征地集体经济组织，其中一部分由集体经济组织进行非农开发建设，为村民提供就业，获得相应收益分配给村民，另一部分由村集体开发建设成村民住宅，实现被征地农民的自我安置。这种补偿安置方案替代了深圳市政府的货币化补偿和住房安置义务，解决了深圳市征地补偿的财政制约。20世纪80年代中后期，温州亦开始留地安置的尝试并取得较好的效果。随着留地安置在深圳、温州的成功试水，其他一些经济发达地区亦先后开始实施留地安置，并制定相应的地方性政策。目前，已形成了杭州模式、厦门"金包银"模式、温州模式、咸嘉模式等留地安置地方实践形态。

（二）中央认可回应下的留地安置

留地安置地方改革的广泛实施，逐渐引起了中央的关注和认可。2000年国土资源部发布了一个通知，在附件一（暨建设用地项目呈报材料一书四方案）中，把"留地安置"设置为对被征农民的安置途径之一。① 2001年，基于征地制度改革的客观需要以及地方征地改革实践的具体态势，国土资源部在5个省（直辖市）的9个地区启动了征地制度改革试点，支持这些地区创新征地补偿机制，拓展补偿安置渠道。而其中留地安置地方实践创新备受关注和青睐。同年，《国土资源部关于切实做好征地补偿安置工作的通知》明确要求："已被部确定为征地制度改革试点的城市，应根据统一部署，大胆尝试、积极探索适应社会主义市场经济体制的征地补偿安置方式。"② 2002年，针对被征地农民权益受侵害日益严重的社会

---

① 《关于报国务院批准的建设用地审查报批工作有关问题的通知》（国土资发〔2000〕201号）。

② 《国土资源部关于切实做好征地补偿安置工作的通知》（国土资发〔2001〕358号）。

现实,国土资源部发通知要求各地要注重推广征地改革的成功经验,对被征地农民做出妥善安置。① 这一通知虽然未明确提到留地安置,但留地安置实践在地方上的成功复制推广无疑暗合了通知要求。随后,2003年国土资源部再次明确发文强调对被征农民安置方式多样化探索的鼓励,其中也提到了留地安置。②

留地安置最大的特点在于避免了货币化安置的"一次性"了断,实现了被征地农民的长远生计保障。这个特征正好满足了国家的执政维稳需求。随着地方留地安置改革的进一步拓展,中央对留地安置地方改革的回应也从国土资源部上升到了国务院层面。国务院发文鼓励在征地改革中探索土地使用权入股。③ 其实,建设用地土地使用权入股就是留地安置的重要实现举措之一。在留用地的开发利用上,除了早期的集体经济组织自主经营外,通过留用地使用权入股进而达成合作经营亦是一种具体操作形式。2006年,国务院再发通知要求加大土地调控力度,妥善保障被征地农民的长远生计。④ 这项通知既是对地方征地补偿安置改革的督促,也是对前期征地补偿安置地方创举的认可,其中包括许多地方广泛实施的留地安置政策。

(三)中央规范倡导下的留地安置

近年来,随着地方留地安置政策的深入实施,同时基于农地征收制度改革的迫切现实要求,国家愈发认识到对留地安置加以规范倡导的重要价

---

① 《国土资源部关于切实维护被征地农民合法权益的通知》(国土资发〔2002〕225号)规定:"要推广各地做好征地工作的成功做法,采取多种途径,妥善安置被征地农民的生产和生活。"

② 《国土资源部关于加强城市建设用地审查报批工作有关问题的通知》(国土资发〔2003〕345号)规定:"安置被征地农民不能只采用货币安置一种方式,要千方百计开辟多种途径,在扩大就业、职业培训、留地安置和社会保障等方面积极探索,妥善安置被征地单位群众的生产和生活,解决好他们的长远生计。"

③ 《国务院关于深化改革严格土地管理的决定》(国发〔2004〕28号)规定:"县级以上地方人民政府应当制定具体办法,使被征地农民群众的长远生计有保障。对有稳定收益的项目,农民可以将依法批准的建设用地土地使用权入股。"

④ 《国务院关于加强土地调控有关问题的通知》(国发〔2006〕31号)提出:"征地补偿安置必须以确保被征地农民原有生活水平不降低、长远生计有保障为原则。"

值。2010 年,国土资源部发通知首次明确对留地安置提出要求。① 这一通知标志着中央对留地安置从被动认可到主动规范倡导的态度转变。这种规范倡导态度在十八届三中全会以来党和国家对征地补偿改革的部署中可管窥一斑。《中共中央关于全面深化改革若干重大问题的决定》明确提出:"缩小征地范围,规范征地程序,完善对被征地农民合理、规范、多元保障机制。"②为了贯彻落实党的十八届三中全会关于征收补偿安置的改革意见,2014 年的中央一号文件明确提出:"因地制宜采取留地安置、补偿等多种方式,确保被征地农民长期受益。"③随后,《全国人民代表大会常务委员会关于授权国务院在北京市大兴区等三十三个试点县(市、区)行政区域暂时调整实施有关法律规定的决定》(简称《土地改革授权决定》)正式公布,其明确规定:"有条件的地方可采取留地、留物业等多种方式,由农村集体经济组织经营。"④至此,留地安置首次获得了法律上的规范倡导。

二、留地安置的现实合理性

在土地征收中给予被征收人货币补偿安置,是世界各国(地区)的通常选择。当然,在日本、德国等国家,考虑到征地补偿评估机制的可能欠缺以及货币补偿的发展权价值保障不足等因素,他们亦会采用一些非货币补偿的方式作为补充。这些非货币补偿方式对于土地资源的集约利用,征地补偿矛盾的舒缓,被征收人长远利益的保障发挥了积极价值。在我国,地方政府探索实施的留地安置作为一种非货币补偿方式,同样具有较强的现实合理性,并发挥着一定积极价值。

---

①　《国土资源部关于进一步做好征地管理工作的通知》(国土资发〔2010〕96 号)规定:"在土地利用总体规划确定的城镇建设用地范围内实施征地,可结合本地实际采取留地安置方式,但要加强引导和管理。"

②　《中共中央关于全面深化改革若干重大问题的决定》,《人民日报》2013 年 11 月 16 日。

③　《关于全面深化农村改革加快推进农业现代化的若干意见》,《人民日报》2014 年 1 月 20 日。

④　《全国人民代表大会常务委员会关于授权国务院在北京市大兴区等三十三个试点县(市、区)行政区域暂时调整实施有关法律规定的决定》(2015 年 2 月 27 日第十二届全国人民代表大会常务委员会第十三次会议通过)。

(一)促使补偿收益隐形提高,顺应"地利"共享改革需要

在当前中国的土地征收制度改革中,存在两大难题:一是公共利益的辨识和界定,二是征收补偿标准的合理确立。当然,由于土地被征收人在利益博弈中的天然劣势,且在土地征收或许能够给他们带来生活改观的期许下,公共利益的界定时常并不被当下中国的被征地农民所重点关注,他们更关注征收补偿标准是否合理,补偿方式是否公平,征地补偿能否带来生活的较大改观。面对这一现实,我们需要深入反思当前的征地补偿标准及方式。现行法律确立的恢复原生活状态的年产值倍数补偿标准,显然忽略了被征地农民的土地发展权,导致土地增值收益分配比例的严重失衡。

基于此,改革征收补偿制度,适当提高被征地农民的土地增值收益分配比例,已成为当前亟待深入探索的实践难题和立法改革方向。在法定的货币补偿标准不便突破,亦难以得到实践认同的情况下,土地征收的实施变得愈加困难。为此,一些地方政府在货币补偿之外,探索实施留地安置,通过留地安置实现征地补偿数额的隐形提高,进而让被征地农民享受到更多的土地增值收益。从实施过程来看,留地安置是地方政府和被征地农民在土地增值收益分配上博弈妥协的结果。从实施效果来看,对失地农民返还一定数量的土地,让失地农民也享受土地增加带来的收益,无疑是对失地农民一种较为公平的补偿方式。[①] 地方政府通过留地安置,使村集体获得可用于工业开发和商业经营的土地。留用地非农业性的开发利用使失地农民获得数倍于农业用地的产出,完全可以替代较大面积的农业用地对农民的生产生活保障。通过留用地的合理开发利用,被征地农民实际获得的收益远远大于按年产值倍数计算的货币化征地补偿数额。杭州市三叉社区的实证研究表明,留地安置政策下农户土地收益共享性总体上处于中等偏上水平,说明留地安置政策下农民参与土地增值收益分配的权利得到一定程度的保障。[②] 在城市规划区内的可留土地越来越稀缺的情况下,被征地农民通过留用地获得收益越来越值得期待。当然,留地安置并不是地方政府对被征地农民的"法外施恩"。某种意义上留地安置是被征地农民

---

① 王如渊、孟凌:《对我国失地农民"留地安置"模式几个问题的思考——以深圳特区为例》,《中国软科学》2005 年第 10 期。

② 唐焱、张卫卫:《留地安置政策下农户的土地增值收益共享性研究——以杭州市三叉社区为例》,《中国土地科学》2016 年第 8 期。

获取长远收益的一种选择。

(二)纾解征地补偿矛盾,因应发展权保障需求

长期以来,征地补偿冲突一直伴随着我国城镇化发展的全程,此方面的负面信息时常见诸报端,征地补偿上访事件更是占据信访总量的较大比例。征地补偿冲突已成为悬在地方政府头顶上的"达摩克利斯之剑",如何有效舒缓矛盾已成为征地补偿制度改革的重要动因和前进旨向。在成熟的法治文明社会,法治是化解矛盾的前提和基础,而法治实现有赖于"良法善治"。"良法善治"要求制度改革体现合意性。地方政府"无心插柳"式的留地安置政策折射出制度改革的合意价值,当然也产生了纾解征地补偿矛盾的客观效果。留地安置政策的产生虽然缘于地方政府征地补偿支付的财政压力,但这项政策并非只是政府单方意志的表达,它也考量了农民的可接受性和权利保护意识。"广东在 20 世纪 80 年代农地大量征用之初,当地农民已经私下转租了一些土地给'三来一补'的非本村本队的'外资企业',农民已经懂得比较地方政府的征地补偿款和已出租土地的租金,不再是十五年的农地产出可以满足的了。因而土地留用既是对当时现状的一种认可,也得益于广东农民土地意识觉醒较早。"[①]

当然,这项地方性政策之所以得到被征地农民的认同,关键在于它体现了对农民土地财产权价值补偿的理念,唤醒了人们对农民土地财产权的尊重。长期以来,政府仅把农地视为村集体的生产资料而忽视其财产价值,征地补偿强调基于农地原产出的恢复性保障,通过"一次性"货币补偿达到对农地生存保障功能的替代。留地安置促进补偿从土地"生产资料"到"物质权利"认知的价值理念提升,这种提升有助于征地补偿从"生存性保障"向"发展性保障"的转变。这种转变使得留地安置改革深得民心。党的十八届三中全会关于征地制度改革"多元保障机制"的战略部署,即反映了党和国家对农民发展权需求的尊重和回应。所谓多元,是指按多元化方式安置,不能仅仅按货币安置把被征地农民"一脚踢",要切实解决失地农民长久生计没有保障的问题,其中的实质性制度安排是,保障被征地农民

---

① 陆雷:《农地制度与村治方式——以广东南海的土地留用制度为分析对象》,《东南学术》2008 年第 2 期。

部分土地发展权,即在征收农民土地时,给被征地农民保留一部分土地,纳入城市规划,在不改变集体所有性质下,参与非农建设,以根本解决被征地农民的长远生计。[①]

(三)节约即期成本,减轻国家保障责任

城镇化是经济社会发展的必然趋势。根据中国目前城镇化的水平以及新型城镇化的发展规划,未来一段时间,土地征收形势依然迫切。面对新型城镇化稳步推进的客观现实与被征地农民权益保障的双重压力,地方政府在土地征收补偿上亦面临较大挑战。囿于我国现行法律规定的征地补偿标准、补偿方式和补偿程序,同时受制于地方政府的财政能力,在农民权益保障意识日益高涨的背景下,双方愈发难以达成补偿上的共识。留地安置政策通过对传统补偿安置方式的创新,弥补了单一货币补偿的不足,缓解了补偿"共识"达成之难题。实践表明,留地安置不仅有利于提高被征地农民对土地增值收益的分享比例,满足他们日益高涨的利益补偿诉求,同时也极大缓解了地方政府的"一次性"金钱补偿压力,减少了地方政府征地的即期成本。

中国长期的城乡"二元"治理结构,导致土地对于农民具有特殊的价值意蕴,它不仅具有生产功能,而且承担着社会保障的功能。土地被征收不仅意味着农民生产资料的转移,同时也意味着生存保障的失去。基于现代公法的基本要求,当土地被征收后,国家需要对失地农民承担公平补偿、就业促进、社会保障等生存和发展方面的给付义务。这种给付义务,要求国家建立完善的征地补偿制度,并根据经济社会发展水平不断提高征地补偿水平,创新征地补偿方式。我国传统的"一次性"金钱补偿虽然简单快捷,却无法切断和免除国家的生存保障和发展促进义务。相对于货币补偿,留地安置具有保障被征地农民可持续发展、减轻国家保障给付责任的优势。一方面,失地农民通过参与留地开发、物业留用等创造稳定就业渠道,弥补了被征地农民失去土地的生产以及保障损失;另一方面,留地的非农开发利用,让被征地农民获得了更多的土地增值收益,实现了征地后国家社会保障及促进责任的部分转移和适当减轻。

---

① 刘守英:《中共十八届三中全会后的土地制度改革及其实施》,《法商研究》2014年第2期。

三、留地安置的法治困境

留地安置虽然在地方改革实践中产生了一定的正向效果,在理论上亦具有一定合理性。但由于留地安置法律制度支撑的孱弱,导致其始终难以获得高稳定性、高权威性,甚至面临着合法性的诘问。长期以来,留地安置探索主要依赖于地方性政策的支撑驱动。功利主义驱动下的留地安置政策虽然灵活机动,却存在着与现行法律难以自洽的法治困境,这种法律制度上的缺陷直接影响留地安置政策的实施效果。

(一)留地安置政策的宪法性难题

起始于地方政府征地补偿改革的留地安置,一直主要依靠地方规范性文件的调整,即主要依赖于各种意见、通知、办法等。针对农民土地财产权的处置,缺乏上位法支撑的规范性文件直接调整显然缺乏正当性与合法性。根据我国《立法法》规定,对非国有财产的征收属于法律保留事项。补偿作为征收的"唇齿",在宪法和法律中同时做出规定是现代宪政国家的通例。留地安置作为征地补偿的重要方式,关涉被征地农民的土地财产权益,根据法律保留原则,应该首先由法律做出明确规定。但一直以来,留地安置始终游离于法律之外,各种规范性文件成为其存在和运行的合法性基础。"在现代法治国家,征地和补偿的设定都是始于宪法,终于法律,且都有严格的法定程序,并受到议会、法院、新闻媒体、民间组织的严格监督。反观我国,留地安置政策出台的目的是好的,但这些规定的正当性与合法性却存在很大问题。"[①]

(二)留地安置实施存在法律风险

在实践中,按土地性质留地安置可归结为两种模式:一种是留用集体土地。在征收土地时留出一块农村集体土地,只办理农用地转用审批手续,土地性质不发生征收转变,交于被征地农民集体用于非农开发建设。另一种是留用国有土地。在土地被政府统一征收后,通过划拨或出让的方式返还一部分国有土地给被征地农民,由他们开发建设和经营生产。对照

---

① 王惠:《留地安置政策存在的问题及法理分析》,《农业经济》2008年第9期。

现行法律,我们发现这两种运作模式无论哪一种都难逃合法性的质疑。首先,针对留用集体土地模式。这种模式由于不办理土地征收手续,不仅会影响到留用地的商业性开发利用,而且会导致在城市规划区内形成阻碍城镇化健康发展的城中村的出现。在城市规划区内留用集体土地形成城中村显然背离了我国宪法法律精神。① 针对这一问题,《国土资源部关于进一步做好征地管理工作的通知》在规范留地安置时指出:"留用地应安排在城镇建设用地范围内,并征为国有。"②其次,针对留用国有土地模式。在留用国有土地实践中,地方政府常采取划拨和出让两种方式。根据我国《土地管理法》的规定,划拨方式只能运用于特定的公益性用地上,但由于留用地的目的在于非农开发经营,因此采用划拨方式留地显然不合法。而当前我国国有土地使用权出让包括招拍挂出让和协议出让两种方式。留地安置实施早期,采用协议方式留用国有土地并不会产生法律上的抵牾。但1999年国家开始对国有土地使用权出让进行规范,要求限缩协议出让方式并进一步广泛推行招标拍卖出让方式。随后,国家出台规范性文件对此做出更加严格的招投标管理。③ 由此,无论是工业用地抑或商业用地都必须采用招拍挂方式,如果依然采用协议方式留地将带来巨大的法律风险。

(三)留地安置政策的法律效力困境

随着征地制度改革的深入推进,开展留地安置的地区越来越多,从早期的东部发达地区逐渐扩大到中西部地区。这些地区试图通过征地补偿留地安置改革提高被征地农民合理分享土地增值收益比例,改变他们的生活生产方式,进而实现生活的长远保障。但以政府规章以及其他规范性文件为依托的留地安置改革显然难以获得各利益相关主体的权威认同和遵

---

① 《中华人民共和国宪法》(1982年)第十条第一款规定:"城市的土地属于国家所有。"《中华人民共和国土地管理法》第九条第一款规定:"城市市区的土地属于国家所有。"《中华人民共和国民法典》第二百四十九条规定:"城市的土地,属于国家所有。"

② 《国土资源部关于进一步做好征地管理工作的通知》(国土资发〔2010〕96号)。

③ 2002年的《招标拍卖挂牌出让国有土地使用权规定》第四条明确规定:"商业、旅游、娱乐和商品住宅等各类经营性用地,必须以招标、拍卖或者挂牌方式出让。前款规定以外用途的土地的供地计划公布后,同一宗地有两个以上意向用地者的,也应当采用招标、拍卖或者挂牌方式出让。"2006年出台的《国务院关于加强土地调控有关问题的通知》进一步规定:"工业用地必须采用招标拍卖挂牌方式出让,其出让价格不得低于公布的最低价标准。"

守。"目前留地安置政策还没有明确上升为法律,其法律效力不高。这使一些被征地村集体心存疑虑,既怕留用地会打折扣甚至落空,又怕已有留用地被二次征用掉。同时,留地安置对象难以把握。集体的留地在具体安置分配过程中,成了层层'分地'、层层'争地',与良好的政策初衷相背离。"①在目前城镇化稳步推进过程中,各种非农经营性用地需求远远大于规划用地指标,为了获取发展用地,这些需求者常希望地方政府把本该留给村集体的土地出让给他们发展工商业。此种情况下,由于留用地权威法律背书保证的缺乏,导致地方政府常常对留用地落地采取"久拖不决""不了了之"的执行策略。同时,囿于"土地财政"的内在压力,地方政府会把土地收益的最大化放在首位。在留地安置法律保障供给不足的情况下,地方政府很难把区段位置佳、开发收益大的土地作为留用地,反而会把区段位置较偏僻、增值空间小的地块作为留用地。这种做法无疑会引发被征地农民对低劣留用地的强烈抵制,激发地方政府和被征地农民之间的矛盾。由此容易出现无法落实地块的"纪要留地、红线留地、图上留地"。② 另外,征地留用地政策源于地方实践创新,其在立法上未得到调整确认,难免在实际操作中遇到法律严格规制范畴的用地指标限制、办证费用高及违规使用等困惑。③

四、留地安置的法治化改革

改革开放以来,当法律制度建设严重滞后于客观现实的时候,各种所谓"良性违法"式的地方改革时常会应运而生。留地安置的产生发展即是这方面的注脚,但是留地安置的现实合理性和实践运用并不能成为其可持续发展的正当理由。留地安置的法治困境折射了当前中国征地补偿制度改革的紧迫性。在法治中国建设如火如荼的时代背景下,中国土地制度改革亦应该遵循法治思维并按照法治方式开展。破解留地安置法治困境,需要我们完善相关立法,需要我们运用法治方式来规范和引导留地安置的具

① 高珊、徐志明、金高峰:《城镇化进程中征地收益共享机制探析——以江苏省为例》,《中国土地》2015 年第 1 期。

② 唐健、李珍贵、王庆宾、王柏源:《因地制宜地稳妥推进留地安置——基于对 10 余省份留地安置的调研》,《中国土地科学》2014 年第 4 期。

③ 王权典:《统筹城乡征地留用地保障政策之法律研析》,《行政与法》2010 年第 2 期。

体实施和改革深化。

(一)在法律上明确留地安置的地位

留地安置作为伴随改革开放而逐渐发展起来的地方征地补偿改革措施,经历了几十年的实践探索和验证,已经展示出很强的现实生命力,应该说进一步推广实施的条件已经比较成熟。为了保障留地安置的顺利实施和广泛推行,为了消除当前留地安置政策因违反法律保留原则而带来的风险,同时亦为了建立稳定可靠的留地安置制度,我们需要首先在法律上确立留地安置制度,明确留地安置的补充地位,使其成为货币补偿之外的重要选择方式。我们可以在未来修改《土地管理法》时对留地安置做出原则性的规定。而且,未来法律对留地安置的规定,应该采用授权性规范,而不宜用强制性规范。法律规定上应该体现对被征地农民意愿的充分尊重,体现对征地权行使的合理规制。在法律上明确留地安置只是被征地农民获得长远保障的选择之一,不是唯一途径。

(二)构建中央和地方统分结合的规范体系

留地安置产生于自下而上的地方改革实践,地方智识必然造就出不同的表达策略和操作模式。留地安置法治化改革在统一规范"求同"之时,亦要注意"存异",需要照顾到地方改革策略的差异性,做到对地方改革智识的适当尊重和容留。只有这样,留地安置法治化改革才能真正落地生根。为此,未来的留地安置法治化应该在立法规范体制上充分体现中央和地方立法的统分结合。关于留地安置的中央立法规范宜粗不宜细,首先在《土地管理法》修改中明确留地安置的法律地位,然后在制定《集体土地征收补偿条例》和修改《土地管理法实施条例》时对其做出相应的细化规定,具体内容包括留地安置的实施原则、实施程序、留地权属、留地供应、留地使用、留地利益分配以及监管等方面。通过对留地安置实体和程序规定保障被征地农民获得稳定长期的收益,防止地方政府滥用权力,同时强化地方政府留地安置改革的信心,消除留地安置地方改革实施的法律风险,化解留地安置地方改革实施的制度困境。与此同时,各个省(市)可以根据当地经济社会发展水平以及征地制度改革情况,在法律授权范围因地制宜地制定地方性规范。通过对地方性规范差异化规定的相对包容,为留地安置地方改革创新预留发展空间。

（三）完善留地安置制度架构内容

留地安置规则内容设计应该遵循两项基本原则：（1）充分保障被征地农民的发展权益。留地安置作为征地补偿安置改革的重要方式之一，之所以能够得到理论和实践上的广泛关注和认同，关键在于它的顺利实施能够保障被征地农民获得长远收益。因此，留地安置程序设计上应该坚持"先留地、后征地"，在留地安置的适用、留地方式、留地开发建设与利益分配等方面，应该赋予被征地农民和集体充分的参与权和选择权。（2）坚持用途管制。用途管制是我国农地制度改革的基本原则之一，亦被我国土地管理法所坚持，留地安置法治化改革当然也应该严格服从这一原则。因此，留用地的统筹规划、选址、开发利用乃至流转等方面都应该遵照城乡规划和土地利用规划，并按规定履行审批手续。

留地安置的制度架构内容具体如下。

第一，留地安置的适用范围。留地安置只是征地补偿安置的一种可选方式，是对现行货币补偿方式的一种有益补充。留地安置在选择适用上应该坚持有利于被征地农民发展权保障的原则。在货币补偿标准合理、补偿费用能够满足被征地农民利益需求的情况下，留地安置自然不必选用。同时，在采用留地安置无法保障被征地农民和集体获取长久收益的情况下，留地安置更无选择适用的必要。因此，对于何时何地可以采用留地安置，地方政府应该统筹规划、合理布局，同时应该征求被征地农民和集体的意见，尊重他们的意愿。

第二，留地的方式和留地比例。一是法律规范上应该鼓励留地方式的多样化。制度规范上除了允许实物留地外，同时应该允许货币换物业、留地货币化以及组合式留地等方式，当然，无论采用哪种留地方式都应该尊重被征地农民和集体的选择权。二是建立协议式的留地供给方式。基于我国当前的土地使用权供给的法律规定以及征地改革实践，留地安置无论是采用"行政划拨"抑或"招拍挂"都会产生难以兼容合法性与合理性的悖论难题。笔者以为在法律上确立协议式的留地供给模式，不仅可以化解这一难题，亦符合现代合意行政的发展方向，当然亦能有效降低征地补偿纠纷发生的概率。三是留地比例设定上应该体现法益均衡原则。留地规模和比例应该建立在土地价值合理评估的基础上，以征收前后的土地价值变动情况、征地补偿的价值目标为确立留地比例的依据。留地比例设定应该能够体现国家、集体和农民对土地增值收益的合理分享。

第三,留用地的权能界定。留地安置能否发挥效用关键取决于留用地的权能。因此,一方面,我们对留用地的用途不能做过多限制,应该允许被征地农民和集体在符合规制的前提下追求权能最大化的发挥;另一方面,留用地在流转上应该受到适当限制。留地安置的最大价值在于能够使被征地农民获取长久收益,而长久收益获取的可靠保障是留用地的存在。因此,为了保证留用地真正发挥长远利益的保障作用,制度设计上应该对留用地的流转设置适当的条件。按照长久生计有保障的功能设计,留用地必须长期为农村集体持有,所以权能应该是受限制的使用权,而又应在持有的前提下发挥效用的最大化。①

第四,留用地的利用与利益分配。在留用地的开发建设以及经营上,应该赋予村集体选择自主开发经营、合作开发经营、租赁经营、物业回购、留用地货币化等适合自身利益保障的方式。当然,为了保障被征地农民对留用地开发利用的长远收益,在选择留用地合作开发经营时应该保证村集体经济组织的绝对控股权。同时明确并保障被征地农民对留用地以及开发建设项目的成员权、收益权以及相应的处置权。无论是留用地的建设经营方式选择抑或利益分配规则确立,都必须经过所在村集体经济组织绝大多数村民(居民)的同意。

(四)统筹考量留地安置与集体经营性建设用地入市的制度关联

当前,无论是在政策设计抑或理论论证上,征地制度改革始终和集体经营性建设用地入市改革相互勾连。因此,留地安置作为征地补偿制度改革内容之一,必须考虑到与集体经营性建设用地入市改革的联动。集体经营性建设用地入市改革对留用地的性质、留用地的使用会产生很大影响。随着集体经营性建设用地入市改革,集体经营性建设用地将会与国有土地具有相同的权能,因此留用集体土地和留用国有土地在功能使用上并不会影响被征地集体和农民的权益,而且考虑到国有土地使用权期限的法律限

---

① 林依标:《福建省被征地农民留地安置的实践探索及政策建议》,《农业经济问题》2014 年第 8 期。

定,被征地农民和集体可能更愿意选择留有集体土地。为此,一些研究者从"重权益、轻归属"的角度,提出未来留用地性质的制度设计方案,即赋予被征地农民和集体充分选择权,留用地是国有抑或集体所有由农民自己决定。这种设计方案虽然极大体现了对被征地农民的利益保护,却忽视了留地安置产生的法理基础;同时此种方案亦不符合我国征地制度改革的整体性策略要求,可操作性难有保障。

其一,留地安置是征地补偿安置的创新方式之一,而征地补偿发生的重要前提是土地所用权的转移,无土地所用权转移便不存在征收补偿。其二,缩小征地范围是当前我国征地制度改革的重要目标之一,而集体经营性建设用地入市则是达成这一目标的重要抓手。如果集体经营性建设用地入市改革实施顺利,大量的建设用地将不需要通过行政征收方式完成,建设单位或个人可以通过市场交换的方式来获取建设用地。其三,如果城市规划区允许留用地集体所有的存在,必然会导致大量城中村产生,这与当前大刀阔斧的城中村改造必将背道而驰。其四,其实在留地安置实施中,由于受城市规划、土地利用规划等方面的制约,对留用地的选择不会允许过度的开放。实践表明,如果地方政府不对留用地做出良好的统筹规划,将会导致留用地使用的碎片化、低效化。因此,随着集体经营性建设用地入市改革顺利实施,城市规划区外的建设用地完全可以通过集体经营性建设用地流转来完成,因此就不需要采用土地征收的手段;而在城市规划区内,根据我国当前宪法法律规定以及城镇化改革的客观要求,留用地只能为国有土地,而不能是集体土地。

五、小结

留地安置实践合理性与制度合法性的撕裂与背离,再次凸显了社会改革与法治建设难以协调发展的"中国式"难题。诚然,这一状况的出现,有其特定的历史背景和客观需求,可以说是地权改革不明晰、征地补偿法律滞后与经济条件交织作用的结果,具有一定的客观合理性和现实存在价值。但是,由于法治规范价值的缺失,留地安置亦背上了"过渡性""政治策略性"的负面标签。在全面推进依法治国的时代背景下,任何改革都应该纳入法治的轨道上。作为地方征地补偿改革的早期实验——"留地安置"应该在法治的关照下持续前行。未来应该在法律上明确留地安置的地位,构建中央和地方统分结合的留地安置规范体系,完善留地安置的规范内容,统筹考量留地安置与集体经营性建设用地入市的制度关联。

第三节　开发权视角下城中村
改造中的土地权属变更

城中村,顾名思义为"城市里的村落"[①]。城中村作为中国城市化发展过程中形成的一种特有现象,主要缘于我国城乡管理上的二元格局以及"集体土地非农化必须经过征收"[②]的规范安排。在中国早期城市化的过程中,城市空间的快速扩张与政府财政的不足,迫使许多地方政府采取选择

[①]　目前关于城中村的内涵界定有三种模式,第一种模式是地理意义上的概念,以土地所有权的性质来划分和界定。如:时下,农村集体所有土地的部分或全部被城市市区土地合围或与城市市区土地交错的现象时有发生。人们将此称为城中村。参见傅鼎生:《"入城"集体土地之归属 ——城中村进程中不可回避的宪法问题》,《政治与法律》2010年第12期。第二种模式是人的社会学意义上的概念,以生活状态、行为习惯和文化素养等来界定城中村。如:广义而言,城中村是指农村的土地已纳入城市总体规划发展区内,且农业用地很少或没有,居民也基本上属于非农化的村落;狭义而言,城中村特指那些农地与居民早已非农化,村庄也已经转制为城市建设,只是习惯上仍称为村的社区部落。参见黄常青:《城中村改造中的若干法律问题》,《中国党政干部论坛》2007年第1期。第三种模式从人和地理概念相糅合的角度界定城中村。如:城中村是一个相对成熟的概念,一般是指在快速城镇化进程中,一些距离城市较近的村庄被纳入城市建设用地范围,但仍保留和实行农村集体所有制与经营体制的社区。参见李润国、赵青、王伟伟:《新型城镇化背景下城中村改造的问题与对策研究》,《宏观经济研究》2015年第8期。围绕本书对现有的土地制度和城市管理制度的讨论需要,笔者认为所谓城中村是指在城市规划区内依然保持土地集体所用的村落,它们在空间态势上呈现出被城市包围或半包围的状态。

[②]　《中华人民共和国土地管理法》(2004年版)第四十三条规定:"任何单位和个人进行建设,需要使用土地的,必须依法申请使用国有土地;但是,兴办乡镇企业和村民建设住宅经依法批准使用本集体经济组织农民集体所有的土地的,或者乡(镇)村公共设施和公益事业建设经依法批准使用农民集体所有的土地的除外。前款所称依法申请使用的国有土地包括国家所有的土地和国家征收的原属于农民集体所有的土地。"虽然2019年修改的《中华人民共和国土地管理法》删除此条规定,但"集体土地非农化必须经过征收"之规范安排恰好实施于我国快速城镇化的过程中,已经导致了大量"城市里的村落"的产生。

性征收的策略,绕过获取棘手的农村区域,这样就逐渐形成了"城市包围村落"的城中村问题。近年来,城中村问题已经成为城市发展、土地集约节约利用的重大掣肘。城中村改造的主要目的是促进土地利用的节约集约,整体改善城市的空间环境,推进城市化的发展进程。城中村改造对于新型城镇化的推进及城乡统筹发展具有重要意义。①

城中村改造的目标是把"村"改为"城",实现从"村"到"城"的嬗变。基于我国城乡二元的土地所有制,即城市土地属于国有,农村土地原则上属于集体所有的宪法安排②,城中村改造中我们必然需要面对集体土地的"入城"问题。长期以来,征收是集体土地国有化转变的唯一正途,而其启动条件为公共利益。2019 年 8 月 26 日,全国人大常委会对《土地管理法》作出第三次修正,删除了集体土地非农化必须经过征收的相关规定,增加第六十三条允许农村集体经营性建设用地依法入市。"但是,新《土地管理法》第六十三条中的建设用地是指新增还是存量集体经营性建设用地,以及'圈外'用地能否直接进入'圈内',并不明晰。同时,新《土地管理法》第四十五条确立的征地公益条款虽有利于缩小征地范围,但该条

---

① 《国家新型城镇化规划(2014—2020 年)》:"建立健全规划统筹、政府引导、市场运作、公众参与、利益共享的城镇低效用地再开发激励约束机制,盘活利用现有城镇存量建设用地,建立存量建设用地退出激励机制,推进老城区、旧厂房、城中村的改造和保护性开发,发挥政府土地储备对盘活城镇低效用地的作用。"《国务院关于进一步做好城镇棚户区和城乡危房改造及配套基础设施建设有关工作的意见》(国发〔2015〕37 号)明确提出了城镇棚户区和城乡危房改造及配套基础设施建设三年计划目标,即 2015—2017 年,改造包括城市危房、城中村在内的各类棚户区住房 1800 万套(其中 2015 年 580 万套),农村危房 1060 万户(其中 2015 年 432 万户),加大棚改配套基础设施建设力度,使城市基础设施更加完备,布局合理、运行安全、服务便捷。《中共中央国务院关于进一步加强城市规划建设管理工作的若干意见》(2016 年 2 月 6 日发布)提出:"……稳步实施城中村改造……打好棚户区改造三年攻坚战,到 2020 年,基本完成现有的城镇棚户区、城中村和危房改造。"《中华人民共和国国民经济和社会发展第十四个五年规划和 2035 年远景目标纲要》提出:"加快推进城市更新,改造提升老旧小区、老旧厂区、老旧街区和城中村等存量片区功能,推进老旧楼宇改造,积极扩建新建停车场、充电桩。"

② 《中华人民共和国宪法》(1982 年)第十条第一款规定:"城市的土地属于国家所有。"第二款规定:"农村和城市郊区的土地,除由法律规定属于国家所有的以外,属于集体所有;宅基地和自留地、自留山,也属于集体所有。"《中华人民共和国土地管理法》(2019 年修正)第九条规定:"城市市区的土地属于国家。"《中华人民共和国民法典》第二百四十九条规定:"城市的土地,属于国家所有。法律规定属于国家所有的农村和城市郊区的土地,属于国家所有。"

款所确定的'成片开发'征地情形又为政府土地征收留下了巨大空间。"①
这种规范设计导致当前的城中村改造实践,无论是土地保留集体所有抑
或转为国家所用都会面临着合法性挑战。如果通过土地征收保持城市土
地国有的纯粹性,必然会使城中村改造中公共利益的认定泛化,最终导致
土地征收运用上的无限扩张。这显然亦与国家限缩征地范围的改革导向
背道而驰。与此同时,如果城中村改造中集体土地保留集体所有则面临
修宪之情势,即废除宪法关于城市土地国有的规定②,并允许城中村改造
中集体土地可以像国有土地一样流转,否则会引发违宪质疑。但放眼域
内外,修宪历来不易。暂且不论修宪的难度以及可行性,即使修宪最终能
够成功,亦需要经过漫长的共识达成之过程。然而,城中村改造已是当前
中国各大城市必须推动的客观要求,显然修宪方式难与客观情势相契合。
如果我们仅仅以社会发展的变化为前提,让宪法为现实服务,让位于社会
现实,特别是政治现实的时候,国家很可能走上非理性制度的发展道
路。③ 理论和现实表明,在法治中国建设深入推进的背景下,维护现行宪
法的安定性和权威至关重要。尊重和维护现行宪法"城市土地国有"之规
定不仅是宪法治理的应有之义,亦是化解城中村改造土地法治难题的客
观态度。"或许,我们迫切需要面对的,既不是将城市土地国家所有导入
公法轨道,以证成国家管制的正当性,也不是将其引入私法轨道,充实国
家土地所有权的内涵,而是系统反思当下我们究竟需要什么样的地权关
系和地权结构,以及如何防止具体立法偏离宪法目标或克减国家的保障

---

① 欧阳君君:《集体经营性建设用地入市范围的政策逻辑与法制因应》,《法商研究》2021 年第 4 期。

② 参见傅鼎生:《"入城"集体土地之归属——城中村进程中不可回避的宪法问题》,《政治与法律》2010 年第 12 期;曲相霏:《消除农民土地开发权宪法障碍的路径选择》,《法学》2012 年第 6 期;刘守英:《中共十八届三中全会后的土地制度改革及其实施》,《法商研究》2014 年第 2 期;张春雨:《关于"城市土地国有"法律规定的几点思考》,《中国土地科学》2009 年第 2 期;张宏东:《论"村改居"不能自然改变集体土地所有权的性质》,《农村经济》2008 年第 10 期;张红宇、王乐君、李迎宾、李伟毅:《关于深化农村土地制度改革的若干意见——现阶段需要关注的 38 个问题》,载农业部产业政策与法规司:《农业法律研究论丛(2015)》,法律出版社,2015。

③ 韩大元:《宪法与社会共识:从宪法统治到宪法治理》,《交大法学》2012 年第 1 期。

义务。"①那么接下来的问题就是集体土地如何转为国有土地？如何实现土地增值收益在土地权益人之间的均衡分享？如果对城中村改造中的集体土地权属变更及配置处理不当,将会导致"改造性问题的重复再现"。②基于此,试图在坚持城市土地国有的宪法规范安排的基础上,以土地开发权为切入口,努力寻求城中村改造中土地权属变更的最佳途径,最大限度地化解宪法法律规定与城中村改造实践之间的紧张关系。

一、城中村改造中土地权属变更实践及反思

近年来,为了推进城中村改造的顺利实施,改善城市面貌,理论界和实务界群策群力、建言献策,各个城市所在的地方政府亦是使出浑身解数,政策创新迭出。围绕城中村改造中土地权属变更问题,可归纳出四种典型的解决思路和实践模式。

(一)城中村改造中土地权属变更实践模式

1.征收

土地征收即国家通过行政强制的方式,取得集体土地的所有权。当然,征收发生的前提条件为公共利益,并且要以付出公平补偿为对价。我国《宪法》《物权法》和《土地管理法》等对征收有着较为明确的界定。目前,征收是城中村改造中土地权属变更的唯一合法方式。随着城中村改造的广泛展开,突破土地征收的土地权属变更创新模式应运而生,其中土地概括国有化模式一度被解释为具有正当的法律依据。当然面对土地权属变

---

① 成协中:《城市土地国家所有的实际效果与规范意义》,《交大法学》2015 年第 2 期。

② 此方面深圳最具代表性。深圳市政府在 1992 年出台了《关于深圳经济特区农村城市化的暂行规定》,对原特区内农村土地实行"统征",即把特区内全部农村土地转为城市国有土地。2004 年,深圳市又对特区外实施"统转",把全部关外农民转为城镇居民,以此实现深圳市全域的土地国有化。深圳虽然通过概括国有化实现了其管辖范围内集体土地的统征统转,结束了城乡二元的土地体制,却产生了一个天量"合法外用地"和"违法建筑"与合法土地房屋并存的二元结构。如何盘活原村集体及村民实际占有的土地已成为统征统转后衍生的新难题,在建设用地需求不断增长的情况下,这部分土地正面临着城市更新的开发性难题。具体参见北京大学国家发展研究院综合课题组:《更新城市的市场之门——深圳市化解土地房屋历史遗留问题的经验研究》,《国际经济评论》2014 年第 3 期。

更地方创新合法性依据解释的困顿和纷争,中央的解释依然坚持征收对土地权属变更的唯一正统地位。[1]

2. 转化性征收

"转化性征收是我国一种独特的土地征收制度,是土地从身份性集体土地使用权向非身份性的国有土地使用权转化的重要途径。"[2]虽然我国《宪法》《土地管理法》及《物权法》都提出征收要以公共利益为前提,但在快速城市化和工业化所释放的庞大土地需求压力下,公益性目的的土地征收前提限定时常形为具文。在我国经济社会发展实践中,公共利益的考量被随意突破,公共利益被不断地泛化,征收异常化为权力资本化和政绩化的重要手段。这种模式在一些地方的城中村改造实践中经常被采用。比如青岛市,"该市的通常做法是将城中村纳入城市规划区,村民转为城镇居民,待需用地时再办理土地征收手续。实际操作中虽然进行土地征收,但对宅基地及其上的住宅是按照房屋征收补偿程序进行的,因此对宅基地使用权是否给予补偿不明确。有些城中村改造中,国土部门与村(居)委会签订土地划拨协议,村(居)民仅能就房屋价值获得补偿,实际上没有获得宅基地使用权补偿"[3]。

3. 概括国有化

集体土地概括国有化是城中村改造中较常用的手法,亦是受到了理论界和实务界广泛争议的土地权属变更模式。概括国有化打破了"凡用必征"的城市化魔咒,使城中村改造中的土地权属变更无须通过征收程序即可完成。城中村改造中的集体土地概括国有化,以农民变居民、撤村变社区为前提,通过一纸命令实现城中村集体土地整体一次性地转变为国有土地,同时基本不改变土地的用途和使用者。与土地征收相比,概括国有化完成"入城"集体土地国有化的过程更快捷,成本更低。通过行政命令,概括国有化可以实现城市规划区内集体土地的

---

① 《关于对〈中华人民共和国土地管理法实施条例〉第二条第(五)项的解释意见》(国发函〔2005〕36号文件):"农村集体经济组织土地被依法征收后,其成员随土地征收已经全部转为城镇居民,该农村集体经济组织剩余的少量集体土地可以依法征收为国家所有。"

② 李凤章、苏紫衡:《集体土地征收制度再认识》,《国家检察官学院学报》2013年第3期。

③ 青岛市中级人民法院行政庭:《城中村改造中土地房屋征收补偿法律问题研究——基于以青岛为标本的实证分析视角》,《山东审判》2014年第4期。

整体性变更。深圳即是通过集体土地概括国有化成为全国首个没有城中村的城市。① 由于一般城中村改造区域的集体土地大都属于建设用地和宅基地，加上概括国有化时没有具体的建设目标和土地开发任务，原有土地的使用者和原用途基本不会发生改变，当然也不存在给予补偿的问题。

4.集体建设用地使用权入市

所谓集体建设用地使用权入市，是指在城中村改造中，集体所有权人在保留集体土地所用权不变的前提下将集体建设用地使用权直接出让给他人（特别是集体组织之外的单位和个人）的方式。改革开放以来，我国集体建设用地使用权入市经历了从绝对禁止、隐形探索到法治化推进等三个阶段。在经历了早期绝对禁止的阶段以后，20世纪末期，一些地方开始了集体建设用地使用权流转试点，并出台了相应的规范性文件。② 2013年党的十八届三中全会明确了集体经营性建设用地同等入市的改革要求③，入市改革试点工作随之在33个县（市、区）铺开。在总结集体建设用地使用权入市试点改革经验的基础上，2019年全国人大常委会对《土地管理法》作出了修改，允许集体建设用地使用

---

① 深圳市在1988年的《关于严格制止超标准建造私房和占用土地等违法违章现象的通知》第六条中规定"特区农村规划红线内的私人宅基地，属国家所有。分配给社员的宅基地，社员只有使用权……"深圳市政府在1992年出台了《关于深圳经济特区农村城市化的暂行规定》。深圳市1992年完成农村城市化后，在1993年《关于处理深圳经济特区房地产权属遗留问题的若干规定》的第三条、第六条中再次重申红线范围内的集体和私人宅基地所有权归国家，使用权归集体和个人。2004年，深圳市又对特区外实施"统转"。

② 芜湖市从1999年11月先期开展集体建设用地使用权流转试点。此后，根据国土资源部的批准，共有30多个地区开展集体建设用地使用权的流转试点。2004年10月，国务院发布了《关于深化改革严格土地管理的决定》（国发〔2004〕28号），明确提出"在符合规划的前提下，村庄、集镇、建制镇中的农民集体所有建设用地使用权可以依法流转"。2005年5月，广东省政府在全国率先出台《广东省集体建设用地使用权流转管理办法》，确认了集体建设用地流转的合法地位，并对集体建设用地使用权出让、出租、转让、转租和抵押作出了明确的规定。

③ 党的十八届三中全会通过的《中共中央关于全面深化改革若干重大问题的决定》提出："建立城乡统一的建设用地市场，在符合规划和用途管制前提下，允许农村集体经营性建设用地出让、出租、入股，实行与国有土地同等入市、同权同价。"

权依法入市。① 由此，集体建设用地使用权入市正式获得了法律确认。但遗憾的是，囿于《土地管理法》规定上的模糊，无论在理论抑或实践中，集体建设用地使用权入市"圈内"（土地利用规划确定的城镇建设用地范围内）和"圈外"（土地利用规划确定的城镇建设用地范围外）之争并没有终结。基于此，即使在法律解释上把集体建设用地使用权入市由"圈外"扩展到"圈内"，入市集体土地依然会面临与现有宪法上"城市土地国有"安排的抵牾。

（二）城中村改造中土地权属变更实践的反思

放在当前的法治环境和理论语境下，以上四种土地权属变更模式在城中村改造中都无法实现制度和理论上的逻辑自足，亦会面临法律供给不足的制约，甚至要承受各种法律上的质疑。

其一，对于土地征收而言，公共利益的目的限定致使它无法合法地运用到其他非公益性目的城中村改造项目。公共利益的概念虽然难以捉摸，但亦不可能涵盖城中村改造中的所用土地开发项目。一些城中村改造甚至是由村集体自行提出，商业目的土地开发在城中村改造中始终存在。客观现实显示，土地征收的强制性容易导致矛盾升级，因土地征收而引发的冲突时常见诸报端，因此缩小征地范围已成为中国土地制度改革的重要指向。而且，由于历史原因造就的"城市村"样态往往布局错综复杂，时常又难以纳入"成片开发"的土地征收范畴。② 因此，完全采用土地征收方式推

---

① 《中华人民共和国土地管理法》（2019 年版）第六十三条规定："土地利用总体规划、城乡规划确定为工业、商业等经营性用途，并经依法登记的集体经营性建设用地，土地所有权人可以通过出让、出租等方式交由单位或者个人使用，并应当签订书面合同，载明土地界址、面积、动工期限、使用期限、土地用途、规划条件和双方其他权利义务。前款规定的集体经营性建设用地出让、出租等，应当经本集体经济组织成员的村民会议三分之二以上成员或者三分之二以上村民代表的同意。通过出让等方式取得的集体经营性建设用地使用权可以转让、互换、出资、赠与或者抵押，但法律、行政法规另有规定或者土地所有权人、土地使用权人签订的书面合同另有约定的除外。集体经营性建设用地的出租，集体建设用地使用权的出让及其最高年限、转让、互换、出资、赠与、抵押等，参照同类用途的国有建设用地执行。具体办法由国务院制定。"

② 《中华人民共和国土地管理法》（2019 年版）第四十五条规定："为了公共利益的需要，有下列情形之一，确需征收农民集体所有的土地的，可以依法实施征收：……（五）在土地利用总体规划确定的城镇建设用地范围内，经省级以上人民政府批准由县级以上地方人民政府组织实施的成片开发建设需要用地的。"

进城中村改造的土地权属变更无论在合法性抑或合理性上都存在较大问题。

其二，转化性征收本身就是征收的异化，亦无法成为城中村改造的正当法律模式。更为关键的是，这种靠低价补偿维系的模式既不符合土地增值收益合理共享的改革思路，也不利于对被征地农民合法权益的保护。

其三，概括国有化面临的合法性挑战和留下的后遗症更是难以克服。概括国有化是目前许多城市城中村改造中比较常用的土地权属变更模式。在某种意义上，该模式亦是许多地方政府"迫不得已"而采取的"狸猫换太子"之手法。"当'城市建成区'是集体经济组织自己建成的时候，将集体土地转为国有就缺乏法律根据（如征用目的）和技术手段（如征用补偿）。要彻底维持城市土地国有的纯粹性，就只能采取集体土地概括国有化这种有欠公平或许是不得已的做法。"①这种模式通过行政命令，以维持土地利用原状为筹码实现了集体土地所有权国有化的转变。城中村改造初期，《土地管理法实施条例》似乎是概括国有化可以寻求的最高法律依据。但是，2005 年国务院发布的相关解释意见彻底堵住了《土地管理法实施条例》对概括国有化具有支撑价值的法律解释空间。② 与此同时，一些地方为了推动概括国有化的顺利实施，避免遭受违法质疑，竟然依据《确定土地所有权和使用权的若干规定》（简称《若干规定》）制定出相关的地方性规范。③ 但是《若干规定》的立法目的主要是处理土地权属争

---

① 陈甦：《城市化过程中集体土地的概括国有化》，《法学研究》2000 年第 3 期。

② 《中华人民共和国土地管理法实施条例》（2014 年版）第二条第五项规定："农村集体经济组织全部成员转为城镇居民的，原属于其成员集体所有的土地属于国家所有。"《关于对中华人民共和国土地管理法实施条例》（国发函〔2005〕36 号）第二条第（五）项的解释意见："农村集体经济组织土地被依法征收后，其成员随土地征收已经全部转为城镇居民，该农村集体经济组织剩余的少量集体土地可以依法征收为国家所有。"2021 年，国务院对《中华人民共和国土地管理法实施条例》作出了较大幅度修改，已经删除了相关条款。

③ 《确定土地所有权和使用权的若干规定》（国土〔1995〕第 26 号）由国家土地管理局于 1995 年 3 月 11 日发布，是在《关于确定土地权属问题的若干意见》（国土〔1989〕第 73 号）基础上修订而成，主要是为了在土地登记中妥善处理土地权属问题。第十四条规定："因国家建设征用土地，农民集体建制被撤销或其人口全部转为非农业人口，其未经征用的土地，归国家所有。继续使用原有土地的原农民集体及其成员享有国有土地使用权。"另参见《山西省城中村集体土地转为国有土地管理办法》（试行）第二条、《深圳市宝安龙岗两区城市化土地管理办法》第二条。

议,推进依法登记,显然不能作为集体土地概括国有化的上位依据。而且,国务院于2004年发文对这种方式表达出明确的禁止态度。① 至此,概括国有化彻底成为依据地方性规章或规范性文件而存在的创新模式。这种直接通过地方性规章或规范性文件将集体土地概括国有化的方式显然不符合现代财产权保护理念,必会遭受到"违宪"质疑。而且,这种以维持土地利用现状的集体土地国有化短期内或许不会产生太大的消极影响,但长远来看会给未来城市发展留下很多问题,包括小产权房问题、土地使用权到期延续问题、土地使用权再利用问题。这些问题因为保留现状而被暂时掩盖,但随着时间的推移都会逐渐暴露出来。实地调查表明,这种在城中村改造实践中通过规范性文件将全域集体土地国有化的土地权利配置方式,不仅使集体土地所有权遭到任意侵害,而且村集体、村民的土地发展权益也得不到应有保障。② 因此,城中村改造中的集体土地概括国有化只是一种"饮鸩止渴"式的速成模式,无益于城中村改造的彻底完成。

其四,保留集体土地所用权的集体建设用地使用权流转无异于"戴着镣铐跳舞"。这种模式是很多学者在对土地征收和集体土地概括国有化全面反思的基础上提出的改革路径,亦是比较有突破性的模式,似乎也与构建"同地、同权、同价"的城乡统一建设用地市场的改革要求相吻合。但至少短期来看,这种模式依然存在着一些制度及实践困境。首先,如果允许城中村改造中集体建设用地使用权流转,集体土地所有权便得到保留。城中村保留土地集体所有制的存续要件之一是农村集体组织,但实践表明,城中村虽名为"村",但在组织形态、生活状态等方面已经离"村"渐行渐远,随着"村改居"及人的城市化,传统的村集体必然无法存续。而且城市的重要特点就是其快速的流动性,那么最终谁来代表集体行使土地所有权呢?其次,虽然2019年修改的《土地管理法》允许集体经营性建设用地入市,但入市对象仅限于集体经营性建设用地,而且入市范围是否能够扩展到城市规划区范围内还存在一定争议。③ 因此,至少在当下及未来一段时间里城

---

① 《国务院关于深化改革严格土地管理的决定》(国发〔2004〕28号)明确规定,禁止擅自通过"村改居"等方式将农民集体所有土地转为国有土地。

② 王铁雄:《城中村改造中土地权利配置法律问题研究》,《法学杂志》2016年第4期。

③ "新《土地管理法》草案基本上是以土地利用总体规划确定的城镇建设用地范围为分界线,圈外集体建设用地可以流转,圈内集体建设用地必须征收。"具体参见汪晖、陶然:《如何实现征地制度改革的系统性突破——兼论对〈土地管理法〉修改草案的建议》,《领导者》2009年第29期。

中村改造中使用集体建设用地使用权流转依然存在着理念和实践上的障碍。退一步讲，即使集体经营性建设用地入市可以扩展到城市规划区，但从前期的试点改革经验而言，由于流转内容的限制，集体建设用地使用权流转亦无法完成城中村改造的任务。原因在于，城中村中存在着大量的宅基地及其他非经营性用地，这部分集体土地显然无法被包含在集体经营性建设用地流转中。而且在具体实践中，一些地方采用集体建设用地使用权流转模式的实施效果并不乐观，农民个体权利虚化现象突出，基层腐败现象普遍比较严重，因改造引发的冲突不断。同时保留集体土地所用权的集体建设用地流转模式无法有效解决小产权房问题，可能会导致更多小产权房的产生。

综上可见，现行城中村改造中的土地权属变更模式不仅在城中村改造实践中步履维艰，更是造成了当前土地权利配置认知的理论紊乱。"近年来地方性的制度创新和实践试图解决其弊端，但由于地方性规则和国家法的冲突以及国家法在制度体系中的优势地位，地方性制度实践在一定程度上也加剧了地权体系的混乱。"[1]进一步而言，由于对城中村农民在土地开发及增值分配权利配置上的考量不足，城中村改造中的土地权属变更模式在不断突破现行法治框架的前提下，呈现出极度管制或极度放松管制的两极。当然，无论制度创新表达和实践操作的具体面向如何，基本反映出当前城中村改造土地权属变更模式未完全摆脱计划经济的思维窠臼，土地开发权家长主义的垄断性思维危害依然严重。

二、还权赋能与利益共享：集体土地权属变更改革的价值根基

在我国集体土地所有权极其空泛乃至虚化的现实背景下，城中村改造中集体组织成员在意的早已不是徒有虚名的集体土地所有权，而是土地开发及增值分配的权能配置。"近年来在深圳多个城中村的调研表明，除极少部分年纪较大的村民外，绝大部分村民对城中村改造后土地完成征转程序变性为国有土地不持反对态度。这里的关键问题，是土地转为国有后的土地使用权授予谁进行开发的问题。"[2]土地开发首先涉及土地

---

[1]　杨一介：《论集体建设用地制度改革的法理基础》，《法学家》2016 年第 2 期。

[2]　陶然、王瑞民：《城中村改造与中国土地制度改革：珠三角的突破与局限》，《国际经济评论》2014 年第 3 期。

开发权①的问题。虽然在我国实定法中没用土地开发权的类型表述,但在土地管理中作为一项制度工具已被广泛运用。一定意义上,土地开发权是揭开城中村改造中土地增值收益分配迷局的金钥匙,是化解城中村改造土地权属变更难题的理论支点。

（一）土地开发权国家垄断影响着土地利用及增值分配的均衡发展

已处于城市规划区的城中村居民更能直观地感受到城市化给土地带来的升值变化,可观的土地增值收益不仅是小产权房、其他各种城中村违章建筑产生的内在动力,也是城中村改造中各方利益主体激烈争夺的实质目标。如何合理分配土地增值收益便成为城中村改造顺利开展的关键。土地增值收益分配在法律上表现为土地权利的配置,在法理上则体现为土地开发权的配置。根据我国目前的土地法律制度体系,集体土地权利是由所用权和用益物权组成的权利束。这种规范表达主要反映了土地的静态权能面向,较难生动地表达出土地开发利用及增值分配的动态权能面向。随着城市化的发展,土地利用亦开始受到各个国家规划管制的限制,由此土地开发权逐渐得以彰显和认同。"土地开发权（Land Development Rights）是为适应土地使用管制和多元化立体开发而设立的,针对改变土地的现状用途与开发强度,可与土地所有权分割而单独使用的财产权。"②土地开发权作为土地空间扩展和用途改变的财产权,既具有土地利用的社会经济权属性,又具有收益分配权的私权属性。在土地开发权的归属上,英美等国家都坚持土地开发权属于土地所用权人的法律原则。但一直以来,我国在土地资源的配置及管理上始终践行土地开发权国有化模式。

虽然我国现行法律没有明确土地开发权的地位,但在《土地管理法》《物权法》《城乡规划法》等关于土地征收、城市规划、土地用途管制的相关规定中都体现出对土地开发权的默示和认同。过去相当长的一段时期里,

---

① 国内对"Land Development Rights"的翻译有两种,一种是土地开发权,另一种是土地发展权。关于此问题学界众说纷纭,争论颇多。笔者以为土地开发权的表述更为贴切。首先,比较能够从动态意义上反映它的内涵;其次,更符合中国人的表达习惯,能够比较直白地表达出开发建设的行为;最后,从功利的角度比较契合当下土地制度改革实践的需要。

② 孙弘:《中国土地开发权研究:土地开发与资源保护的新视角》,中国人民大学出版社,2004。

根据《土地管理法》的相关规定,我国集体土地在用途上被严格限定,一般不能用于非农建设用地[乡(镇)村公益性建设用地、村民宅基地及乡镇企业用地除外]。集体土地被用作非农建设[乡(镇)村公益性建设用地、村民宅基地及乡镇企业用地除外]之用只能通过征收,即国家将集体土地强制收归国有,通过招拍挂再把土地出让给新的土地使用权人开发建设。[①] 征地补偿按原用途(农业用途),而土地出让则采用市场方式,国家通过控制土地开发权的初始配置垄断土地一级市场,获取土地溢价。2019 年修改的《土地管理法》虽然取消了"农村集体土地非农建设必须经过征收"的规定,改变了征地补偿的计算标准,并允许集体经营性建设用地入市,但政府依然掌控着土地增值收益分配的主导权。由此可见,我国的农地开发权实质上属于公有。同时根据《宪法》《土地管理法》等相关法律之规定,国有土地的土地开发权被国家所垄断。在当前中国的土地宪法秩序下,土地开发权的国家垄断导致城中村改造土地权属变更模式无论如何创新,都会产生一些无法克服的弊病。

第一,城中村居民土地财产权的补偿难。过去相当长的一段时期,在城中村改造的土地征收方式中,由于国家对土地开发权的垄断,导致土地增值收益分配长期采用低征地补偿与高土地出让之间"剪刀差"的方式实现"涨价归政府"。这样的方式虽然增加了地方政府的土地财政收入,却使城中村农民的土地财产权益受到减损,致使他们在城中村改造中始终处于被动接受的状态。2019 年修改的《土地管理法》确立了新的土地征收补偿标准,即从"原农业用途的年产值倍数法"升级为"区片综合地价",而且针对农村村民住宅给予了单独的类型化处理。"区片综合地价"补偿相对于"原农业用途的年产值倍数法"补偿显然更加公平,亦体现了土地法治建设的进步。但是,根据 2019 年新修改的《土地管理法》的相关规定,"土地原用途"依然是确定"区片综合地价"的主要考量因素之一。这种法律规定给城中村改造中的土地征收带来极大的挑战。首先,从城中村的形成历史来看,城中村集体土地的主要形态便是农村宅基地及其他集体建设用地。其

---

①　《中华人民共和国土地管理法》(2004 年版)第四十三条规定:"任何单位和个人进行建设,需要使用土地的,必须依法申请使用国有土地……前款所称依法申请使用的国有土地包括国家所有的土地和国家征收的原属于农民集体所有的土地。"第六十三条规定:"农民集体所有的土地的使用权不得出让、转让或者出租用于非农业建设……"第四十四条规定:"建设占用土地,涉及农用地转为建设用地的,应当办理农用地转用审批手续。"

次,根据城中村的发展状态来看,城中村的集体土地已经很少会用于农业经营,基本实现了城市化运作。因此按农业经营原用途补偿显然已无法满足城中村征地补偿的现实要求,也无法实现国家、集体和个人对土地增值收益的合理分享。

第二,导致土地权利配置的失衡,无法实现土地增值收益关系的均衡和包容。"产权不是指人与物之间的关系,而是指由于物的存在及关于它们的使用所引起的人们之间相互认可的行为关系。……因此,对共同体中通行的产权制度,可以描述为一系列用来确定每个人相对于稀缺资源使用时的地位的经济和社会关系。"[1]根据现代产权理论,城中村土地资源的合理配置和有效利用,核心不在于土地的所用权归属,而在土地使用者和所用者之间处置权益的配置和界定。在长期的土地开发权国有化影响下,虽然集体建设用地使用权入市实施为城中村土地权属变更改革带来了无限遐想空间,但由于农民个体被排除在集体建设用地使用权享受主体之外,加上农民集体法律人格的抽象化乃至虚化,实践中的集体建设用地使用权流转的方式并没有给城中村改造提供有益助力,反而加重了城中村土地利用的混乱无序。"尽管宪法等都规定农民集体是集体土地的实际所有者,但这种'集体'对集体土地产权没有明确的实施机制,为各级权力部门干预或分享集体土地产权提供了机会。保障产权实施的国家司法机构也因集体土地权利主体模糊而较难排除权力干预,出现保障的不确定性。最应当享受集体土地利益的村民变为缺乏权力保障、后序的利益分享者。"[2]在政府缺乏有效引导和监管的情况下,城中村改造中村民的逐利心态被无限拔高,村干部专权侵害村民土地权益的事例亦时有发生。在此种背景下,"涨价归公"思维便被"涨价归私"思维所替换,但土地自然增值全部归私显然亦不符合社会正义,这种模式亦无法实现土地增值收益关系的均衡发展。

(二)还权赋能与土地开发权分享

在当前城乡二元的土地管理制度下,土地开发权国家垄断保证了政府对城中村改造的绝对掌控,却使当前的土地权属变更陷入进退维艰的泥潭,同时亦导致农民对城中村改造及其土地增值收益产生无力感和被剥夺

① [美]R.科斯:《财产权利与制度变迁》,盛洪译,上海三联书店,1996。
② 万举:《国家权力下的土地产权博弈——城中村问题的实质》,《财经问题研究》2008年第5期。

感。城中村改造过程中农民土地权益陷入两难困境的实质是土地城乡二元所有制下,政府对建设用地的垄断性供给,农村集体土地使用权合法流转的权利缺失,是农村集体土地用途的不对等管制。①

土地开发权国家垄断亦是影响城中村改造顺利进行的关键因素。其实,当农民在城中村改造中对集体建设用地及宅基地入市交易(即土地功能、用途变更)方面拥有一定的自由度和主动性的时候,他们亦会对城中村改造产生共同的价值认同。因此,推动城中村改造的顺利实施,化解城中村改造土地权属变更之难题,需要"还权赋能",还集体土地使用权人以土地开发权,赋集体土地使用权人自主参与城市化的权能。

土地开发权作为土地利用的财产权,在城中村改造中具体表现为参与土地功能、用途改变以土地增值收益分配的权利。稳妥的改革价值理念,首先不能颠覆当前我国的基本土地法律制度体系。从立足于当下城中村改造的客观实践,实现国家对城市土地资源的有效治理之战略目标来看,城中村改造中的土地开发权应该坚持由国家和集体土地使用人共享的模式,或者至少说,能够让集体土地使用人分享土地开发权。这样不仅回应了城中村改造中村民对土地财产权利有效保障的诉求,符合不断重视保护农民土地财产权利的法治和政策改革要求,而且能够实现对现行相关法律秩序的尊重和维护。具体而言,未来的城中村改造土地权属变更,应该以城中村农民分享土地开发权为切入点,以土地增值收益共享为落脚点。通过让城中村农民分享土地开发权,进而让他们能够自主地参与到城中村改造,而不是被动地接受城中村改造的结果,并实现土地权利配置的均衡。在此基础上,地方政府能够比较顺利地促使土地权益人达成行为共识,进而实现城中村改造中土地增值收益的合理分享。当然,实现地方政府(公共利益的代理人)、城中村改造中的集体及个人对土地增值收益的合理分享,还需要以城中村农民分享土地开发权为切入点,对城中村改造土地权属变更模式作出一些修正。

三、城中村改造集体土地权属变更模式之完善

城中村改造既要体现对农民土地开发权的尊重,让其充分参与城中村

---

① 燕雨林、刘愿:《城镇化进程中城中村改造地权归属问题研究》,《广东社会科学》2013 年第 4 期。

改造,引入市场机制和私人参与机制,也要让城中村改造适当体现公共性,不能让其脱离正常的发展轨道,不能让城中村改造沦为"涨价归私"的手段,为此,在城中村改造中政府仍需承担重要的引导、监管和保障职责。基于此,未来城中村改造中的集体土地权属变更可以考虑实施土地征收"成片开发+征购"相结合的模式。一方面,结合公益性的土地征收"成片开发"推进城中村改造,并通过完善补偿制度提升城中村居民对改造的认同和参与;另一方面,针对非公益性用地采用征购模式。通过集体土地使用人对土地开发权的分享,建立市场化的土地增收收益分配机制,促使村民自愿转为市民,顺势完成集体土地的国有化。

(一)完善土地征收补偿制度,回应土地增收收益分享诉求

1.土地征收回归公共利益的目的

根据我国现行法律规定,土地征收是城中村集体土地转为国有的唯一合法方式。实现基础设施和城市面貌的改善和提升是城中村改造的重要诉求,涉及公共基础设施、公共建筑等部分的土地权属变更必然可以采用土地征收。因此,土地征收是未来城中村改造中集体土地权属变更的当然选择之一。但囿于现行法律的不尽完善,土地征收制度在过去城中村改造中时常被滥用,村集体和村民土地财产利益受损问题比较严重。为了推进城中村改造的顺利进行,实现村集体和村民对土地增值收益的公平分享,必须让土地征收回归公共利益的目的。对于公共利益的认定,在集体土地征收补偿专门法规阙如的情况下,城中村改造中的集体土地征收可参照《国有土地上房屋征收补偿条例》的相关规定。通过改革,实现城中村改造中公益性开发的政府主导,恢复土地征收的公益性面貌。

2.土地开发权分享下征收补偿制度之完善

当然,土地征收在恢复公益性的同时,亦需要对补偿做好配套改革。土地一旦被征收,不仅剥夺了被征收人的土地财产权,更对其居住自由产生影响。城中村改造中的土地征收时常被人诟病,亦是农民及村集体心存抵制的对象,存在土地征收补偿费偏低、补偿范围过于狭窄、补偿方式比较僵化、征地补偿程序缺乏民主等问题。首先,根据现行法律规定,村民的宅基地及地上房屋不是单独的征收客体,征地补偿标准以土地被征收前三年的平均年产值为基准,这里的年产值数额来源于农用地的农业用途。但城中村土地虽然是集体土地性质,但基本不再用于农业生产,本质已不是农用地。因此,未来城中村改造中的土地征收制度,需要正视村

民宅基地及地上房屋的独立客观价值,以土地原用途的市场价值实施补偿。"政府应当承认和尊重土地所有者的土地发展权,在土地征收过程中应当按照市场价格给予被征收人公平补偿,不能低价或无偿剥夺非国有土地的发展权(初次分配)。"①其次,一次性的货币化补偿难以满足城中村农民对长远收益的需求,应该因应土地开发权分享之理念,采用留地安置、土地使用权入股等方式。在一定意义上,对城中村农民而言,保留土地集体所有就是保住了潜在的长远收益,把集体土地转为国有就意味着预期长远收益的落空。同时,大规模的城中村改造亦会给地方政府带来一定的金钱补偿压力。因此,未来的城中村改造征地补偿需要转变思路,通过土地开发权分享,赋予城中村农民自主参与城市化的机会,建立多元化的增值收益获取保障机制。在实践中,留地安置已经在许多地方的城中村改造中得以运用,对推动城中村改造的顺利实施发挥着积极作用,亦深受城中村农民的欢迎。"留地安置促进补偿从土地'生产资料'到'物质权利'认知的价值理念提升,这种提升有助于征地补偿从'生存性保障'向'发展性保障'的转变。这种转变使得留地安置改革深得民心。"②最后,城中村改造的目的不仅在于改善城市生活环境,实现集体土地国有化的转变,更在于推动城中村农民真正地市民化,因此城中村改造的土地征收补偿制度完善最终应该落脚于"同城同待遇"。"城中村改造中的集体土地征收补偿不仅包括一般意义上的民事补偿,还应包含社会福利或者政治意义上的补偿,是一种广义补偿,除了土地补偿费、安置补助费以及地上附着物和青苗的补偿费等狭义补偿外,政府还要为被征地农民做好户籍转换、社会保障费用安排和就业安置培训等等。"③城中村改造中的农民变市民,不是户籍上的简单转变,实质上更重要的是与此转变相对应的一系列保障制度安排,当然这种制度安排在土地征收补偿时必须加以统筹解决。具体到物权变动规则而言,如果国家无法为"入城"农民提供与城市居民相同的政治、经济、社会等权利,那么该集体土地上的农民其实没有真正转变为市民,因而即使在其土地上建立有"物理上的城市",仍然不能依据

---

① 程雪阳:《土地发展权与土地增值收益的分配》,《法学研究》2014年第5期。

② 胡大伟:《留地安置法治化:实践探索、制度困境及立法回应》,《农村经济》2016年第5期。

③ 李宴:《城中村土地制度问题本质及其治理路径》,《中国农业大学学报(社会科学版)》2012年第2期。

《宪法》第十条第一款直接将该集体土地转为国家所有。①

(二)以土地开发权分享引领非公共利益征购之推行

在城中村改造中,除了出于公共利益目的的土地开发利用外,还存在着大量的非公益性的土地开发,对此显然不能简单套用征收的方式,必须寻求其他合适的土地权属变更模式与土地征收一起共同推动城中村改造的顺利完成。这种模式需要能够突破由国家垄断土地开发权而产生的土地征收难题。城中村改造的特殊性和复杂性决定,绝对市场化的土地利用模式抑或单纯行政命令式的国有化模式,都无法满足城中村改造的客观需要,更难以获取当前我国土地管理法律制度的接纳和包容。笔者认为征购是城中村改造中非公益性土地权属变更的最佳选择。1953 年和 1978 年《宪法》先后对征购做出了明确规定。② 1982 年《宪法》虽然没有关于征购的表述,但在《土地管理法实施条例》中对征购做出了简明的法律表达。③对于非公益目的的用地,著名学者梁慧星曾在《物权法》制定前提出过设置征购制度的建议:"非真正公益目的,如商业目的用地,不得适用征收,建议改为由国家批给用地指标,再由用地人与土地所有权人、使用权人谈判签约。"④这一简略表述为我们认识和实施征购提供了良好的观察视角。当然,对于征购的具体内涵,目前还没有学者给出清楚的答案,实务界也没有相对比较清晰的操作方案。笔者以为,征购着力解决的是城中村改造中农民土地开发及增值分享被排斥的问题,核心在于土地开发权的初始配置,进一步而言即在城中村农民土地开发权初始配置明确的基础上,让城中村农民可以根据权属要素开展市场化的权利交易。"征"体现为集体土地国有化的转变,"购"则体现出土地开发及增值分配的平等协商。征购的最大

---

① 黄忠:《城市化与"入城"集体土地的归属》,《法学研究》2014 年第 4 期。

② 1954 年《宪法》第十三条规定:"国家为了公共利益的需要,可以依照法律规定的条件,对城乡土地和其他生产资料实行征购、征用或者收归国有。"1975 年《宪法》第六条第三款规定:"国家可以依照法律规定的条件,对城乡土地和其他生产资料实行征购、征用或者收归国有。"1978 年《宪法》第六条规定:"国家可以依照法律规定的条件,对土地实行征购、征用或者收归国有。"2004 年的十届人大二次会议对 1982 年宪法中的征地制度进行了修改,将"国家为了公共利益的需要,可依法对土地进行征用"改为"国家为了公共利益的需要,可依法对土地进行征收或征用,并给予补偿"。

③ 《中华人民共和国土地管理法实施条例》第二条规定:"农村和城市郊区中已经依法没收、征收、征购为国有的土地属于国家所有。"

④ 梁慧星:《制定中国物权法的若干问题》,《法学研究》2000 年第 4 期。

特征在于对集体使用权人土地开发权的认同。征购既能够有效化解土地征收异化的危机,又符合了土地开发市场化改革的发展要求和态势。在某种意义上,征购调和了行政强制性和开发自主性、"涨价归公"和"涨价归私"之间的关系,既体现了城中村改造的公共性价值,又能反映市场化交易的契约自由原则。通过征购既能实现集体土地国有化的转变,维护城市土地属于的宪法秩序,又能化解非公共利益用地征收化的合法性难题。土地征收和征购会产生不一样的社会效果,城中村农民因为征收的高强制性会对政府产生更高的保障性期望,而征购是以市场交易的方式开展,城中村农民不会形成对地方政府的过度依赖,地方政府的安置、财政压力自然会得到释放。

具体而言,在城中村改造中,针对非公益性目的的土地利用,在符合土地利用规划的情况下,允许集体经济组织委托土地市场交易中介机构或与土地开发者直接交易,在协商交易过程的同时完成集体土地国有化自愿转让和国有土地出让手续。在此过程中,政府职能从包办城市土地供给,转变为以分成土地出让收益确保城市公共设施供给,诱导新的市场主体对城市发展的潜在机会作出更为积极的反应。[①] 当然,为了克服城中村改造中的非公益性土地利用交易市场失灵问题,政府需要承担起产业发展引导责任,同时被赋予对集体土地使用权交易的优先购买权。为了保证地方政府对土地增收收益的合理分享,可以通过完善征税制度的方式来达成。对于城中村中小产权房治理,可以通过"确权税"的方式让其先获得合法的开发地位,然后与其他集体土地一起通过征购方式完成改造开发和所用权的转变。

四、小结

随着中国城镇化的快速推进,城中村改造已成为"时不我待"的国家战略部署要求。试图通过修改宪法来解决城中村改造实践与宪法之间的可能龃龉关系,显然不符合当前城中村改造的急迫形势,亦会损害宪法秩序的稳定性,影响宪法权威的树立。其实,在当前中国的土地宪法秩序下,城中村改造之所以棘手,"入城"集体土地的名义归属不是关键,土地增值收

---

① 北京大学国家发展研究院综合课题组:《更新城市的市场之门——深圳市化解土地房屋历史遗留问题的经验研究》,《国际经济评论》2014 年第 3 期。

益及其依附的土地开发权配置才是根本。基于此,城中村改造应该坚持城市土地国有的宪法规范安排。为了推进城中村改造的顺利实施,减少农民对城中村改造的抵制,需要破除国家对土地开发权的垄断地位,承认城中村农民对土地开发权的共享共有,还城中村村民参与城市化改造的自主权利。为此,城中村改造中的集体土地权属变更需要在整体考量公共利益的基础上推行"征地+征购"相结合的模式。针对城中村改造中的公共利益用地使用征收方式,并通过完善征地补偿制度实现被征地农民对土地增值收益的合理分享。对于公共利益用地采用征购,通过土地开发权赋予引导城中村农民自主参与城中村改造中的集体土地开发,同时自愿完成集体土地所用权国有化的转变。政府只是担当交易的"引导、裁决"角色,通过土地税收和相关法律法规引导土地交易,规范市场,并不直接参与土地增值收益分配。

第二章 滩涂资源开发利用的
法律纷争及化解

　　沿海滩涂是一种具有很高利用价值的自然资源,不仅是沿海渔民从事渔业生产的重要依靠,亦是地方围垦开发建设的重要土地资源。围绕滩涂资源开发利用,形成了调整范围各异但彼此交错的法律法规体系,具体包括海域管理、渔业管理和滩涂围垦管理等三个方面。这些法律法规为滩涂资源合理开发利用提供了必要的法律保障,为有关职能部门依法行政、规范执法提供了法制依据。与此同时,针对滩涂资源的开发利用学界也做了许多探索,累积了丰厚的研究成果。但整体而言,法学视域的研究无论是在广度或深度上都存在不足,研究文献主要集中于滩涂资源的法律性质及开发管理方面的探讨。其中亦有学者关照到滩涂资源开发利用上的法律适用争议问题,并从滩涂属于海域的视角提出了初步论证解决方案。笔者以为,滩涂资源开发利用争议的解决有赖于滩涂法律属性的理论溯源、规范反思和立法界定,当然这种规范厘定应该注重对宪法及现有法律秩序安定性的维护和尊重。当前,鉴于滩涂资源开发利用问题的复杂性以及经济社会的不断嬗变,同时囿于相关法律制度的模糊不清以及有关理论问题研究上的滞后,围绕沿海滩涂资源开发利用的实践纷争和法律争议依然不断。① 为合理开发利用并保护滩涂资源,须厘清滩涂资源开发利用冲突的法律根源,找寻化解冲突的可行方案。

---

　　① 早期多为村庄间的滩涂边界争议,引发了大量经年累月的械斗;20 世纪 90 年代,各地纷起围滩养殖,村集体与政府、国有盐场等的滩涂所有权归属争议骤增;21 世纪以来,在填海造地的热潮中,矛盾集中在所有权归属和占用补偿上,爆发了无数冲突。参见张清勇、丰雷:《谁是中国沿海滩涂的所有者? ——滩涂所有权的制度变迁与争议》,《中国土地科学》2020 年第 9 期。

第一节 沿海滩涂资源开发利用的冲突

一、滩涂围垦利用上的冲突

沿海滩涂作为一种特殊地理概念,具有很高的利用价值和独特特征,在城镇化快速发展过程中,土地资源相对短缺是阻碍经济社会快速发展的"拦路虎"。围垦滩涂作为一项重要的土地开发活动,为缓解用地矛盾,拓展经济社会发展空间提供了有利条件。长期以来,拥有滩涂资源的省市都高度重视滩涂围垦工作。其中一些省市先后出台了关于滩涂管理或围垦方面的地方性法规。这些地方性法规对于加强和规范滩涂围垦,严格依法行政,保障滩涂资源的开发利用和保护及滩涂围垦的管理工作顺利开展,促进地方经济社会健康发展发挥了重要作用。但在 2002 年《海域管理法》颁布实施以后,围绕滩涂围垦与海域使用问题在一些地方开始产生争议。地方海洋行政主管部门认为滩涂属于"海域"管理范畴,要适用《海域管理法》。地方围垦行政主管部门认为,滩涂不属于"海域",不适用《海域管理法》。而且,在一些地方滩涂围垦管理工作中,滩涂如属于"海域"会遇到一个重叠缴纳不同种类资源使用费的问题。1996 年的《浙江省滩涂围垦管理条例》(简称《滩涂围垦条例》)规定,滩涂围垦需办理行政许可,并一次性缴纳围垦滩涂资源使用费①;2001 年国家颁布的《海域管理法》和 2012 年浙

① 《浙江省滩涂围垦管理条例》(1996 年 11 月 2 日浙江省第八届人民代表大会常务委员会第三十二次会议通过,自 1997 年 1 月 1 日起施行)。该条例根据 2015 年 12 月 4 日浙江省第十二届人民代表大会常务委员会第二十四次会议《关于修改〈浙江省海塘建设管理条例〉等五件地方性法规的决定》修正,根据 2020 年 11 月 27 日浙江省第十三届人民代表大会常务委员会第二十五次会议《关于废止〈浙江省滩涂围垦管理条例〉等六件地方性法规的决定》废止。该条例第九条规定:"通过工程措施(包括滩涂圈围工程、促淤工程、堵港围涂工程)进行滩涂围垦建设的,须按本条例规定的程序报经批准,并取得滩涂围垦部门发放的滩涂围垦许可证。许可证的发放办法由省滩涂围垦部门制定。"该条例第十三条规定:"滩涂资源属国家所有,实行有偿使用。建设单位经批准进行本条例第九条第一款、第二款规定的滩涂围垦及其他工程设施建设的,应缴纳围垦滩涂资源使用费,但围垦后用于种植、水产养殖的,可免缴围垦滩涂资源使用费。"

江省人大常委会制定的《浙江省海域使用管理条例》规定,使用海域要办理海域使用权证,并需缴纳海域使用金。① 遗憾的是,《海域管理法》的颁布,没有对海域和滩涂的界限做出解释,其他法律法规也没有关于滩涂与海域划分的权威解释。国务院法制办曾专门发函指出二者的划分属于法律实践问题,并建议实务部门从实践中不断摸索提炼解决方案,最终为国家顶层制度设计提供参考。② 但到目前为止,国家强制性的划定方案从未颁布过。法律规范对滩涂所有权的客体范围界定的缺位,致使一些省份的海洋行政主管部门和围垦行政主管部门在法律选择适用方面出现争议,实践操作中出现围垦和海域使用的双重许可、海域使用金和滩涂使用费的重叠缴纳。

二、滩涂资源渔业使用上的冲突

关于滩涂资源开发利用上的纷争,除了存在于围垦领域外,还存在于滩涂养殖领域。目前,针对滩涂养殖活动,不仅有专门的《渔业法》,同时《海域管理法》也做出了相应的规范调整。根据《渔业法》的相关规定,国家鼓励个人和公有制单位充分利用滩涂发展养殖业。同时为了滩涂养殖业的统筹规划、可持续发展,法律还设立了渔业养殖许可,渔业养殖滩涂资源需用者通过申请获得地方政府的批准后才可以使用滩涂。③

---

① 《浙江省海域使用管理条例》(2012 年 11 月 29 日浙江省第十一届人民代表大会常务委员会第三十六次会议通过,自 2013 年 3 月 1 日起施行)。第十二条:"海域使用权可以通过申请批准或者招标、拍卖、挂牌方式取得。"第二十五条:"单位和个人使用海域的,应当依法缴纳海域使用金。海域使用金征收、减免的具体办法和标准,按照国家和省有关规定执行。"

② 《〈关于请明确"海岸线"、"滩涂"等概念法律含义的函〉的复函》(国法函〔2002〕142 号):"'滩涂'与'海域'的划分,关键在于'海岸线'的划定,属于法律执行中的具体问题。鉴于海洋局是国土资源部管理的国家局,建议你部会同国家海洋局进行充分论证后拿出划定方案,必要时报国务院批准后实施。"

③ 《渔业法》第十一条规定:"国家对水域利用进行统一规划,确定可以用于养殖业的水域和滩涂。单位和个人使用国家规划确定用于养殖业的全民所有的水域、滩涂的,使用者应当向县级以上地方人民政府渔业行政主管部门提出申请,由本级人民政府核发养殖证,许可其使用该水域、滩涂从事养殖生产。核发养殖证的具体办法由国务院规定。"

　　与此同时,如果认定滩涂属于海域的一部分,有关单位或个人要从事滩涂养殖,不仅需要申请海域使用权许可,还需缴纳海域使用金。根据《海域管理法》的规定,养殖海域使用权取得,一般需要通过申请和招标拍卖两种方式,当然也允许少数个人或单位直接通过承包的方式获取滩涂养殖海域使用权。① 针对同一使用对象、同一使用方式,《渔业法》和《海域管理法》设定了两种不同的法律使用权,同时设置了两种不同的行政许可。而且这两部法律由同一立法机构制定,属于同一位阶的法律,亦没有普通法和特别法的区别,因此关于滩涂养殖方面的法律争议发生亦在所难免。实践中,有关个人或单位欲从事滩涂养殖,不仅需要根据《渔业法》和《海域管理法》分别签订两份滩涂养殖承包合同,还需要同时取得海域使用权许可和养殖许可。"海域使用许可与养殖许可无法合并,除了法律适用不同外,海域使用与渔业养殖的管理分属不同的行政主管部门,而且海域使用权证与养殖证虽同为许可证,但在法律性质上有着极大差异,海域使用许可具有设权性质,而养殖证仅为普通的许可证,两类许可无法合并。"②

第二节　沿海滩涂开发利用冲突的法理溯源

　　沿海滩涂资源开发利用上的分歧和矛盾表面上体现了不同行政主管机构对法律法规选择使用上的本位差异,实质上反映了现行法律规范的模糊性、滞后性以及相关权威法律解释的缺失,立法规范上的模糊不清导致了滩涂法律属性认定的共识难题。而滩涂法律属性的规范诠释和立法界定直接关联着滩涂资源开发利用法律冲突的有效解决。

---

　　① 《中华人民共和国海域管理法》第二十二条规定:"本法施行前,已经由农村集体经济组织或者村民委员会经营、管理的养殖用海,符合海洋功能区划的,经当地县级人民政府核准,可以将海域使用权确定给该农村集体经济组织或者村民委员会,由本集体经济组织的成员承包,用于养殖生产。"

　　② 王克稳:《论滩涂资源的法律属性及其法律适用》,《江苏行政学院学报》2014年第2期。

一、滩涂法律属性认定的共识难题

海域,是指海洋的一定范围,是一个多要素组成的立体空间。在地理上,海域泛指海洋的所有组成部分。"与土地资源类似,海域本身既是一种自然资源,又是其他自然资源的载体。由于海域空间分布和存在介质条件的特殊性,多种资源共处于一个空间区域内,具有很强的复合性。"[①] 滩涂是海滩、河滩和湖滩的总称。对于河滩和湖滩理论和实务上已形成共识。但对于沿海滩涂,人们还对其存在概念以及法律性质认知上的分歧。国内关于滩涂的法律规定不少,但没有一部法律对滩涂的性质直接做出过清晰的界定。《海域管理法》虽然提出海岸线作为陆地和海洋的界限[②],但对于海岸线如何界定却没有给出相应说明。法律界定的模糊不清直接引发了实务界和理论界对沿海滩涂法律属性的认定分歧。对于沿海滩涂,国土部门坚持它的土地法律属性,并认为潮浸地带属于土地(滩涂);而海洋部门坚持它的海域法律属性,并认为海域(滩涂)和土地的界分点是平均高潮线。2001年国土资源部发布的《全国土地分类(试行)》把滩涂列为其他土地,并指出所谓沿海滩涂是指潮侵地带,而潮侵地带处于低潮位与高潮位区间。[③] 不仅实务界对沿海滩涂纷争难断,而且在理论界,学者们对沿海滩涂的界定也难达共识。学者们主要围绕潮间带、潮上带和潮下带三个节点来界定沿海滩涂,并以此来界分滩涂、海域和土地三个概念。由于界定出发点的不同,理论上关于沿海滩涂内涵和外延的认知亦异彩纷呈。

二、滩涂法律属性的规范诠释不一致

我国现行法律法规对滩涂法律属性的认定一直比较模糊,甚至存在

---

① 周珂:《海域物权法理浅议》,《法学杂志》2008年第3期。

② 《中华人民共和国海域管理法》第二条规定:"本法所称海域,是指中华人民共和国内水、领海的水面、水体、海床和底土。本法所称内水,是指中华人民共和国领海基线向陆地一侧至海岸线的海域。"

③ 《全国土地分类(试行)》(国土资发〔2001〕255号)规定:"滩涂是指沿海大潮高潮位与低潮位之间的潮侵地带;河流、湖泊常水位至洪水位间的土地;时令湖、河洪水位以下的滩地;水库、坑塘的正常蓄水位与最大洪水位之间的滩地。不包括已利用的滩涂。"

龃龉之处。首先,根据《渔业法》《海洋环境保护法》等法律法规的规定,可以引申出滩涂不是土地的属性认知,可以把滩涂引申认定为海域。北大教授尹田明确指出:"我国现有的法律法规中的'土地'并未包括'滩涂',如果将滩涂划为土地,则这些法律法规都必须重新修订,并引起相关法律关系的调整,影响巨大。从理论上和实践上看,确定滩涂的使用权均不能依据《土地管理法》。"①尹田教授做出此论断的主要法律依据就是《渔业法》和《海洋环境保护法》。根据《渔业法》的有关规定②,可以引申出滩涂是与淡水水域相并列的渔业养殖水域范畴,在性质上滩涂属于海域。而且根据《海洋环境保护法》的有关规定③亦可以引申出滩涂属于海域的法律认知。

与此同时,把滩涂认定为土地亦能获取我国有关法律法规及其他规定性文件的支持,而且这种认定的支撑规范更具说服力。(1)宪法规范依据。依据我国宪法,滩涂属于一种蕴含巨大开发和生态价值的自然资源,这种资源与荒地、森林、草原和山岭等具有同等的宪法地位,它既可以由国家所有,也可以由集体所有。④ 可以说,在宪法上滩涂和海域属于两个不同的法律范畴。(2)法律、行政法规依据。我国《民法典》以及《土地管理法实施条

---

① 尹田:《中国海域物权制度研究》,中国法制出版社,2004。

② 《中华人民共和国渔业法》第二条规定:"在中华人民共和国的内水、滩涂、领海、专属经济区以及中华人民共和国管辖的一切其他海域从事养殖和捕捞水生动物、水生植物等渔业生产活动,都必须遵守本法。"同时第十一条第一款规定:"国家对水域利用进行统一规划,确定可以用于养殖业的水域和滩涂。"从第十一条可以判断出水域和滩涂是并行的两种自然资源,都统称为广义的水域;而把两条结合起来,可以引申出滩涂不同于一般水域,它属于海域。

③ 《中华人民共和国海洋环境保护法》第二十条规定:"国务院和沿海地方各级人民政府应当采取有效措施,保护红树林、珊瑚礁、滨海湿地、海岛、海湾、入海河口、重要渔业水域等具有典型性、代表性的海洋生态系统,珍稀、濒危海洋生物的天然集中分布区,具有重大科学文化价值的海洋自然历史遗迹和自然景观。"第九十五条规定:"本法中下列用语的含义是:……(二)内水,是指我国领海基线向内陆一侧的所有海域。(三)滨海湿地,是指低潮时水深浅于六米的水域及其沿岸浸湿地带,包括水深不超过六米的永久性水域、潮间带(或洪泛地带)和沿海低地等。"由此可见,包括水深不超过六米的永久性水域、潮间带(或洪泛地带)和沿海低地的滨海湿地,都属于海域。而滨海湿地则是典型的滩涂资源。

④ 《中华人民共和国宪法》第九条第一款规定:"矿藏、水流、森林、山岭、草原、荒地、滩涂等自然资源,都属于国家所有,即全民所有;由法律规定属于集体所有的森林和山岭、草原、荒地、滩涂除外。"

例》,均列滩涂为一种特殊的土地形态,一种可以进行排他性使用的自然资源。① 与此同时,《渔业法》的有关条款也将滩涂认定为土地资源。② (3)行政解释依据。早在1989年,针对滩涂性质及管理问题,国家土地管理部门曾明确发函做出规范性认定,即确认滩涂的土地性质和国土管理。③ 当然这种自我宣示式的表态难以让人信服,关于滩涂管理的纷争依然持续。为了平息纷争,2002年,国务院法制办针对地方请示复函确认了滩涂的土地性质。④ 2003年,面对滩涂围垦及围填海的快速增长态势,国务院发通知严控滩涂围垦及围填海。⑤ 此通知把围填海和滩涂围垦并列,提出围填海工程和滩涂围垦是两个概念,也从某个侧面表达了滩涂和海域的不同。由此可见,海洋滩涂是处于水域与陆地过渡地段的特殊生态系统,它不是海域,而是再生性的自然资源。

三、滩涂和海域的划分界线不明确

海岸线及领海基线,是理解和界定海域的两个关键概念。现行法律法规已经对领海基线做出了明确的界定,但对海岸线却没有明确的权威规定。依据《海域管理法》,海岸线是陆地和海域的分界线。但海岸线如

---

① 《中华人民共和国民法典》第二百五十条明确规定:"森林、山岭、草原、荒地、滩涂等自然资源,属于国家所有,但是法律规定属于集体所有的除外。"《中华人民共和国民法典》第二百六十条规定:"集体所有的不动产和动产包括:(一)法律规定属于集体所有的土地和森林、山岭、草原、荒地、滩涂;……"《中华人民共和国土地管理法实施条例》第二条规定:"依法不属于集体所有的林地、草地、荒地、滩涂及其他土地,属于全民所有即国家所有。"

② 《中华人民共和国渔业法》第十四条规定:"国家建设征用集体所有的水域、滩涂,按照《中华人民共和国土地管理法》有关征地的规定办理。"《中华人民共和国土地管理法》(2004年)第十一条第四款规定:"确认林地、草原的所有权或者使用权,确认水面、滩涂的养殖使用权,分别依照《中华人民共和国森林法》《中华人民共和国草原法》和《中华人民共和国渔业法》的有关规定办理。"

③ 1989年12月12日,《国家土地管理局关于对滩涂管理问题的复函》:"滩涂是土地资源的组成部分,应有土地管理部门统一管理。"

④ 《〈关于请明确"海岸线"、"滩涂"等概念法律含义的函〉的复函》(国法函〔2002〕142号)指出,依照现行法律规定,"滩涂"属于土地。

⑤ 《国务院关于印发全国海洋经济发展规划纲要的通知》(国发〔2003〕13号):"严格控制滩涂围垦和围填海。对围垦滩涂和围填海活动要科学论证,依法审批。严禁围垦沿海沼泽草地、芦苇湿地和红树林区。"

何确立,海域如何勘定,实践操作中纷争不断。① 为了化解矛盾,减少纷争,针对海岸线以及海域的勘定问题,国务院和国务院办公厅于1996年和2002年先后发布了两个通知。② 部分学者从这两个通知(规范性文件)引申提出,海岸线是指平均大潮高潮时水陆分界的痕迹线,大潮高潮线以下的滩涂海域应纳入海域使用管理的范围。但这一认定方法虽然很有市场,但显然无法和我国现行宪法精神相融合。③ 其他许多相关法律依据宪法做出了一致的滩涂所有权主体归属的规定,即滩涂原则上属国家所有,也可以依法属集体所有。由此可见,滩涂所有权主体应该包括国家和集体两种。而且,宪法明确规定了滩涂可归集体所有的例外情形只能由法律规定。然而现行法律规定海域由国家专属所有。把高潮线或者平均高潮线作为滩涂和海域的划分界线,无疑会带来违宪的法律风险。因此,高潮线或者平均高潮线显然不能成为滩涂和海域的划分界线。

---

① 如《辞海》对海岸线的阐释是:"海水面与陆地接触的分界线。受海浪冲击和侵蚀,位置随海水的涨落而变动,因海陆分布的变化而变化。一般指海边多年平均大潮时高潮所达成的线。"参见夏征农:《辞海》(第六版),上海辞书出版社,2010。徐祥民、梅宏、时军等人认为:"在我国法律体系内,滩涂已经是土地的一种形态,海水高潮线已经没有划分海域与土地边界的意义了。"参见徐祥民、梅宏、时军等:《中国海域有偿使用制度研究》,中国环境科学出版社,2009,第231页。也有学者提出:"到目前为止,国家还没有颁布强制性的确定海岸线的标准。海洋部门以所谓平均大潮高潮位来定海岸线是不妥当的。"参见中国水利学会滩涂湿地保护与利用专业委员会编《滩涂利用与生态保护》,中国水利水电出版社,2006,第126页。著名学者陈甦则认为:"基于滩涂使用与支配的历史成因以及现行土地管理法的即成制度,在民法上将低潮线界定为海域与土地的界线,海域使用权只能在低潮线向海的一侧设立。"参见陈甦:《中国的海域使用权制度及其对物权法的新发展》,载孙宪忠编《制定科学的民法典中德民法典立法研讨会文集2002》,法律出版社,2003。

② 《国务院关于开展勘定省、县两级行政区域界限工作有关问题的通知》(国发〔1996〕32号)和《国务院办公厅关于开展勘定省县两级海域行政区域界线工作有关问题的通知》(国办发〔2002〕12号)。

③ 《中华人民共和国宪法》(1982年)第九条第一款规定:"矿藏、水流、森林、山岭、草原、荒地、滩涂等自然资源,都属于国家所有,即全民所有;由法律规定属于集体所有的森林和山岭、草原、荒地、滩涂除外。"

第三节　沿海滩涂开发利用争议的化解

一、以低潮线为界明晰滩涂的土地性质

　　首先,明晰滩涂资源的土地性质可以解决滩涂属于海域的宪法适用难题。在当前法治中国建设强力推动的时代背景下,依宪治国首当其冲。依宪治国要求任何行为都不得同宪法相违背。如果把滩涂认定为海域会遭遇宪法上国家所有权单一主体规定与实践中集体所有权和国家所有权主体并存的撕裂,这种撕裂构成了对现行宪法的挑战。但以低潮线界分滩涂和海域,确立滩涂资源的土地性质就能化解这种宪法适用难题。其次,"渔业是大农业的重要组成部分,水域、滩涂就是渔民的土地。长期以来,国家重视养殖水域滩涂使用制度的建设,中央一号文件也多次提出要稳定渔民水域滩涂养殖使用权,初步建立了以养殖证制度为基础的水域滩涂养殖使用权制度,对促进渔业持续稳定发展,发挥了重要的作用。"①认定滩涂属于土地的一部分,可以有效规避滩涂资源渔业使用上的冲突。在保持现行法律不变的前提下,消除不同法律规定之间的重叠冲突,避免重复行政许可的发生。

二、建立严格的滩涂资源开发审批制度

　　面对滩涂资源开发利用的法律冲突以及现行环境保护的迫切形势,有学者提出废除滩涂资源开发利用审批制度。这种"鸵鸟式"的论点显然不符合经济社会发展的客观需要,是典型的"因噎废食"之举。转变政府职能,简政放权,管和放同等重要。党的十八届三中全会虽然再次提到要深化投资体制改革,确立企业投资主体地位,达到简政放权的目标。但同时强调关系国家安全和生态安全、涉及全国重大生产力布局、战略性资源开发和重大公共利益等项目依然要严格监管并实行审批。滩涂资源的开发

　　①　张嘉秋:《赋予渔民长期而有保障的水域、滩涂使用权——全国人大农委刘明祖主任委员在贯彻实施〈物权法〉暨渔业政策座谈会上的讲话》,《中国水产》2007年第7期。

利用,不仅关系到公共安全和生态安全,更涉及战略性自然资源开发和重大公共利益,因此对其开发利用实行审批,既符合当前实际情况,也符合法治要求以及党和国家的最新政策精神。当然,随着中国新型城镇化建设的稳步推进,经济社会发展需求无限性与滩涂资源承载能力有限性的关系日趋紧张,滩涂的生态保护与治理逐渐被关注。"沿海滩涂的保护与利用绝不是在私法下的天马行空般地随意利用和开发,更不是以环境保护、生态建设为理由而过度地限制沿海滩涂的利用,理性的模式应该是在寻求'自治'与'管制'之间的平衡。"①实现滩涂资源开发利用和滩涂资源生态保护的平衡,迫切要求滩涂资源的顶层制度设计需要由单一的"开发治理"向"综合治理、生态治理"转变。为了适应滩涂生态保护的需要,我们需要对滩涂资源开发利用审批制度做出回应性完善和调整,构建更加有利于滩涂生态保护的制度保障模式。

三、建立统分协调的开发利用体制

目前国家关于滩涂围垦的法律规定相对比较简略,散落于《渔业法》和《土地管理法》之中。② 根据这两部法律的相关规定,滩涂围垦需要经过县级以上政府的批准。但是关于具体由县级哪个工作部门主管、如何实施围垦监管、滩涂围垦的法律性质等却没有相应的明确规定。当然,目前相关法规和政策对权力的内部分工做出了初步的框定。从现行的政府行政权力内部分工来看,现行的滩涂资源开发合法主管部门应该是县级以上各级水利部门。③ 具体实践中,许多省份的滩涂围垦开发确实是由水利部门主管(如浙江、福建、上海等省市),当然也有由其他部门负责主管(如江苏)。

----

① 马得懿:《基于有治与管制平衡的法律机制——以辽宁沿海滩涂的保护与利用为例》,《太平洋学报》2010 年第 10 期。

② 《中华人民共和国渔业法》第三十四条规定:"禁止围湖造田。沿海滩涂未经县级以上人民政府批准,不得围垦;重要的苗种基地和养殖场所不得围垦。"《中华人民共和国土地管理法》第四十一条规定:"开发未确定使用权的国有荒山、荒地、荒滩从事种植业、林业、畜牧业、渔业生产的,经县级以上人民政府依法批准,可以确定给开发单位或者个人长期使用。"

③ 《国务院办公厅关于印发水利部主要职责内设机构和人员编制规定的通知》(国办发〔2008〕75 号)指出水利部主要职责包括:"指导水利设施、水域及其岸线的管理与保护,指导大江、大河、大湖及河口、海岸滩涂的治理和开发。"

与此同时,国务院从权属管理的角度明确了国土部门的相应职责。① 除此之外,实践中滩涂开发利用还会涉及农业、海洋、环境保护等政府工作部门。随着滩涂生态保护的日益重要,滩涂资源开发利用和保护的有效统筹变得愈发重要。原来分散的各司其职的管理模式看似高效,但实际上已经难以适应统筹管理的需要,已无法实现滩涂资源开发利用和保护有效协调。为此,未来需要建立一个统筹协调委员会,通过这个平台实现滩涂资源开发利用和保护各部门之间的统筹协调。

四、小结

法治中国建设要求我们,不能以改革为名突破法治,改革决策、发展策略应该和立法相衔接。② 尤其在当前中国法律体系基本稳定的情况下,维护现行法的安定性是经济社会发展的首要选择。滩涂资源开发利用法律纷争的化解当然也应该遵循这一法治战略要求,即在认同现行法律规范有效性的前提下,通过理性的法律解释和理论阐释寻求合适的解决途径,而不是选择突破现行法律规定,或者任性地修改法律。当然,"法律的'时滞'(time lag)问题会在法律制度的不同层面中表现出来"③。在全面推进滩涂生态保护背景下,在滩涂资源开发利用围垦法治水平亟待得到进一步提升的客观要求下,滩涂资源开发利用管理体制和地方立法建设显然已不能完全适应滩涂资源开发利用和保护的实际需要,未来我们需要通过健全立法的方式来加以完善。由于滩涂资源区域差异很大,强调中央"一刀切"的立法改革显然不合时宜,因此未来的滩涂资源制度完善应该突出地方立法的主导性。

---

① 《国务院办公厅关于印发国土资源部主要职责内设机构和人员编制规定的通知》(国办发〔2008〕71 号)规定国土资源部主要职责包括:"负责规范国土资源权属管理。依法保护土地资源、矿产资源、海洋资源等自然资源所有者和使用者的合法权益,组织承办和调处重大权属纠纷,指导土地确权,承担各类土地登记资料的收集、整理、共享和汇交管理,提供社会查询服务。"

② 《中共中央关于全面推进依法治国若干重大问题的决定》明确指出:"实现立法和改革决策相衔接,做到重大改革于法有据、立法主动适应改革和经济社会发展需要。"

③ 〔美〕E.博登海默:《法理学:法律哲学与法律方法(修订版)》,邓正来译,中国政法大学出版社,2004。

第三章　集体经营性建设用地入市改革的制度探索及法治因应

——基于德清和义乌的实践

　　集体经营性建设用地入市改革是农村土地制度改革的关键内容之一，对深化征地制度改革有"一体两面"之功效，亦关系着城乡统一建设用地市场的建立健全。党的十八届三中全会以后，集体经营性建设用地入市改革进入了破冰期，浙江省德清、义乌等地先行先试，为集体经营性建设用地入市法治化建设提供了可靠的地方智识，奠定了扎实的实践基础。党的十八届三中全会提出建立城乡统一的建设用地市场，赋予农民更多财产权利，明确了农村土地征收、集体经营性建设用地入市、宅基地制度改革工作的方向和任务。[①] 2014 年 12 月 31 日，中共中央办公厅、国务院办公厅联合印发《关于农村土地征收、集体经营性建设用地入市、宅基地制度改革试点工作的意见》，决定在全国选取 30 个左右县(市、区)行政区域进行"三块地"改革试点。2015 年 2 月 27 日，第十二届全国人民代表大会常务委员会第十三次会议决定：授权国务院在北京市大兴区等 33 个试点县(市、区)行政区域，暂时调整实施《中华人民共和国土地管理法》《中华人民共和国城市房地产管理法》关于农村土地征收、集体经营性建

---

　　① 《中共中央关于全面深化改革若干重大问题的决定》，《人民日报》2013 年 11 月 16 日。该决定提出："在符合规划和用途管制前提下，允许农村集体经营性建设用地出让、租赁、入股，实行与国有土地同等入市、同权同价。缩小征地范围，规范征地程序，完善对被征地农民合理、规范、多元保障机制。""保障农户宅基地用益物权，改革完善农村宅基地制度，选择若干试点，慎重稳妥推进农民住房财产权抵押、担保、转让，探索农民增加财产性收入渠道。"

设用地入市、宅基地管理制度的有关规定[①]，由此浙江省德清县正式成为全国 15 个集体经营性建设用地入市试点县（市、区）之一。2016 年 9 月，中央全面深化改革领导小组决定将集体经营性建设用地入市扩大到全部 33 个试点县（市、区）[②]，浙江省义乌市成为集体经营性建设用地入市试点地区之一。

第一节　农村集体经营性建设用地入市的制度变迁

　　我国农村集体建设用地主要包括三种类型：农村宅基地、农村集体基础设施等公益用地、乡镇企业等农村集体经营性建设用地。农村集体经营性建设用地是农村集体所有土地中用于经营性建设用途的土地类型之一。农村集体经营性建设用地与农村集体经济发展息息相关，换而言之，农村集体经济发展催生了农村集体经营性建设用地的逐渐形成、确立。改革开放以来，农村集体经营性建设用地在供给上经历了高位增长、严格控制到有序推进的三个时期，而在入市上则经历了从绝对禁止、隐形探索到法治化推进等三个阶段。

一、农村集体经营性建设用地高位增长期(1978—1992 年)

　　改革开放的春风让中国经济社会焕发了新活力，沿海地区等改革开放前沿阵地涌现出大量的乡镇企业，它们不断向农村扩展，并让农村土地局限于农业生产的局面发生改变。20 世纪 70 年代末期，沿海地区大规模兴起的乡村工业化直接诱发了集体经营性建设用地的出现。[③] 在此期间，党

---

　　①　全国人民代表大会常务委员会第十三次会议：《全国人民代表大会常务委员会关于授权国务院在北京市大兴区等三十三个试点县（市、区）行政区域暂时调整实施有关法律规定的决定》，2015 年 2 月 27 日。

　　②　《国务院关于农村土地征收、集体经营性建设用地入市、宅基地制度改革试点情况的总结报告——2018 年 12 月 23 日在第十三届全国人民代表大会常务委员会第七次会议上》，http://www.npc.gov.cn/npc/c12491/201812/3821c5a89c4a4a9d8cd10e8e2653bdde.shtml。

　　③　王小映：《论农村集体经营性建设用地入市流转收益的分配》，《农村经济》2014年第 10 期。

和国家为集体经营性建设用地的增长创造了比较宽松的政策和法治环境。1982年,中共中央批转的《全国农村工作会议纪要》(党中央关于"三农"问题的第一个中央文件)明确提出,为了提高土地生产率,鼓励社员在承包土地上加工经营,应按照加工经营后增加的效益给以合理报酬。① 1978年全国乡镇企业用地约235.5万亩,到1985年时约844.5万亩,用地规模扩大了2.6倍。② 1986年《土地管理法》的颁布为农村集体经营性建设用地的扩张明确了法律通道:一是全民所有制企业、城市集体所有制企业同农业集体经济组织共同投资举办的联营企业,经批准使用集体所有的土地的,可以由农业集体经济组织按照协议将土地的使用权作为联营条件③;二是在坚持严格控制的原则下,经过县级以上地方人民政府批准,乡(镇)办企业可以建设使用村农民集体所有的土地。当然,乡(镇)办企业应当按照省、自治区、直辖市的规定,给被用地单位以适当补偿,并妥善安置农民的生产和生活。④ 为了鼓励乡镇经济的发展,当时的政策和法律虽然允许农村集体土地转为非农经营性建设用地,并促使集体经营性建设用地实现高位增长,但早期却禁止集体经营性建设用地的流转。《全国农村工作会议

---

① 《全国农村工作会议纪要》,《人民日报》1982年4月6日。

② 刘守英:《中国土地制度改革:上半程及下半程》,《国际经济评论》2017年第5期。

③ 《中华人民共和国土地管理法》(1986年6月25日第六届全国人民代表大会常务委员会第十六次会议通过,1986年6月25日中华人民共和国主席令第四十一号公布,自1987年1月1日起施行)第三十六条规定:"全民所有制企业、城市集体所有制企业同农业集体经济组织共同投资举办的联营企业,需要使用集体所有的土地的,必须持国务院主管部门或者县级以上地方人民政府按照国家基本建设程序批准的设计任务书或者其他批准文件,向县级以上地方人民政府土地管理部门提出申请,按照国家建设征用土地的批准权限,经县级以上人民政府批准;经批准使用的土地,可以按照国家建设征用土地的规定实行征用,也可以由农业集体经济组织按照协议将土地的使用权作为联营条件。"

④ 《中华人民共和国土地管理法》(1986年6月25日第六届全国人民代表大会常务委员会第十六次会议通过,1986年6月25日中华人民共和国主席令第四十一号公布,自1987年1月1日起施行)第三十九条规定:"乡(镇)村企业建设需要使用土地的,必须持县级以上地方人民政府批准的设计任务书或者其他批准文件,向县级人民政府土地管理部门提出申请,按照省、自治区、直辖市规定的批准权限,由县级以上地方人民政府批准。乡(镇)村企业建设用地,必须严格控制。省、自治区、直辖市可以按照乡(镇)村企业的不同行业和经营规模,分别规定用地标准。乡(镇)办企业建设使用村农民集体所有的土地的,应当按照省、自治区、直辖市的规定,给被用地单位以适当补偿,并妥善安置农民的生产和生活。"

纪要》明确要求,社员承包的土地,不准买卖,不准出租,不准转让,不准荒废,否则,集体有权收回;社员无力经营或转营他业时应退还集体。① 1986年《土地管理法》第二条第二款明确规定,任何单位和个人不得侵占、买卖、出租或者以其他形式非法转让土地。② 当然,为了适应改革开放的客观需要,1987 年 11 月国务院批准了原国家土地管理局等部门的报告,确定在深圳、上海、天津、广州、厦门、福州进行土地使用改革试点。③ 通过土地所有权和使用权分离的方式,我国土地市场化配置改革由此开启。为了保障土地使用权流转,1988 年《宪法》修正案把第十条第四款"任何组织或者个人不得侵占、买卖、出租或者以其他形式非法转让土地"修改为"任何组织或者个人不得侵占、买卖或者以其他形式非法转让土地。土地的使用权可以依照法律的规定转让"。④同年,全国人民代表大会常务委员会根据宪法对《土地管理法》做出相应修改,删除了"禁止出租土地"之规定,增加了"国有土地和集体所有的土地的使用权可以依法转让。土地使用权转让的具体办法,由国务院另行规定"之内容。⑤ 1990 年 5 月,国务院颁布了《中华人民共和国城镇国有土地使用权出让和转让暂行条例》。值得注意的是,1988 年《土地管理法》虽然一体化地规定"国有土地使用权"和"集体所有的土地使用权"都可以依法转让,但实际上集体所有的土地使用权流转渠道并没有得以正式开通,国务院并没有根据《土地管理法》的授权对集体所有的土地使用权流转做出具体规定。

---

① 《全国农村工作会议纪要》,《人民日报》1982 年 4 月 6 日。

② 《中华人民共和国土地管理法》(1986 年 6 月 25 日第六届全国人民代表大会常务委员会第十六次会议通过,1986 年 6 月 25 日中华人民共和国主席令第四十一号公布,自 1987 年 1 月 1 日起施行)第二条规定:"中华人民共和国实行土地的社会主义公有制,即全民所有制和劳动群众集体所有制。任何单位和个人不得侵占、买卖、出租或者以其他形式非法转让土地。国家为了公共利益的需要,可以依法对集体所有的土地实行征用。"

③ 高富平:《土地使用权的物权法定位——〈物权法〉规定之评析》,《北方法学》2010 年第 4 期。

④ 《中华人民共和国宪法修正案》(1988 年)(1988 年 4 月 12 日第七届全国人民代表大会第一次会议通过,1988 年 4 月 12 日第七届全国人民代表大会第一次会议主席团公告第八号公布施行)。

⑤ 《全国人民代表大会常务委员会关于修改〈中华人民共和国土地管理法〉的决定》(1988 年 12 月 29 日第七届全国人民代表大会常务委员会第五次会议通过)。

二、农村集体经营性建设用地流转隐形探索期(1992—2013年)

由于农地非农化的收益远远超过农地农用的收益,宽松的政策与法治环境必然会导致农村集体经营性建设用地的快速增长。1986—2002年,全国每年约有 16.84 万公顷农地非农化。[①] 农地非农化的快速扩张诱发了一系列隐忧和问题,一些地方违法批地、乱占耕地、浪费土地的问题时有发生,造成耕地面积锐减,土地资产流失。[②] 20 世纪 90 年代初期,国家开始收紧农村集体经营性建设用地供给。1998 年修订的《土地管理法》不仅调整了农地转为经营性建设用地的规范态度,而且基本限制死了集体经营性建设用地的流转空间。[③] 1998 年《土地管理法》的修改重点是将土地管理方式由以往的分级限额审批制度改为土地用途管制制度,强化土地利用总体规划和土地利用年度计划的效力,通过土地用途管制,加强对农用地特别是对耕地的保护;在用途管制的前提下,上收审批权,包括土地利用总体规划的审批权、占用农用地特别是耕地的审批权和征

[①] 曲福田、冯淑怡、诸培新、陈志刚:《制度安排、价格机制与农地非农化研究》,《经济学(季刊)》2004 年第 4 期。

[②] 《关于〈中华人民共和国土地管理法(修订草案)〉的说明——1998 年 4 月 26 日在第九届全国人民代表大会常务委员会第二次会议上》,http://www. npc. gov. cn/wxzl/gongbao/2000-12/17/content_5003977. htm。

[③] 《中华人民共和国土地管理法》(1998 年修订版)第四十三条规定:"任何单位和个人进行建设,需要使用土地的,必须依法申请使用国有土地;但是,兴办乡镇企业和村民建设住宅经依法批准使用本集体经济组织农民集体所有的土地的,或者乡(镇)村公共设施和公益事业建设经依法批准使用农民集体所有的土地的除外。前款所称依法申请使用的国有土地包括国家所有的土地和国家征用的原属于农民集体所有的土地。"第四十四条规定:"建设占用土地,涉及农用地转为建设用地的,应当办理农用地转用审批手续。省、自治区、直辖市人民政府批准的道路、管线工程和大型基础设施建设项目,国务院批准的建设项目占用土地,涉及农用地转为建设用地的,由国务院批准。在土地利用总体规划确定的城市和村庄、集镇建设用地规模范围内,为实施该规划而将农用地转为建设用地的,按土地利用年度计划分批次由原批准土地利用总体规划的机关批准。在已批准的农用地转用范围内,具体建设项目用地可以由市、县人民政府批准。"第六十三条规定:"农民集体所有的土地的使用权不得出让、转让或者出租用于非农业建设;但是,符合土地利用总体规划并依法取得建设用地的企业,因破产、兼并等情形致使土地使用权依法发生转移的除外。"

地的审批权。① 建设用地年度指标化管理以及审批权的上收极大提高了农村集体经营性建设用地的供给难度。与此同时,1992 年,国务院对集体经营性建设用地的流转已作出严格限制,其发布通知明确要求,集体所有土地必须先行征用转为国有土地后才能出让。农村集体经济组织以集体所有的土地资产作价入股,兴办外商投资企业和内联乡镇企业,须经县级人民政府批准,但集体土地股份不得转让。② 1999 年,为了贯彻落实《土地管理法》的有关精神,加强土地转让管理,国务院办公厅发布通知强调对乡镇企业用地的规划控制和严格限制。③ 在这些法律政策的调控下,集体经营性建设用地流转的合法通道基本关闭。

　　由于土地非农用与农用相比具有更高的报酬率,不可避免地引发农地自发向非农部门转移。④ 进一步而言,虽然法律禁止集体建设用地使用权流转,但面对经济社会发展对土地要素市场化配置提出的挑战,关于集体建设用地使用权入市的探索与实践并没有因此而停滞。90 年代初期,义乌市集体建设用地使用权流转就已经普遍存在,特别是经营性集体建设用地使用权流转的现象更是活跃。⑤ 集体建设用地使用权流转的地方探索逐渐引起中央的高度重视和政策支持。从 1999 年开始,国土资源部先后批准安徽芜湖、江苏苏州、河南安阳、广东顺德、浙江湖州以及上海

---

① 《关于〈中华人民共和国土地管理法(修订草案)〉的说明——1998 年 4 月 26 日在第九届全国人民代表大会常务委员会第二次会议上》,http://www.npc.gov.cn/wxzl/gongbao/2000-12/17/content_5003977.htm。

② 1992 年 11 月 4 日,《国务院关于发展房地产业若干问题的通知》(国发〔1992〕61 号)提出:"加快发展房地产业,对于提高土地既是资源又是资产的认识,促进土地的节约和合理利用,对政府筹集建设资金,加快城市建设和经济发展,都具有重要作用。为了推动房地产业的健康发展,需要进一步深化土地使用制度改革,其中包括集体所有土地,必须先行征用转为国有土地后才能出让。农村集体经济组织以集体所有的土地资产作价入股,兴办外商投资企业和内联乡镇企业,须经县级人民政府批准,但集体土地股份不得转让。"

③ 《国务院办公厅关于加强土地转让管理严禁炒卖土地的通知》(国办发〔1999〕39 号)明确提出:"乡镇企业用地要严格限制在土地利用总体规划确定的城市和村庄、集镇建设用地范围内,不符合土地利用总体规划的建筑物、构筑物不得改建、扩建,并结合乡镇企业改革和土地整理逐步调整、集中。"

④ 钱忠好:《农地承包经营权市场流转:理论与实证分析——基于农户层面的经济分析》,《经济研究》2003 年第 2 期。

⑤ 阮韦波:《农村集体经营性建设用地使用权流转影响因素与流转机制分析——以浙江省义乌市为例》,硕士学位论文,浙江大学,2020。

等地开展集体建设用地使用权流转试点工作。2003 年 1 月 16 日,《中共中央·国务院关于做好农业和农村工作的意见》(中发〔2003〕3 号)提出:"各地要制定鼓励乡镇企业向小城镇集中的政策,通过集体建设用地流转、土地置换、分期缴纳土地出让金等形式,合理解决企业进镇的用地问题,降低企业搬迁的成本。"①2004 年中央一号文件提出:"积极探索集体非农建设用地进入市场的途径和办法。"②同年,国务院发文指出:"在符合规划的前提下,村庄、集镇、建制镇中的农民集体所有建设用地使用权可以依法流转。"③2006 年,国务院发文强调:"农民集体所有建设用地使用权流转,必须符合规划并严格限定在依法取得的建设用地范围内。"④2008 年,党的十七届三中全会提出:"在土地利用规划确定的城镇建设用地范围外,经批准占用农村集体土地建设非公益性项目,允许农民依法通过多种方式参与开发经营并保障农民合法权益。逐步建立城乡统一的建设用地市场,对依法取得的农村集体经营性建设用地,必须通过统一有形的土地市场、以公开规范的方式转让土地使用权,在符合规划的前提下与国有土地享有平等权益。"⑤这也是党中央首次从同地同权的视角对农村集体经营性建设用地流转做出的战略部署。遗憾的是,这一战略部署并没有得到有效的贯彻落实,前期的地方改革经验并没有及时上升为国家法律。

三、农村集体经营性建设用地入市法治化推进期(2013 年至今)

党的十八大以后,农村集体经营性建设用地入市改革进入快车道。党的十八届三中全会进一步明确提出:"在符合规划和用途管制前提下,允许农村集体经营性建设用地出让、租赁、入股,实行与国有土地同等入市、同权同价。缩小征地范围,规范征地程序,完善对被征地农民合理、规范、多

---

① 《中共中央、国务院关于做好农业和农村工作的意见》(中发〔2003〕3 号)。
② 《中共中央、国务院关于促进农民增加收入若干政策的意见》(中发〔2004〕1 号)。
③ 《国务院关于深化改革严格土地管理的决定》(国发〔2004〕28 号)。
④ 《关于加强土地调控有关问题的通知》(国发〔2006〕31 号)。
⑤ 《中共中央关于推进农村改革发展若干重大问题的决定》(2008 年 10 月 12 日中国共产党第十七届中央委员会第三次全体会议通过),《人民日报》2008 年 10 月 20 日。

元保障机制。"①2014 年 12 月，中共中央办公厅和国务院办公厅联合印发的《关于农村土地征收、集体经营性建设用地入市、宅基地制度改革试点工作的意见》，描绘了集体经营性建设用地入市改革试点的施工图。此后，全国人大常委会三次授权国务院开展农村土地征收、集体经营性建设用地入市、宅基地制度改革试点工作。在全面总结试点经验的基础上，2019 年修改的《土地管理法》正式确立了集体经营性建设用地入市法律制度，明确了入市条件及入市后的管理措施。② 2021 年中央一号文件将积极探索实施农村集体经营性建设用地入市制度作为深入推进农村改革的重要内容。③依法贯彻落实农村集体经营性建设用地入市制度已成为未来农村土地制度改革的重要任务之一。

---

① 《中共中央关于全面深化改革若干重大问题的决定》，《人民日报》2013 年 11 月 16 日。

② 《中华人民共和国土地管理法》(1986 年 6 月 25 日第六届全国人民代表大会常务委员会第十六次会议通过，根据 1988 年 12 月 29 日第七届全国人民代表大会常务委员会第五次会议《关于修改〈中华人民共和国土地管理法〉的决定》第一次修正，1998 年 8 月 29 日第九届全国人民代表大会常务委员会第四次会议修订，根据 2004 年 8 月 28 日第十届全国人民代表大会常务委员会第十一次会议《关于修改〈中华人民共和国土地管理法〉的决定》第二次修正，根据 2019 年 8 月 26 日第十三届全国人民代表大会常务委员会第十二次会议《关于修改〈中华人民共和国土地管理法〉、〈中华人民共和国城市房地产管理法〉的决定》第三次修正)第六十三条规定："土地利用总体规划、城乡规划确定为工业、商业等经营性用途，并经依法登记的集体经营性建设用地，土地所有权人可以通过出让、出租等方式交由单位或者个人使用，并应当签订书面合同，载明土地界址、面积、动工期限、使用期限、土地用途、规划条件和双方其他权利义务。前款规定的集体经营性建设用地出让、出租等，应当经本集体经济组织成员的村民会议三分之二以上成员或者三分之二以上村民代表的同意。通过出让等方式取得的集体经营性建设用地使用权可以转让、互换、出资、赠与或者抵押，但法律、行政法规另有规定或者土地所有权人、土地使用权人签订的书面合同另有约定的除外。集体经营性建设用地的出租，集体建设用地使用权的出让及其最高年限、转让、互换、出资、赠与、抵押等，参照同类用途的国有建设用地执行。具体办法由国务院制定。"第六十四条规定："集体建设用地的使用者应当严格按照土地利用总体规划、城乡规划确定的用途使用土地。"

③ 《中共中央、国务院关于全面推进乡村振兴加快农业农村现代化的意见(2021 年 1 月 4 日)》，《人民日报》2021 年 2 月 22 日。

第二节　德清、义乌在集体经营性建设用地
入市改革中的制度探索

一、集体经营性建设用地入市改革的德清探索

（一）入市政策

德清作为全国首批集体经营性建设用地入市改革试点县之一，立足于区域经济社会发展实际和资源禀赋条件，围绕"入市主体""入市范围""入市途径及方式""入市后土地增值收益分配"等关键环节重点突破、先行先试。为了推进集体经营性建设用地入市试点工作有序实施，让改革于法有据，德清县出台了一系列规范性文件。2015 年 8 月 13 日，根据《全国人民代表大会常务委员会关于授权国务院在北京市大兴区等三十三个试点县（市、区）行政区域暂时调整实施有关法律规定的决定》《中共中央办公厅 国务院办公厅关于农村土地征收、集体经营性建设用地入市、宅基地制度改革试点工作的意见》（中办发〔2014〕71 号）和《国土资源部关于印发农村土地征收、集体经营性建设用地入市和宅基地制度改革试点实施细则的通知》（国土资发〔2015〕35 号）等文件精神和有关要求，德清县人民政府制定印发了《德清县农村集体经营性建设用地入市管理办法（试行）》（德政发〔2015〕30 号）。2015 年 8 月 17 日，根据《德清县农村集体经营性建设用地入市管理办法（试行）》（德政发〔2015〕30 号）精神，德清县人民政府办公室制定印发了《德清县集体经营性建设用地使用权出让规定（试行）》等 5 个文件（见表 3-1）。通过一揽子设计，德清县构建了"一办法、两意见、五规定、十范本"的集体经营性建设用地入市政策体系。这一政策体系是认识和阐释德清集体经营性建设用地入市经验的规范基础和前提。

表 3-1　德清县制定的相关文件

公布日期	文件名称	发文单位
2015 年 8 月 13 日	德清县农村集体经营性建设用地入市管理办法（试行）	德清县人民政府

公布日期	文件名称	发文单位
2015 年 8 月 17 日	德清县农村集体经营性建设用地使用权出让规定(试行)	德清县人民政府办公室
2015 年 8 月 17 日	德清县农村集体经营性建设用地出让地价管理规定(试行)	德清县人民政府办公室
2015 年 8 月 17 日	德清县农村集体经营性建设用地异地调整规定(试行)	德清县人民政府办公室
2015 年 8 月 17 日	德清县农村集体经营性建设用地入市土地增值收益调节金征收和使用规定(试行)	德清县人民政府办公室
2015 年 8 月 17 日	德清县农村集体经营性建设用地入市收益分配管理规定(试行)	德清县人民政府办公室
2021 年 11 月 2 日	关于调整农村集体经营性建设用地入市调节金有关政策的通知	德清县人民政府办公室

(二)入市模式

1. 入市范围

"明确农村集体经营性建设用地入市范围"是 2014 年中共中央办公厅、国务院办公厅印发的《关于农村土地征收、集体经营性建设用地入市、宅基地制度改革试点工作的意见》提出的重点任务之一。为了保证集体经营性建设用地入市工作的顺利开展,高质量完成改革试点任务,德清县不仅设计了一揽子的入市政策体系,而且在制定政策、开展试点之前做了大量的摸底调研和意见征询工作,并全面完成了县域内集体土地所有权确权登记颁证任务。① 在反复调研、摸清底数的基础上,为了守住"土地公有制

---

① 从 2015 年 4 月开始,德清县即对 12 个乡镇(开发区)151 个行政村的存量集体经营性建设用地进行了普查,共摸清了 1881 宗 10691 亩的底数。并结合全国"多规合一"试点县工作开展,国土、规划、发改、环保等有关部门对上述地块进行"一村一梳理,一地一梳理",排定了符合就地入市条件的地块 1036 宗,面积 5819.01 亩,并对所有地块进行了公示。参见江宜航:《德清农村集体经营性建设用地入市改革取得阶段性成效》,https://jjsb.cet.com.cn/show_471377.html。

性质不改变、耕地红线不突破、农民利益不受损"的底线,德清县把入市范围确立为"存量"农村集体建设用地。① 德清县还为农村集体建设用地入市设置了"四规合一"的门槛,即符合土地利用总体规划、城乡建设规划、产业发展规划和生态保护规划的农村集体建设用地才可以就地入市。

2. 入市途径

德清县确立了直接入市和异地调整入市两种集体经营性建设用地入市途径。根据《德清县农村集体经营性建设用地入市管理办法(试行)》第六条规定,所谓直接入市是指依法取得、符合规划的集体经营性建设用地,具备开发建设所需基础设施等基本条件,明确就地直接使用的,直接纳入县公共资源交易中心交易。根据《德清县农村集体经营性建设用地入市管理办法(试行)》第七条规定,异地调整入市是指农村零星、分散的集体经营性建设用地,可在确保建设用地不增加、耕地数量不减少、质量有提高的前提下,由村集体经济组织根据土地利用总体规划等,先复垦腾挪出建设用地指标异地调整入市。

3. 入市主体

"谁来入市"是集体经营性建设用地入市改革中的关键问题,关系着土地增值收益的公平分配。在解决"谁来入市"问题上,德清县始终坚持农民主体地位。得益于村经济合作社股份合作制改革任务的较早完成,德清县在集体经营性建设用地入市主体确立上能够自如抉择、平稳推进,并有效防范入市主体与成员之间的利益纠葛。根据集体经营性建设用地所属集体经济组织的形态,德清县确立"村、组、乡镇"三类入市实施主体。集体经营性建设用地属村集体经济组织的,由村股份经济合作社实施入市;集体经营性建设用地属村内其他集体经济组织的,在该集体经济组织依法申请并取得市场主体资格后,可由其作为入市实施主体;集体经营性建设用地属乡镇集体经济组织的,由乡镇资产经营公司等乡镇全资下属公司作为入市实施主体。当然,村集体经济组织、村内其他集体经济组织、乡镇集体经济组织也可以委托代理人实

---

① 《德清县农村集体经营性建设用地入市管理办法(试行)》第二条规定:"本办法所称农村集体经营性建设用地,是指依法取得并在土地利用总体规划、城乡建设规划中确定为工矿仓储、商服、旅游等用途的存量农村集体建设用地。"

施入市。① 此外,德清县还鼓励偏远欠发达地区的集体经济组织与集中入市区块的集体经济组织合作,资源共享,探索建立土地股份合作社共同入市。②

4.入市方式

在法律意义上,集体经营性建设用地入市存在着平等交易与强制征收之分。在平等交易场景下,集体经营性建设用地可以与国有土地一样通过出租、出让、入股,甚至抵押方式进入土地市场。在强制征收场景下,集体经营性建设用地只能被放置于国有建设用地市场之中,通过"借征入市""指标转换"等方式进入建设用地市场。过去相当长的一段时期,集体经营性建设用地被禁止自行平等交易,只能通过强制征收的方式进入市场。推动城乡统一的建设用地市场的建立健全,需要打破国有建设用地与集体经营性建设用地受到的不平等法律待遇,实现城乡建设用地的"同地同权同价"。所谓的"同地同权同价",意味着农村集体经营性建设用地应该被赋予与国有建设用地同等的用益物权权能,能够像国有建设用地一样可以出租、出让、入股(一级市场)等,还可以租赁、转让、抵押(二级市场)等。2014 年,中共中央办公厅和国务院办公厅联合印发的《关于农村土地征收、集体经营性建设用地入市、宅基地制度改革试点工作的意见》明确提出:针对农村集体经营性建设用地权能不完整,不能同等入市、同权同价和交易规则亟待健全等问题,要完善农村集体经营性建设用地产权制度,赋予农村集体经营性建设用地出让、租赁、入股权能。为此,德清县在充分调研的基础上,提出集

---

① 《德清县农村集体经营性建设用地入市管理办法(试行)》第十二条规定:"农村集体经营性建设用地入市主体是代表集体经营性建设用地所有权的农村集体经济组织。"第十三条规定:"集体经营性建设用地属村集体经济组织的,由村股份经济合作社(村经济合作社)或其代理人作为入市实施主体。"第十四条规定:"集体经营性建设用地属村内其他集体经济组织的,在该集体经济组织依法申请并取得市场主体资格后,可由其作为入市实施主体;未依法取得市场主体资格的,在自愿的基础上,可委托村股份经济合作社(村经济合作社)等代理人作为入市实施主体。"第十五条规定:"集体经营性建设用地属乡镇集体经济组织的,由乡镇资产经营公司等乡镇全资下属公司或其代理人作为入市实施主体。"

② 王浩:《"农地"入市,怎么入》,http://www.gov.cn/xinwen/2017-06/11/content_5201535.htm。

体经营性建设用地可按出让、租赁、作价出资（入股）等有偿使用方式入市。[①] 为了推进集体经营性建设用地入市改革的顺利实施，保障平等交易，德清县建立了统一的交易平台、统一的地价体系、统一的交易规则、统一的登记管理、统一的服务监管。

5. 入市土地增值收益分配

土地增值收益分配是集体经营性建设用地入市改革的重点议题，涉及多方利益主体，关系着社会主义分配正义的有效实现。针对农村土地制度改革中的土地增值收益分配，党的十八届三中全会明确要求，建立兼顾国家、集体、个人的土地增值收益分配机制，合理提高个人收益。[②] 中共中央办公厅和国务院办公厅《关于农村土地征收、集体经营性建设用地入市、宅基地制度改革试点工作的意见》进一步重申了这一战略旨意。建立兼顾国家、集体、个人的土地增值收益分配机制，首先需要确立合理的调节金征收比例。根据《财政部 国土资源部关于印发〈农村集体经营性建设用地土地增值收益调节金征收使用管理暂行办法〉的通知》精神，德清县制定了《德清县农村集体经营性建设用地入市土地增值收益调节金征收和使用规定（试行）》（简称《德清入市调节金规定》）。根据《德清入市调节金规定》的相关规定，使用权出让、租赁的，以"按类别、有级差"的方式向出让（出租）人收取成交地价总额 16％～48％的调节金；使用权出让、租赁的，受让（承租）人应按成交地价总额的 3％缴纳调节金。[③] 为了贯彻落实《中华人民共和国契税法》，自 2021 年 9 月 1 日起，德清县停止执行"使用权出让、租赁的，受让（承租）人应按成交地价总额的 3％缴纳调节金"之规定，改为"征收契

[①] 《德清县农村集体经营性建设用地入市管理办法（试行）》第十六条规定："集体经营性建设用地可按出让、租赁、作价出资（入股）等有偿使用方式入市，依法取得的集体经营性建设用地使用权，在使用期限内可以转让、出租、抵押。"

[②] 《中共中央关于全面深化改革若干重大问题的决定》，《人民日报》2013 年 11 月 16 日。

[③] 《德清县农村集体经营性建设用地入市土地增值收益调节金征收和使用规定（试行）》第四条规定："使用权出让、租赁的，出让（出租）人应按成交地价总额区分不同情况按比例缴纳调节金：（一）入市土地位于县城规划区的，商服类用地按 48％缴纳，工矿仓储类用地按 24％缴纳；（二）入市土地位于乡镇规划区的，商服类用地按 40％缴纳，工矿仓储类用地按 20％缴纳；（三）其他地块商服类用地按 32％缴纳，工矿仓储类用地按 16％缴纳。"第五条规定："使用权出让、租赁的，受让（承租）人应按成交地价总额的 3％缴纳调节金。"

税,具体由税务部门根据《中华人民共和国契税法》等相关法律政策标准执行"。① 交易双方在缴纳完土地增值收益调节金之后的集体经营性建设用地入市收益归农村集体经济组织所有,纳入农村集体资产统一管理,根据入市主体的不同进行差别化分配。属乡镇集体经济组织入市的收益主要用于辖区内农村基础设施建设、民生项目等支出;属村内其他集体经济组织入市的收益,10%归村集体所有,其余可在该集体经济组织成员之间公平分配。②

(三)改革成效

德清县在农村集体经营性建设用地入市改革探索方面始终走在全国前列,形成了许多值得推广的制度经验。2015 年仅不到半年的时间里,全县已完成农村集体经营性建设用地改革入市 27 宗,面积 213939.05 平方米,成交总额 5682.938 万元(见表 3-2)。入市改革试点一年多的时间里拿下三项全国第一,即全国第一宗农村集体经营性建设用地入市、获得全国首本集体经营性建设用地《不动产权证书》、获得全国第一笔农村集体经营性建设用地使用权抵押贷款。相关改革做法被《国务院关于"三块地"改革试点情况的总结报告》四次引用,集体土地入市抵押贷款、征收范围认定等八条创新举措被新修正的《土地管理法》等法律法规吸收。③

---

① 《德清县人民政府办公室关于调整农村集体经营性建设用地入市调节金有关政策的通知》规定,自 2021 年 9 月 1 日起停止执行《德清县人民政府办公室关于印发德清县农村集体经营性建设用地使用权出让规定(试行)等若干规定的通知》(德政办发〔2015〕136 号)中涉及的《德清县农村集体经营性建设用地入市土地增值收益调节金征收和使用规定(试行)》中第五条"使用权出让、租赁的,受让(承租)人应按成交地价总额的 3%缴纳调节金"内容,改为"征收契税,具体由税务部门根据《中华人民共和国契税法》等相关法律政策标准执行。"第四条中关于以"按类别、有级差"的方式收取成交地价总额 16%～48%的调节金等内容在国家有关政策进一步明确前继续执行。

② 《德清县农村集体经营性建设用地入市管理办法(试行)》第四十二条规定:"农村集体经济组织获得的集体经营性建设用地入市收益,归农村集体经济组织所有,纳入农村集体资产统一管理,严格按规定分配使用。其中:(一)属村内其他集体经济组织入市的,收益的 10%应作为村集体提留,归村集体所有,用于村内公益事业支出;其余可在该集体经济组织成员之间公平分配;(二)属乡镇集体经济组织入市的,其获得的收益应主要用于辖区内农村基础设施建设、民生项目等支出。"

③ 章俊、赵旭、姚叶平:《农村集体经营性建设用地入市的"德清实践"》,《浙江国土资源》2020 年第 4 期。

表 3-2　2015 年德清县农村集体经营性建设用地入市成交情况

成交公告	出让方式	使用性质	出让面积/m²	成交总价/万元
德集协示(2015)第 1 号	协议出让	商业服务业设施用地	4040.9	307.1084
德集土告(2015)挂租第 1 号	挂牌租赁	工业用地	5193.21	24.46
德集土告(2015)挂租第 4 号	挂牌租赁	工业用地	12680.57	52.4097
德集土告(2015)挂租第 5 号	挂牌租赁	工业用地	7898.99	33.2547
德集土告(2015)挂租第 6 号	挂牌租赁	其他服务设施用地	18212.85	126.2151
德集土告(2015)挂租第 7 号	挂牌租赁	工业用地	694.49	3.2502
德集土告(2015)挂租第 8 号	挂牌租赁	工业用地	11769	44.0749
德集土告(2015)挂租第 9 号	挂牌租赁	工业用地	702.06	6.3185
德集土告(2015)挂租第 12 号	挂牌租赁	商业服务业设施用地	3954.96	61.381
德集土告(2015)拍字第 1 号	拍卖出让	商业服务业设施用地	13295.35	1150
德集土告(2015)挂字第 2 号	挂牌出让	工业用地	28042.6	785.1928
德集土告(2015)挂字第 3 号	挂牌出让	工业用地	2174	62.6112
德集土告(2015)挂字第 4 号	挂牌出让	工业用地	3889.31	108.9007

成交公告	出让方式	使用性质	出让面积/m²	成交总价/万元
德集土告（2015）挂字第 5 号	挂牌出让	工业用地	6088.15	175.3387
德集土告（2015）挂字第 6 号	挂牌出让	商业服务业设施用地	518.05	35.6418
德集土告（2015）挂字第 8 号	挂牌出让	工业用地	5048.67	199.4225
德集土告（2015）挂字第 10 号	挂牌出让	工业用地	4972	143.1936
德集土告（2015）挂字第 11 号	挂牌出让	工业	5957.49	166.8097
德集土告（2015）挂字第 12 号	挂牌出让	工业	2627.92	75.6841
德集土告（2015）挂字第 13 号	挂牌出让	工业用地	3148.42	88.1558
德集土告（2015）挂字第 15 号	挂牌出让	工业用地	40321.73	1129.0084
德集土告（2015）挂字第 16 号	挂牌出让	工业用地	3990.5	111.734
德集土告（2015）挂字第 17 号	挂牌出让	工业用地	2012.60	56.3528
德集土告（2015）挂字第 18 号	挂牌出让	工业用地	13203.22	350.5905
德集土告（2015）挂字第 19 号	挂牌出让	工业用地	3264.71	92.7178
德集土告（2015）挂字第 20 号	挂牌出让	工业用地	2694.46	81.9116

续表

成交公告	出让方式	使用性质	出让面积/m²	成交总价/万元
德集土告（2015）挂字第 21 号	挂牌出让	工业用地	7542.84	211.1995

注:表中的相关数据来源于德清县公共资源交易中心网站。

二、集体经营性建设用地入市改革的义乌探索

(一)入市政策

  相对于 2015 年启动改革试点的德清县,义乌市的集体经营性建设用地入市改革试点工作起步相对较晚。2016 年 9 月,为了统筹推动"三块地"改革工作,中央全面深化改革领导小组决定将集体经营性建设用地入市扩大到包括义乌的全部 33 个试点县(市、区)。为了推进集体经营性建设用地入市改革试点工作,义乌市先后发布了一系列规范性文件,具体包括《义乌市农村集体经营性建设用地入市管理办法(试行)》《义乌市农村集体经营性建设用地入市土地增值收益调节金征收和使用规定(试行)》《义乌市农村集体经营性建设用地异地调整规定(试行)》《义乌市农村集体经营性建设用地出让地价管理规定(试行)》《义乌市农村集体经营性建设用地使用权抵押贷款工作实施意见(试行)》《义乌市农村集体经营性建设用地使用权出让规定(试行)》《关于公布义乌市集体建设用地基准地价的通知》等(见表 3-3)。义乌市自然资源和规划局围绕"哪些地入市""怎么入市""谁来入市""钱怎么分"四个关键问题制订了六个规范性文件,它们共同构成了义乌市集体经营性建设用地入市改革试点的政策支撑体系。

表 3-3　义乌就集体经营性建设用地入市改革发布的相关规定

公布日期	文件名称	发文单位
2017-12-21	义乌市农村集体经营性建设用地入市管理办法(试行)	义乌市自然资源和规划局
2017-12-21	义乌市农村集体经营性建设用地入市土地增值收益调节金征收和使用规定(试行)	义乌市自然资源和规划局

公布日期	文件名称	发文单位
2017-12-21	义乌市农村集体经营性建设用地异地调整规定（试行）	义乌市自然资源和规划局
2017-12-21	义乌市农村集体经营性建设用地出让地价管理规定（试行）	义乌市自然资源和规划局
2017-12-21	义乌市农村集体经营性建设用地使用权抵押贷款工作实施意见（试行）	义乌市自然资源和规划局
2018-03-29	义乌市农村集体经营性建设用地使用权出让规定（试行）	义乌市自然资源和规划局
2019-06-03	关于公布义乌市集体建设用地基准地价的通知	义乌市人民政府

（二）入市模式

1. 入市范围

入市范围的确定是改革试点工作的关键内容。为了确定"哪些地入市"，义乌做了大量的调研工作，摸清了全市范围内农村集体经营性建设用地的权利主体、分布范围、规划用途、利用现状等详细状态。为了后续入市的规范化管理，义乌市对存量的农村集体经营性建设用地一一编码，建立数据库。调研发现，义乌市域内存量的农村集体经营性建设用地只有92宗，共计868亩。如此较少数量的存量农村集体经营性建设用地显然难以满足义乌市经济社会高质量发展的需要。基于此，义乌市在入市范围的确定上不再仅局限于存量的农村集体经营性建设用地，而是把符合规划的增量农村集体经营性建设用地亦纳入其中。①

---

① 《义乌市农村集体经营性建设用地入市管理办法（试行）》第二条规定："本办法所称农村集体经营性建设用地，是指在土地利用总体规划、城乡规划中确定为工矿仓储、商服、旅游等经营性用途的农村集体建设用地，主要包括以下五类：（一）依法取得、符合规划的存量农村集体经营性建设用地；（二）符合规划，根据《义乌市农村宅基地取得置换暂行办法》和《义乌市农村更新实施细则（试行）》实施农村更新改造节余的建设用地；（三）符合规划，实施"异地奔小康"工程后腾退出的建设用地；（四）符合规划，城乡新社区集聚建设中的产业用房用地；（五）符合规划，土地征收后的村留用地。"

2.入市途径及方式

义乌市的存量农村集体经营性建设用地不仅数量较少,而且分布不均匀。基于农村集体经营性建设用地的分布情况以及入市发展的客观需要,义乌市确立了直接入市和异地调整入市两种途径。符合规划要求且具备直接建设开发条件的农村集体经营性建设用地可以就地直接入市;而零星、分散的农村集体经营性建设用地可以异地调整入市,异地调整入市在本村范围内抑或跨村进行。① 在入市方式上,借鉴、采取与国有土地市场化相同的做法,一级市场中可以出让、租赁、作价出资(入股),二级市场中可以转让、出租、抵押。② 为了保障农村集体经营性建设用地入市交易的公平公正,义乌市制定了土地资源市场化配置的交易规则、交易程序,构建了集中、统一的交易平台。义乌市土地矿产市场服务中心负责集体经营性建设用地的公开招标、拍卖、挂牌出让等,集体经济组织通过土地矿产交易平台完成集体经营性建设用地入市交易。③

3.入市主体

在"谁来入市"的规范明确上,义乌市始终坚持农民主体地位,赋予了农村集体经济组织的入市主体地位。当然,根据农村集体经营性建设用地所属主体具体形态的不同,义乌市对入市实施主体做出了差异化的处理规定。农村集体经营性建设用地属村集体经济组织的,入市实施主体为村股

---

① 《义乌市农村集体经营性建设用地入市管理办法(试行)》第六条规定:"符合规划的农村集体经营性建设用地,具备开发建设所需基础设施等基本条件,明确就地直接使用的,可直接入市。"第七条规定:"农村零星、分散的集体经营性建设用地,可在确保建设用地不增加、耕地数量不减少、质量有提高的前提下,由村集体经济组织根据土地利用总体规划等,先复垦后异地调整入市。"第八条规定:"异地调整入市包括在本村范围内异地调整入市和跨村异地调整入市两类,其中,跨村异地调整入市仅适用于农村更新改造节余的存量建设用地和城乡新社区集聚建设中的产业用房用地。"

② 《义乌市农村集体经营性建设用地入市管理办法(试行)》第十四条规定:"农村集体经营性建设用地可按出让、租赁、作价出资(入股)等有偿使用方式入市,依法取得的农村集体经营性建设用地使用权,在使用期限内可以转让、出租、抵押。其中,农村集体经营性建设用地使用权出让、作价出资(入股)最高年限按以下用途确定:(一)工矿、仓储用地 50 年;(二)商服、旅游等用地 40 年。农村集体经营性建设用地使用权租赁最高年限为 20 年。"

③ 《义乌市农村集体经营性建设用地入市管理办法(试行)》第二十八条规定:"农村集体经营性建设用地使用权出让、租赁应纳入土地矿产交易平台,统一管理,公开发布信息,实行公开交易。农村集体经营性建设用地入市收益应纳入财政专门账户管理。"

份经济合作社(村经济合作社)或其代理人;农村集体经营性建设用地属镇街集体经济组织的,入市实施主体为镇街资产经营公司等镇街全资下属公司或其代理人。①

4.入市土地增值收益分配

收益分配是农村集体经营性建设用地入市改革中最为重要的内容。为了把收益分配好,义乌市自然资源和规划局专门制定《义乌农村集体经营性建设用地入市土地增值收益调节金征收和使用规定(试行)》。义乌市按照"同权同价、流转顺畅、收益共享"的目标构建了土地增值收益调节金制度。土地增值收益是指成交地价(租金)总额减去出让或租赁项目扣除后的余额,地方政府通过收取调节金方式获取一定比例的土地增值收益,对农村集体经营性建设用地入市以及再转让环节实施差异化的调节金收取方式,其中60%的调节金由市级统筹使用,40%的调节金由所在镇街统筹使用。农村集体经营性建设用地使用权出让、租赁的,对出让(出租)人征收增值额30%～50%(三级超率累进征收率)的调节金,对受让(承租)人按成交地价总额的3%征收调节金;入市后的农村集体经营性建设用地土地使用权人再转让时,对交易双方分别收取转让收入总额3%的调节金。②

---

① 《义乌市农村集体经营性建设用地入市管理办法(试行)》第十条规定:"农村集体经营性建设用地入市主体是代表集体经营性建设用地所有权的农村集体经济组织。"第十一条规定:"农村集体经营性建设用地属村集体经济组织的,由村股份经济合作社(村经济合作社)或其代理人作为入市实施主体。"第十二条规定:"农村集体经营性建设用地属镇街集体经济组织的,由镇街资产经营公司等镇街全资下属公司或其代理人作为入市实施主体。"第十三条规定:"实施'异地奔小康'工程的村庄,农民下山脱贫后其农村住房已全部收归国有的,由原村集体经济组织和镇街全资下属公司或其代理人组成混合体作为入市实施主体。"

② 《义乌市农村集体经营性建设用地入市土地增值收益调节金征收和使用规定(试行)》第五条规定:"使用权出让、租赁的,对出让(出租)人实行三级超率累进征收率征收调节金,具体规定如下:增值收益未超过扣除项目50%的部分,征收率为30%;增值收益超过扣除项目50%未超过100%的部分,征收率为40%;增值收益超过扣除项目100%的部分,征收率为50%。"第六条规定:"农村集体经营性建设用地土地增值收益是指成交地价(租金)总额减去扣除项目后的余额。出让的扣除项目指:实际出让年限/最高出让年限×当年该地块"集地券"指导价;租赁的扣除项目指:出租年限/最高出让年限×当年该地块'集地券'指导价。注:商服旅游最高出让年限为40年,工矿仓储最高出让年限为50年。"第七条规定:"使用权出让、租赁的,受让(承租)人应按成交地价总额的3%缴纳调节金。"第九条规定:"入市后的农村集体经营性建设用地土地使用权人,以出售、交换、赠与、出租、作价出资(入股)等方式进行再转让时,转让方、受让方都应当按照使用权(包括地上的建筑物及其附着物)转让收入总额的3%缴纳调节金。"

截至 2018 年 6 月,义乌市共实施集体经营性建设用地入市 145.59 亩,地均土地增值 60.94 万元,其中,政府分享 19.34 万元/亩,占比 31.74%,农民集体分享 41.6 万元/亩,占比 68.26%。[1]

(三)改革成效

2016 年 9 月,经国土资源部批准,义乌市正式开展农村集体经营性建设用地入市改革。"试点以来,全市已累计完成入市 43 宗,总用地面积 267.7 亩,成交价款 2.35 亿元,扣除增值收益调节金后,村集体获益超过 1.7 亿元。其中,增量建设用地入市 14 宗,用地面积 84.5 亩。"[2]"安排一定数量的经营性建设用地或物业由被征地农民长期经营"等条款,被《中华人民共和国土地管理法(修正案草案)》吸收。[3] 义乌市推行的农村集体经营性建设用地入市改革不仅极大缓解了当地经济社会发展的土地供给难题,也让相关集体经济组织获得了可观的土地增值收益,更让当地农民感受到改革所带来的红利。

第三节 深入实施集体经营性建设用地入市制度面临的困境及对策

德清、义乌等试点县(市、区)集体经营性建设用地入市试点成效显著,相关改革经验已被 2019 年修改的《土地管理法》所吸纳。截至 2019 年 10 月底,33 个试点县(市、区)集体经营性建设用地已入市地块 12644 宗,面积 12.5 万亩,总价款约 476.6 亿元,收取调节金 50.4 亿元,办理集体经营性建设用地抵押贷款 687 宗、85.2 亿元。[4] 但由于相关配套法律政策体系尚不健全,广泛推进集体经营性建设用地入市依然困难重重,各地贯彻落实入市法律规定的进展比较缓慢。

---

[1] 联合课题组:《改革中的农村土地增值收益分配关系重构——以浙江省义乌市为例》,《中国土地》2019 年第 2 期。

[2] 张黎明:《新〈土地管理法〉中的义乌印记》,《浙江国土资源》2019 年第 9 期。

[3] 盛秋平:《浅谈义乌改革发展和农村土地制度改革试点》,《浙江国土资源》2017 年第 4 期。

[4] 自然资源部:《对十三届全国人大三次会议第 1318 号建议的答复》(自然资人议复字〔2020〕063 号),http://gi.mnr.gov.cn/202010/t20201001_2563314.html。

一、深入实施农村集体经营性建设用地入市制度面临的困境

（一）入市主体代表行使机制不完善

按照我国《宪法》《土地管理法》《民法典》的相关规定，农村集体经营性建设用地归属农民集体所有①，而农村集体土地所有权由农村集体经济组织或村民委员会代表行使②。农村集体经济组织是集体资产管理的主体，是特殊的经济组织，可以称为经济合作社，也可以称为股份经济合作社。③ 由此可见，农民集体、农村集体经济组织、村民委员会是三个具有不同内涵和制度定位的法律概念。但无论在理论抑或实践中，农民集体与农村集体经济组织时常混同使用，关于农民集体和农村集体经济组织的法理解释和制度表达纷争不断。由于农民集体缺乏明确的法律界定，这也导致了农村集体土地所有权主体的模糊不清。早在2013年全国已基本完成了农村集体土地所有权确权登记工作，但不同省份登记的集体土地所有权主体不尽相同，甚至出现同一省内登记主体也不相同的情

---

① 《中华人民共和国宪法》（2018年修正）第十条第二款规定："农村和城市郊区的土地，除由法律规定属于国家所有的以外，属于集体所有；宅基地和自留地、自留山，也属于集体所有。"《中华人民共和国土地管理法》（2019年修订版）第十一条规定："农民集体所有的土地依法属于村农民集体所有的，由村集体经济组织或者村民委员会经营、管理；已经分别属于村内两个以上农村集体经济组织的农民集体所有的，由村内各该农村集体经济组织或者村民小组经营、管理；已经属于乡（镇）农民集体所有的，由乡（镇）农村集体经济组织经营、管理。"《中华人民共和国民法典》第二百六十条规定："集体所有的不动产和动产包括：（一）法律规定属于集体所有的土地和森林、山岭、草原、荒地、滩涂；（二）集体所有的建筑物、生产设施、农田水利设施；（三）集体所有的教育、科学、文化、卫生、体育等设施；（四）集体所有的其他不动产和动产。"第二百六十一条第一款规定："农民集体所有的不动产和动产，属于本集体成员集体所有。"

② 《中华人民共和国民法典》第二百六十二条规定："对于集体所有的土地和森林、山岭、草原、荒地、滩涂等，依照下列规定行使所有权：（一）属于村农民集体所有的，由村集体经济组织或者村民委员会依法代表集体行使所有权；（二）分别属于村内两个以上农民集体所有的，由村内各该集体经济组织或者村民小组依法代表集体行使所有权；（三）属于乡镇农民集体所有的，由乡镇集体经济组织代表集体行使所有权。"

③ 《中共中央、国务院关于稳步推进农村集体产权制度改革的意见（2016年12月26日）》，《人民日报》2016年12月30日。

况,在登记过程中出现了以农村集体经济组织为集体土地所有权的归属主体、以农民集体为集体土地所有权的归属主体、既规定农村集体经济组织又规定农民集体为集体土地所有权的归属主体等三种情形。① 农民集体和农村集体经济组织混同不分的情形在农村集体经营性建设用地入市改革试点中同样存在,比如《佛山市南海区人民政府关于印发佛山市南海区农村集体经营性建设用地入市管理试行办法的通知》(南府〔2015〕50号)第三条规定:"农村集体经营性建设用地属村(居)集体经济组织所有,农村集体经营性建设用地使用权入市不改变土地所有权性质。"② 这一规定没有对农村集体经营性建设用地所有权主体和入市主体作出区分,一定程度折射出了农村集体经营性建设用地所有权主体虚化和虚位的问题。当前,深入实施农村集体经营性建设用地入市不仅面临着集体土地资源所有权主体虚化和虚位的挑战,还面临着农村集体经营性建设用地所有权代表行使制度保障缺乏之困扰。作为农村集体经营性建设用地所有权主体的农民集体本身性质不明确,无法自行开展入市交易,须由农村集体经济组织或村民委员会代表农村集体土地资源所有者行使入市权能。然而,无论是农村集体经济组织或村民委员会在行使代表人权利的时候都会面临关于合法性或正当性的质疑。首先,农村集体经济组织在广大农村的培育发展情况参差不齐,许多地方并没有成立农村集体经济组织,即使一些地区为了实施乡村振兴战略成立了农村集体经济组织,但内部治理架构亦不完善,不具备独立法人资格地位,因此在农村集体经济组织缺失或发育滞后的地区只能另寻其他组织作为代理人行使入市权能。其次,按照相关法律规定,村民委员会亦可以代表集体土地资源所有者行使入市权能。但村民委员会作为农村基层群众自治组织,承担着国家政治权威向基层延伸的重要职责,主要负责本村的公共事务和公益事业,调解民间纠纷,协助维护社会治安,向人民政府反映村民的意见、要求和提出建议,因此法理上其

---

① 姜红利、宋宗宇:《集体土地所有权归属主体的实践样态与规范解释》,《中国农村观察》2017年第6期。

② 由于南府〔2015〕50号文件有效期已满,2021年1月8日,佛山市南海区人民政府重新印发了《佛山市南海区农村集体经营性建设用地入市管理试行办法》(南府〔2020〕80号),南府〔2015〕50号文件的相关内容得以延续执行。

不适宜更难以承担集体资产的经营管理责任。① 因此,让村民委员会代表集体土地资源所有者行使入市权能将导致政社不分,不符合基层农村治理能力现代化和法治化的战略要求。② 在构建农村集体土地所有权行使机制的过程中,一方面要畅通农村集体土地资源代表人行使入市权能的通道,充分激发集体经营性建设用地的市场价值,另一方面还需防范代表人滥用权力,侵犯"农民集体"的利益,然而以上两方面的保障体系都不尽如人意。

（二）增量入市的保障制度不健全

自 2015 年集体经营性建设用地入市试点改革以来,浙江省德清县的入市改革仅限于存量的农村集体经营性建设用地,而浙江省义乌市的入市改革坚持存量和增量并举的原则。两地在入市范围选择上的差异揭示了集体经营性建设用地入市改革的重大理论争议点和实践难题。2019 年修改的《土地管理法》虽然明确允许农村集体经营性建设用地入市。但是,《土地管理法》并没有明确入市土地是指新增抑或存量集体经营性建设用地。这种"留白式"处理模式一方面可以为地方实施集体经营性建设用地入市改革留下自主探索空间,另一方面也反映了集体经营性建设用地入市范围界定上的艰难性和曲折性。为了防范改革风险,确保"土地公有制性质不变、耕地红线不突破、农民利益不受损",根据中共中央办公厅和国务院办公厅联合印发的《关于农村土地征收、集体经营性建设用地入市、宅基

---

① 《中华人民共和国村民委员会组织法》(1998 年 11 月 4 日第九届全国人民代表大会常务委员会第五次会议通过,2010 年 10 月 28 日第十一届全国人民代表大会常务委员会第十七次会议修订,根据 2018 年 12 月 29 日第十三届全国人民代表大会常务委员会第七次会议《关于修改〈中华人民共和国村民委员会组织法〉〈中华人民共和国城市居民委员会组织法〉的决定》修正)第二条规定:"村民委员会是村民自我管理、自我教育、自我服务的基层群众性自治组织,实行民主选举、民主决策、民主管理、民主监督。村民委员会办理本村的公共事务和公益事业,调解民间纠纷,协助维护社会治安,向人民政府反映村民的意见、要求和提出建议。村民委员会向村民会议、村民代表会议负责并报告工作。"

② 《中共中央、国务院关于稳步推进农村集体产权制度改革的意见》明确提出:"在基层党组织领导下,探索明晰农村集体经济组织与村民委员会的职能关系,有效承担集体经济经营管理事务和村民自治事务。有需要且条件许可的地方,可以实行村民委员会事务和集体经济事务分离。"参见《中共中央、国务院关于稳步推进农村集体产权制度改革的意见(2016 年 12 月 26 日)》,《人民日报》2016 年 12 月 30 日。

地制度改革试点工作的意见》,大多数试点县(市、区)把入市范围界定为存量农村集体经营性建设用地,只有义乌等少数地区坚持存量与增量并举的改革举措。2018年12月,《国务院关于农村土地征收、集体经营性建设用地入市、宅基地制度改革试点情况的总结报告》明确指出:"部分试点地区建议,允许在符合规划和用途管制的前提下,新增集体建设用地也可以入市。"①具备一定数量的集体经营性建设用地是入市改革广泛实施的基础性条件。然而,实践中符合规定条件的存量农村集体经营性建设用地数量有限,且分布极不均衡,入市改革对存量农村集体经营性建设用地较少的地区不具有吸引力,难以诱发内生动力。虽然我国农村集体建设用地总量约为16.5万平方公里,约占我国建设用地总量的72%,但经营性建设用地存量只约占10%。②基于此,通过增量改革突破存量规模的限制,必然是实施农村集体经营性建设用地入市制度的必由之路。正如有学者所言,新《土地管理法》第六十三条并未强调可入市的集体经营性建设用地为存量土地,也就是说,判断能否入市的依据应该"是规划而非现状"。③但是,关于闲置宅基地等其他建设用地转为集体经营性建设用地的法律途径并不明确,如何有效防范增量入市诱发可能风险尚未得到有效的制度回应。

(三)土地增值收益分配制度不完善

"有效市场"和"有为政府"是集体经营性建设用地入市制度顺利实施的必备要件。而土地增值收益分配在"有效市场"和"有为政府"的形塑中发挥着关键作用,换而言之,"有效市场"和"有为政府"重在建立公平的土地增值收益分配制度。然而,当前在土地增值收益分配比例方面始终存在较大争议,亟待建立健全更加完备的土地增值收益分配法律政策体系。首

---

① 《国务院关于农村土地征收、集体经营性建设用地入市、宅基地制度改革试点情况的总结报告——2018年12月23日在第十三届全国人民代表大会常务委员会第七次会议上》,http://www.npc.gov.cn/npc/c12491/201812/3821c5a89c4a4a9d8cd10e8e2653bdde.shtml。

② 张延龙:《完善农村集体经营性建设用地入市流转收益分配机制》,《中国社会科学报》2018年7月18日。

③ 宋志红:《集体建设用地使用权设立的难点问题探讨》,《中外法学》2020年第4期。

先,调节金比例设定难。"实现土地增值收益在国家和集体间的大体平衡"①是集体经营性建设用地入市改革的重要旨向。为此,2016 年 4 月 18 日,财政部和国土资源部联合印发了《农村集体经营性建设用地土地增值收益调节金征收使用管理暂行办法》(简称《暂行办法》)。《暂行办法》共五章 24 条,以实现土地征收转用与农村集体经营性建设用地入市取得的土地增值收益在国家和集体之间分享比例大体平衡,维护农民权益为原则,对调节金的概念、征收范围、征收缴库、使用管理、法律责任等进行了明确规定。②《暂行办法》是针对农村集体经营性建设用地入市改革试点而制定的规范性文件,具有过渡性的特征。《暂行办法》亦成为试点地区地方政府参与分配土地增值收益的依据。但关于地方政府是否应该以及如何参与分配土地增值收益一直聚讼纷纷。有学者认为"依照初次分配基于产权的原则,政府不宜直接参与收益分配。政府在集体经营性建设用地流转中的角色不是平等的市场主体,而是作为行政职能的履行者、市场经济的服务者,其对于基础设施的投入是其应尽的职责"③。2008 年河北省政府出台的《河北省集体经营性建设用地使用权流转管理办法(试行)》第十七条规定"集体经营性建设用地使用权出让、出租取得土地收益属所有权人所有,其他单位和个人不得截留或者挪用"。然而长期受"土地财政"滋养的地方政府,如果不能从集体经营性建设用地使用权入市中获得适当的土地增值收益,必将失去改革动力,难以成为"有为政府"。试点地区对入市土地增值收益分配制度安排并没有充分调动起地方政府推动集体经营性建设用地入市的积极性。④ 与此同时,征地制度改革已经让地方政府"因地生财"的渠道和机会大大缩水,"土地财政"的终结对地方政府产生了极大影响,导致许多地方的财政收入大幅度减少。当地政府能否找到新的财政收入来源(例如目前一些地区试点开征房产税或明确规定集体土地直接入市的税费),也成为集体土地入市制度能否全面推行的外部条件或制度基础条

---

① 《国土资源部关于印发农村土地征收、集体经营性建设用地入市和宅基地制度改革试点实施细则的通知》(国土资发〔2015〕35 号)。

② 《农村集体经营性建设用地入市须征收增值收益调节金》,http://www.gov.cn/xinwen/2016-06/13/content_5081507.htm。

③ 陈耀东:《集体经营性建设用地入市流转的法律进路与规则设计》,《东岳论丛》2019 年第 10 期。

④ 马翠萍:《集体经营性建设用地制度探索与效果评价——以全国首批农村集体经营性建设用地入市试点为例》,《中国农村经济》2021 年第 11 期。

件之一。① 其次,农民集体组织与成员之间内部分配难。扣除调节金之后的土地增值收益将在农民集体组织与成员之间进行分配。相对于农民集体组织,集体成员处于弱势地位,在土地增值收益分配民主决策机制不健全的情况下,集体成员的利益分配参与权很难得到保障。在集体经营性建设用地入市改革试点实践中,土地增值收益通常主要用于辖区内农村基础设施建设、民生项目、村内公益事业等支出,"试点地区对集体成员实现个人分配的规定有松有紧,因此何种方式才是最为合理的有待商榷"②。比如:《郫都区农村集体经营性建设用地入市规定》第三十七条第二款规定:"土地增值收益中,提留的集体公积金、公益金、风险金的比例原则不得低于80%。"《德清县农村集体经营性建设用地入市管理办法(试行)》第四十二条第一项规定:"属村内其他集体经济组织入市的,收益的10%应作为村集体提留,归村集体所有,用于村内公益事业支出;其余可在该集体经济组织成员之间公平分配。"《常州市武进区农村集体经营性建设用地入市管理办法(试行)》第四十一条规定:"农村集体经济组织获得的集体经营性建设用地入市增值收益,归农村集体经济组织所有,在集体经济组织内部合理分配。"当然,由于中国地域广阔,而且不同区域之间经济发展不平衡,农民集体组织与集体成员的分配必须处理好个性与共性的关系。"土地发展权统一交易市场缺失的背景下,由于不同地区区位和规划差异,改革加剧了农民集体之间收益分配不公。"③一方面,农民集体组织与集体成员的分配难以亦不适宜统一模式;另一方面,农民集体组织与集体成员的分配又不能不受监督而任意处置,否则容易引发矛盾和争议。

二、深入实施集体经营性建设用地入市制度的对策建议

(一)完善集体土地所有权入市行使法律保障机制

由于各地农村集体产权制度改革的进度不一,在农村集体经营性建设

---

① 杨遂全:《论集体经营性建设用地平等入市的条件与路径》,《郑州大学学报(哲学社会科学版)》2019年第4期。

② 田国兴、周洋洋:《集体经营性建设用地入市法律问题研究》,https://sghexport.shobserver.com/html/baijiahao/2020/07/31/234200.html。

③ 李怀:《农村集体经营性建设用地入市收益分配改革:模式、困境与突破》,《东岳论丛》2020年第7期。

用地试点改革实践中,入市主体呈现出农村集体经济组织(如德清、义乌的镇街资产经营公司、村股份经济合作社或村经济合作社)、乡镇人民政府或村委会(如河南长垣县)、土地股份合作社或土地专营公司(如海南文昌市)等多元化样态。面对农民集体土地所有权虚化所带来的挑战,有必要加快推进农村经营性资产股份合作制改革①,并创造契机在法律上明确"农民集体"的内涵和地位。与此同时,还需加快推进集体经济组织法律制度的完善,畅通农民集体意志实现的途径。正如有学者所言:"集体土地所有权的主体是'集体','集体'以特定区域的土地资源为基础,形成不可分割的组织团体。学界因集体的不可分割性认定其主体不明确,但问题的症结在于实现集体意志的途径不畅。"②随着《民法典》的实施,农村集体经济组织"有法律地位无法人地位"的尴尬境地得以化解,农村集体经济组织和村民委员作为两类内涵不同的特殊法人地位得以明确。③ 义乌、德清的集体经营性建设用地入市试点实践表明,农村集体经济组织的法人化对入市的顺利实施至关重要。法人化的农村集体经济组织能够以市场主体的身份参与入市交易,代表农民集体开展民事活动,并承担相应的权利义务,成为农民集体土地所有权行使的通道。农村集体经济组织法人治理机制的完善程度与集体经营性建设用地制度的实施呈正相关关系。当前,应该以农村集体经济组织法立法为契机,加快完善集体土地所有权入市行使法律保障机制。

(二)统筹构建集体经营性建设存量和增量入市运行机制

在试点实践中,各地在入市范围的设定上相对比较保守,除义乌外均

---

① 《中共中央、国务院关于稳步推进农村集体产权制度改革的意见》提出,有序推进经营性资产股份合作制改革,将农村集体经营性资产以股份或者份额形式量化到本集体成员,作为其参加集体收益分配的基本依据。具体参见《中共中央、国务院关于稳步推进农村集体产权制度改革的意见》,《人民日报》2016 年 12 月 30 日。

② 夏晨:《集体土地所有权的张力及其消解——以集体土地的自然资源属性为进路》,《农业经济问题》2021 年第 7 期。

③ 《中华人民共和国民法典》第九十九条规定:"农村集体经济组织依法取得法人资格。法律、行政法规对农村集体经济组织有规定的,依照其规定。"第一百条规定:"城镇农村的合作经济组织依法取得法人资格。法律、行政法规对城镇农村的合作经济组织有规定的,依照其规定。"第一百零一条规定:"居民委员会、村民委员会具有基层群众性自治组织法人资格,可以从事为履行职能所需要的民事活动。未设立村集体经济组织的,村民委员会可以依法代行村集体经济组织的职能。"

选择存量农村集体经营性建设用地入市。试点实践已表明局限于存量农村集体经营性建设用地的入市改革显然难以适应乡村振兴战略深入实施的需要,亦不符合农村土地制度改革的整体发展趋势。为此,有必要统筹构建集体经营性建设存量和增量入市运行机制。首先,适当扩大集体经营性建设用地的入市范围,明确集体经营性建设用地增量扩容的类别、条件、程序等。《中共中央、国务院关于建立健全城乡融合发展体制机制和政策体系的意见》明确提出:"允许村集体在农民自愿前提下,依法把有偿收回的闲置宅基地、废弃的集体公益性建设用地转变为集体经营性建设用地入市。"①该意见对于推进农村土地制度深化改革意义重大。有条件地推进闲置宅基地、废弃的集体公益性建设用地转变为集体经营性建设用地入市不仅能够更好地盘活农村土地资源,扩大农村的土地财产性收入,促进乡村振兴,还能够有效扩大集体经营性建设用地入市规模,缓解城乡融合发展建设用地压力。在增量集体经营性建设用地入市方面,义乌已经做出了先行探索,积累了大量的有益经验。义乌通过"集地券"改革有效盘活农村集体存量建设用地,推进城乡统一建设用地市场建立健全,推动城乡融合发展。其次,加快编制"多规合一"的实用性村庄规划,健全村庄规划法律制度体系。2019年修改的《土地管理法》虽然赋予集体经营性建设用地同等入市的权能,但同时对集体经营性建设用地入市做出了严格的条件限定,即在符合"土地利用和城乡规划""用途管制"的条件下,集体经营性建设用地可以与国有建设用地"同权同价、同等入市"。② 试点实践表明村庄规划的混乱无序或缺失影响了集体经营性建设用地入市工作的顺利实施,让依托规划入市难以获得正当性和合法性。因此,村庄规划的科学编制对于集体经营性建设用地入市范围的增量改革意义重大。国务院印发的《关于建立国土空间规划体系并监督实施的若干意见》(中发〔2019〕18号)明确村庄

---

① 《中共中央 国务院关于建立健全城乡融合发展体制机制和政策体系的意见》(2019年4月15日),http://www.gov.cn/zhengce/2019-05/05/content_5388880.htm。

② 《中华人民共和国土地管理法》(2019年修订)第六十三条第一款规定:"土地利用总体规划、城乡规划确定为工业、商业等经营性用途,并经依法登记的集体经营性建设用地,土地所有权人可以通过出让、出租等方式交由单位或者个人使用,并应当签订书面合同,载明土地界址、面积、动工期限、使用期限、土地用途、规划条件和双方其他权利义务。"

规划为乡村地区的详细规划。① 《自然资源部办公厅关于加强村庄规划促进乡村振兴的通知》(自然资办发〔2019〕35 号)进一步指出,"村庄规划是法定规划,是国土空间规划体系中乡村地区的详细规划,是开展国土空间开发保护活动、实施国土空间用途管制、核发乡村建设项目规划许可、进行各项建设等的法定依据。要整合村土地利用规划、村庄建设规划等乡村规划,实现土地利用规划、城乡规划等有机融合,编制'多规合一'的实用性村庄规划。村庄规划范围为村域全部国土空间,可以一个或几个行政村为单元编制"②。2020 年 12 月 15 日,自然资源部办公厅又发布了《关于进一步做好村庄规划工作的意见》(自然资办发〔2020〕57 号),旨在更好地指导地方做好村庄规划工作。③ 在此背景下,各地亟待加快编制"多规合一"的实用性村庄规划,根据当地经济社会发展的需要以及土地资源禀赋条件,在保证耕地数量不减少的前提下,科学合理地设定建设用地的规模和数量,进而为土地增减挂钩的实施,进一步扩大集体经营性建设用地的入市范围奠定基础。

(三)健全兼顾国家、集体和个人的土地增值收益分配体系

集体土地资源不同于其他生产要素,其兼具集体成员股权、集体资产和社会公共资源属性,因此集体经营性建设用地入市要处理好国家、集体和个人之间的利益关系,兼顾公平与效率。首先,构建统一分散相结合的土地增值收益调节制度体系。2019 年修改《土地管理法》并没有对土地增值收益分配做出相应的规范安排。随着 2016 年财政部与国土资源部印发的《农村集体经营性建设用地土地增值收益调节金征收使用管理暂行办法》的失效,有关调节金征收的全国性规范性制度处于空白状态。根据农

---

① 《中共中央　国务院关于建立国土空间规划体系并监督实施的若干意见》规定:"在市县及以下编制详细规划。详细规划是对具体地块用途和开发建设强度等作出的实施性安排,是开展国土空间开发保护活动、实施国土空间用途管制、核发城乡建设项目规划许可、进行各项建设等的法定依据。在城镇开发边界内的详细规划,由市县自然资源主管部门组织编制,报同级政府审批;在城镇开发边界外的乡村地区,以一个或几个行政村为单元,由乡镇政府组织编制'多规合一'的实用性村庄规划,作为详细规划,报上一级政府审批。"

② 《自然资源部办公厅关于加强村庄规划促进乡村振兴的通知》(自然资办发〔2019〕35 号)。

③ 《自然资源部办公厅关于进一步做好村庄规划工作的意见》(自然资办发〔2020〕57 号)。

村集体经营性建设用地入市试点改革经验,土地增值收益调节金的征收既需要发挥全国筹集的作用,也要尊重各地差异,为入市改革深化留下空间。一方面,加快推进土地增值税立法进度,改征收"调节金"为"土地增值税"①,以此契机建立全国统一的土地增值收益调节体系。土地增值税作为税收的一种,将其纳入国家的税收体系,可据此监督地方政府合规合法使用土地收入,发挥税收对地区间土地增值差异的调节作用。② 当然,土地增值税立法在坚守税收法定原则的前提下,应该授权各省、自治区、直辖市根据地方实际构建完善各具特色的土地增值收益分配规范。另一方面,在推进土地增值税立法的同时,充分发挥地方创新实施集体经营性建设用地制度的主观能动性,引导各省制定符合省域实际的《农村集体经营性建设用地土地增值收益分配管理办法》。其次,建立健全农民集体组织和集体成员的土地增值收益分配指导监督体系。从一般法理而言,农民集体组织和集体成员之间土地增值收益分配属于村民自治的范畴,地方政府不应该干预集体内部的分配事宜。但是,在农村集体经济组织法人制度改革不尽完善以及集体民主决策机制极易异化的情况下,土地增值收益分配存在着中饱私囊、层层提留的现象,严重侵害了集体成员的利益。为此,公权力有必要适度介入农民集体组织与成员之间的内部分配,为集体成员自治提供指导帮助,监督土地增值收益的公平分配。集体资产的股份分配原则应当由集体成员通过民主程序自主确定,但法律必须为集体资产股份合作制改造提供基本规则,否则集体成员自治形成的决议就可能违背集体所有权性质,损害部分集体成员的利益。③

---

① 2019 年 7 月 16 日,为了贯彻落实税收法定原则,财政部会同国家税务总局起草公布了《中华人民共和国土地增值税法(征求意见稿)》,土地增值税立法将发挥土地增值税筹集财政收入、调节土地增值收益分配、促进房地产市场健康稳定发展的作用。具体参见《〈中华人民共和国土地增值税法(征求意见稿)〉公开征求意见》,http://www.chinatax.gov.cn/chinatax/n810356/n810961/c5136578/content.html。

② 田旭:《集体经营性建设用地入市研究:基于城乡融合发展视角》,《辽宁大学学报(哲学社会科学版)》2021 年第 4 期。

③ 韩松:《论农民集体成员对集体土地资产的股份权》,《法商研究》2014 年第 2 期。

第四章　征地与集体经营性建设用地入市增值收益分配的平衡法理与制度出路

在农村"三块地"试点改革初期,国家设置了三项改革"相互分离、一地一项"的推进模式,其中征地制度改革试点选择了3个县(市、区),而集体经营性建设用地入市(简称直接入市)改革和宅基地制度改革各选择了15个县(市、区)。这种封闭式、单一突破型的改革试点模式虽然比较安全稳妥,但忽视了农村土地制度改革的复杂性、协调性和系统性,尤其是征地制度改革试点区域较少,导致试点改革结果存在较大的局限性,难以全面科学地认知我国农村土地制度的真实面貌。2016年9月,为了统筹推进农村土地制度改革,国家对改革试点方案做出调整,把征地制度改革和直接入市改革向所有试点地区铺开,2017年11月,中央决定将宅基地制度改革试点扩大至33个试点县(市、区),而且为了形成更扎实的试点改革经验,国家先后两次延长试点期限(先后延长至2018年和2019年底)。2019年全国人大常委会对《土地管理法》进行修正,对前期试点改革的一些成功经验予以提升确认,其中包括直接入市。但《土地管理法》修正案只对直接入市的条件和程序做出了原则性的规定,对如何处理其与征地之间的龃龉、保障二者协同发展并没有给出相应的制度回应。我国农村土地制度异常复杂,短期的试点改革显然难以解决太多问题,尤其是统筹推进改革试点的时间较短,要想形成大量的有效实践经验,更可谓难上加难。"从点上来看,三项改革试点样本分布不够均衡,土地征收制度改革试点相对不足,33个试点县(市、区)实施的1275宗征地项目中,有918宗(占72%)集中在河北定州、上海松江、浙江义乌、福建晋江、山东禹城等5个试点地区。从内容上来看,平衡国家、集体、个人三者之间收益的有效办法还不够多。"①前期的农村"三块地"试点改革实践表明,土地征收与直接入市的统筹推进存在着一些亟待化解的矛盾,直接入市的全面推进实施,让土地征收与直接入市之间的衔接协调问题更加凸显。围绕土地征收与直接入市之间的冲突与协调,有学者认为需要厘清流转与征收的范围,限制地方政府征地权,坚持流转为主、征收为辅的原则,协调流转与征收补偿价格。② 有学者认为城市化后集体土地需要概括国有化,可以通过土地市场价格平衡征收与入市的矛盾。③ 当然也有学者认为城市土地可以属于集体所有,并提出建立市价补偿机制以缩小同直接入市增益所得之间的差距。④ 总体而言,研究者们集中关注于土地征收与直接入市客体范围重叠的冲突,并从集体经营性建设用地所有权入市归属的角度,初步关照到土地征收与直接入市的平衡机制的构建。但是,客体范围冲突只是影响土地征收与直接入市衔接协调的表层问题,如何保障土地增值收益公平分配才是二者统筹推进的关键。科学有效地协调土地征收与直接入市之间的利益关系是农村土地法律制度深化改革的关键环节,对此学界尚缺乏深入的法理阐释和制度回答。虽然在土地征收与直接入市中,土地增值收益分配都会关涉政府、集体、个体三方,但土地征收与直接入市之间的收益平衡首先且集中指向政府和作为土地所有者的集体。⑤ 进一步而言,关于土地增值收益分配可以分为两个层面,第一层面是地方政府与集体经济

---

① 《国务院关于农村土地征收、集体经营性建设用地入市、宅基地制度改革试点情况的总结报告——2018 年 12 月 23 日在第十三届全国人民代表大会常务委员会第七次会议上》,http://www.npc.gov.cn/npc/xinwen/2018-12/23/content_2067609.htm.

② 陈耀东、李俊:《集体建设用地流转与土地征收客体范围重叠的困境与出路》,《长白学刊》2016 年第 1 期。

③ 韩松:《城镇化进程中入市集体经营性建设用地所有权归属及其与土地征收制度的协调》,《当代法学》2016 年第 6 期。

④ 欧阳君君:《城市规划实施中的征地与集体经营性建设用地入市之关系协调》,《西南民族大学学报(人文社会科学版)》2019 年第 7 期。

⑤ 《关于农村土地征收、集体经营性建设用地入市、宅基地制度改革试点工作的意见》提出:"实现土地征收转用与集体经营性建设用地入市取得的土地增值收益在国家和集体之间分享比例的大体平衡","健全土地增值收益在农村集体经济组织内部的分配机制"。《农村集体经营性建设用地土地增值收益调节金征收使用管理暂行办法》规定:"试点县综合考虑土地增值收益情况,按照土地征收转用与农村集体经营性建设用地入市取得的土地增值收益在国家和集体之间分享比例大体平衡以及保障农民利益等原则,考虑土地用途、土地等级、交易方式等因素,确定调节金征收比例。"

组织之间的利益分配,第二层面是集体经济组织与成员之间的利益分配。而土地征收与直接入市之间的利益协调集中体现在第一层面,这是本书相关主题论证的主要聚焦之处。

第一节　土地征收与直接入市统筹推进面临土地增值收益平衡难题

直接入市对于保护农民的土地财产权益,形塑城乡统一的土地市场,缩小征地范围无疑具有重要意义。但与此同时,"由于征地制度改革极其敏感和复杂,集体经营性建设用地入市既可能开辟出征地制度改革的坦途,也存在着增加土地管理混乱的风险"①。当然,在土地征收与直接入市协同推进的过程中,入市改革的影响不是单向而是相互的。防范、消解土地管理法治风险,推进土地治理现代化,首先需要因应土地制度改革实践,厘清土地征收与直接入市统筹推进面临的土地增值收益平衡难题。

一、此消彼长的土地征收与直接入市

土地征收是国家为了公共利益的需要取得集体土地进行开发建设的行为及制度设计,由于因公权力的介入而产生集体土地所有权的被动转移,程序相对严苛、过程相对复杂。直接入市是农村集体土地所有权人作为市场主体直接通过出让、出租等方式处分集体经营性建设用地使用权的行为及制度设计,充分展示了农村集体土地所有权人对土地财产权的处分、收益自主性,程序简便、效率较高。土地征收与直接入市虽然在法理及制度设计上存在较大差异,但在国家土地制度整体改革的价值设定上,直接入市对土地征收制度深化改革具有"突破口"的意义。直接入市能够从内部供应上改变"征收需求"问题,犹如"缩小征地范围"的一条腿。② 当然,改革实践表明应然价值的实现依然面临挑战。无论是土地征收与直接入市,都会指向集体经营性建设用地,客体范围上的重叠既是直接入市推进

---

① 祝天智:《集体经营性建设用地入市与征地制度改革的突破口》,《现代经济探讨》2014年第4期。

② 方涧:《修法背景下集体经营性建设用地入市改革的困境与出路》,《河北法学》2020年第3期。

土地征收深化变革的重要杠杆,也是诱发二者冲突的显化要素。在严守国土空间"三条红线"的新时代,建设用地资源愈显宝贵稀缺,存在"此消彼长"关联的土地征收与直接入市会进一步显化集体经营性建设用地的竞争价值,加剧土地增值收益分配上的紧张关系。

二、直接入市价格高会抑制土地征收

近年来,农村集体经营性建设用地流转经历了从自发改革到单线突破、从自觉改革到统筹推进的渐进发展过程。2019年中央一号文件明确强调:"在修改相关法律的基础上,完善配套制度,全面推开农村土地征收制度改革和农村集体经营性建设用地入市改革,加快建立城乡统一的建设用地市场。"①此项政策表达既是对当年农村土地制度改革的再动员和再部署,也折射出土地征收与直接入市统筹推进的重要性和艰巨性。其实在过去相当长的一段时间里,无论是征地制度改革抑或集体建设用地流转一直都在实践中不断探寻突破之路,当然由于法治环境的制约,实践领域的探索基本呈现出单线运行的状态。在旧的《土地管理法》《城市房地产管理法》对集体经营性建设用地流转作出严格限制的情况下,很长一段时间里集体建设用地流转以"隐形交易"或"良性违法"试点实验的状态运行。在此情况下,土地增值收益的均衡问题并不凸显,或者说还难以被正式纳入已有的法制体系考量范畴。当然,随着农村土地制度改革的深入推进,关于直接入市改革及对征地的土地增值收益的影响愈发显露出来。一般情况下,相对于基于公共利益的被动土地征收,市场化运作的直接入市在土地增值收益分配上会呈现出不一样的行动逻辑和法治样态,农民及农村集体经济组织在土地财产权流转方面拥有更多的自主权,将会获得更多的土地增值收益。根据当前相关法律法规及政策规定,在直接入市中,土地增值收益的20%～50%上交县财政,而在土地征收中,划拨是免费的,出让时土地增值收益的30%上交中央,70%留地方。有学者通过定量对比分析发现,土地增值收益在土地征收和直接入市模式下呈现较大差距,征收模式下农民集体与政府获取土地增值收益比例为23%∶77%;而入市模式下,研究区入市模式下农民集体与政府获取土地增值收益比例为64%∶36%

---

① 《中共中央　国务院关于坚持农业农村优先发展做好"三农"工作的若干意见》,《人民日报》2019年2月20日。

（高调节金）和 84％：16％（低调节金）。① 从理性经济人的视角,同等条件下,相对于土地征收,农村集体经济组织及其成员当然更愿意选择高收益的直接入市模式。在二者协同推进缺乏利益均衡法律制度供给保障的情况下,土地增值收益分配的失衡一方面可能会引发农村集体经济组织及其成员对征地的抵制,处理不当会让土地征收和直接入市陷入非此即彼的对立境地;另一方面会导致受土地财政影响的地方政府消减对基础设施、公共事业的资金投入,消极应对直接入市的公共服务和监管。缩小征地范围与扩大集体建设用地入市并举,被认为是平稳改革现行国家征地体制、推进城乡土地统筹配置的可行选择,也是告别以地谋发展的关键举措。但我们必须认识到"当集体建设用地流转收益高于征地安置时,国家征地的难度必然增大。哪怕是基础设施、公益设施等公共用地征地,也恐将难以进行"②。

三、征地价格低会反噬直接入市

根据新修改的《土地管理法》的相关规定,直接入市必须遵循严格的条件限制和程序控制,只有被土地利用总体规划和城乡规划确定为工业和商业用途的经营性建设用地才能入市,而商业住宅的开发建设用途被排除在外。根据当前我国建设用地市场的开发利用情况,商业住宅开发带来的土地增值收益往往是相对较高的。非商业住宅开发建设的限制性规定必定会给直接入市收益产生不利影响,同时也给征地反噬提供了铺垫。依据我国农村土地制度试点改革实践,理论界和实务界普遍关注到入市会给农村集体经济组织带来土地增值收益比例的提高,会对征收中土地增值收益分配产生影响,却忽视了征地对集体经营性建设用地流转价格产生的反向影响。进一步而言,当前我国的征地制度架构及长期形成的惯性操作模式会对直接入市收益分配产生反噬。新修改的《土地管理法》虽然对公共利益做出了列举式的规定以限制征地范围的不当扩大,但为了保障经济社会发展和城镇化的顺利推进,也为土地征收中公共利益的扩张解释留下了一定的制度空间。新修改的《土地管理法》规定,一定条件下为了城镇成片开发建设可依法实施土地征收。实践中,在城镇

---

① 谢保鹏、朱道林、陈英、裴婷婷、晏学丽:《土地增值收益分配对比研究:征收与集体经营性建设用地入市》,《北京师范大学学报(自然科学版)》2018 年第 3 期。

② 彭建辉、杨珍惠:《集体经营性建设用地入市问题探析》,《中国土地》2014 年第 11 期。

建设用地范围内(即"圈内")地方政府常常通过工业园区集中建设,改变低效、零散用地,而"同地同权"制度的不完善和土地征收形成的惯性思维会让用地单位在"圈内"更习惯于使用征收方式获取国有建设用地。与此同时,在"土地财政"和招商引资的双重压力下,地方政府一方面会提升房地产开发建设用途的征收价格,另一方面时常会压低"工业"用途的土地征收价格。在这种情况下,确定为"工业"用途的集体建设用地出让价格有时会比较低,影响正常流转,损害农民土地财产权益。为了防止集体建设用地流转价格过低,保护农民的土地财产权益,一些地方性法规对集体建设用地使用权的出让做出了限制性或最低保护价的规定。① 当然,不可否认因市场机制本身固有信息的不对称不充分、负外部效应、公共物品非效率供给等缺陷导致的市场失灵也会对集体经营性建设用地出让带来交易风险,并影响土地增值收益的公平获取。"村集体作为代理人为自身利益而产生寻租行为,土地交易信息不完全、竞争缺乏,出现薄市场。"②但在统筹推进土地征收与直接入市的宏观背景下,征地对直接入市价格产生的反向影响更加直接和突出。如果没有相应的制度疏通设计,这种隐形反噬必将激化土地征收与直接入市之间的土地增值收益分配矛盾。

第二节　土地征收与直接入市收益 失衡的法理渊源及改革旨向

土地征收和直接入市各项改革任务的顺利推进最终都体现在土地增值收益的分配上,二者能否和谐共处、相辅相成,关键在于如何处理二者统筹推进可能引发的利益失衡。实现土地征收与直接入市统筹推进中土地增值收益分配上的基本均衡,需要梳理出利益分配失衡的法理渊源,挖掘

---

① 如《广州市人民政府办公厅关于印发广州市集体建设用地使用权流转管理办法的通知》(穗府办〔2015〕39号)第二十三条规定:"集体建设用地使用权的出让价格不得低于同区域、同类别国有土地使用权基准地价的30％。"《成都市国土资源局关于印发〈成都市集体建设用地使用权流转市场管理办法(试行)〉》(成国土资发〔2008〕335号)第三十六条规定:"集体建设用地使用权流转价格不得低于政府公布的该区域的集体建设用地使用权流转最低保护价。"

② 马倩雲、张安录:《农村集体经营性建设用地市场风险及处理策略研究》,《土地经济研究》2016年第2期。

出二者协同改革的价值旨向。

一、土地征收与直接入市收益失衡的法理渊源

（一）"转权获利"与"保权获利"形成的地权权属差异

统筹土地征收与直接入市，必须揭开二者冲突纠葛的面纱，全面厘清它们之间的区分法理，正视二者区隔的权利基础。当前，理论界和实务界往往只强调土地征收与直接入市之间存在的公权力强制与否之不同，却有意或无意地忽视了土地增值收益产生的权属区别。"土地征收与入市，均导致权利人丧失土地产权，二者最大的区别在于国家强制与否，而非土地价值高低。"①然而，土地征收与直接入市之间除了公权力强制与否的区别之外，还存在着"转权获利"和"保权获利"之不同。笔者以为，强制与否当然会对土地增值收益的分配产生影响，但随着农民权利意识的不断提升以及农村土地"三权分置"改革的深入推进，集体土地所有权的独立地位及权益属性会逐渐显化，集体土地所有权是否转移对土地增值收益分配产生的影响也许会更加深远，也更具有实质意义。"一旦严格限定了征地范围，允许农民集体直接出让建设用地使用权，自主进行工业化、城市化建设，那么前述被'掩盖'的城乡居民之间在地权初始分配上的不平等问题就会开始显现，甚至激化。"②统筹推进土地征收与直接入市，实现二者在土地增值收益上的均衡化显然无法忽略这一重要因素。无论是直接入市抑或土地征收，带来显性增值收益的都是建设用地使用权，但土地征收会带来集体土地所有权的转移，即"转权获利"，但直接入市中集体土地所有权并不会发生改变，实质上只是通过集体建设用地使用权流转获得收益，即"保权获利"。进一步而言，土地征收对于被征收人（农村集体经济组织及成员）而言具有买断性，他们分享到的土地增值收益、获取的征地补偿是一次性的；然而在直接入市中，理论上入市方可以获取的土地增值收益具有永续性、长久的可期待性，因为集体土地所有权未发生改变，出让的仅仅是集体建设用地使用权，而使用权的流转都是有法律期限的。因权属转移不同而产生隐形的、可期待财产价值将对土地征收与直接入市之间的收益分配均衡产生深远影响。

---

① 吴昭军：《集体经营性建设用地土地增值收益分配：试点总结与制度设计》，《法学杂志》2019 年第 4 期。

② 黄忠：《城市化与"入城"集体土地的归属》，《法学研究》2014 年第 4 期。

（二）公私立场下市场价值的形成与认定偏差

土地作为人类生存不可或缺的重要资源载体，因其不可移动性，人们对土地财产权流转的公平正义性往往会有更高的期待。长期以来，虽然关于征地补偿和集体建设用地流转价格形成方法的研究呈现出多样化的态势，并产生了丰硕的"见仁见智"之成果，但基本上都会强调"遵循市场价值"对实现土地财产权公平流转的重要性。随着我国社会主义市场化改革的深入推进，"发挥市场之决定性作用"的改革旨向将在我国各种各样的资源配置中得以体现，当然包括土地资源的公平有效配置。因此，无论是土地征收抑或直接入市，都会强调市场作用的发挥，重视市场价值的媒介作用。但在土地征收与直接入市中，市场价值的认定往往需要考量不同的因素。在土地征收中，时间节点（征收时抑或征收后）对市场价值的认定会产生影响，且征收后土地用途的类型也会影响市场价值的形成和认定。征收后划拨型公益用地，该土地没有市场化的价格形成背景；而其他类型，土地产生增值收益主要源于国家的重视和投入，具体表现为基础设施的完善和规划引领。在征地单轨制的情况下，国家作为唯一的城市建设用地供应主体，主动内化消解了因土地用途不同而产生的利益差异和不平衡，法律上的征地补偿标准设计亦掩盖了未来土地用途不同而产生的利益差距。与征地相比，直接入市中的市场价值呈现出不同面向，直接入市体现为用地主体和农村集体的直接交易，直接入市当然也会涉及公共设施的配套问题，会涉及是否"生地"以及如何变成"熟地"的问题，但直接入市主体并不会考虑更多的社会成本和公共利益。基于此，直接入市中的土地市场价值更多地体现了私权利的面向。私权利与公权力立场下土地"市场价值"形成与认定必然存在一定的偏差，这也成为土地征收与直接入市统筹改革中二者利益分配失衡的重要法理渊源。

二、土地征收与直接入市收益分配的改革旨向

（一）城乡融合发展的双重价值

推进城乡融合发展是解决新时代主要矛盾的必由之路。党的十九大报告提出"建立健全城乡融合发展体制机制和政策体系"。长期以来，我国城乡二元结构与土地政策二元所有制相互呼应、互为支撑，新时代推进土

地征收与直接入市收益统筹平衡,需要放眼于城乡融合发展与土地制度改革之间的耦合交融关系。新修改的《土地管理法》秉承促进城乡融合的理念,取消了直接入市的法律限制,扫清了城乡融合发展的制度性障碍。与此同时,《土地管理法》对土地征收的公共利益作出列举式规定,确立了公平、合理的补偿原则,并对公平、合理补偿作出了"保障被征地农民原有生活水平不降低、长远生计有保障"的阐释性说明。征地补偿标准从"原用途补偿"变为"区片综合地价",并且增加了村民住宅补偿和社会保障费用安排。消弭土地征收与直接入市统筹改革中的土地增值收益分配失衡隐患,不仅要借力于城乡融合发展的工具价值,同时还需充分考量促进城乡融合发展的目标价值。

（二）落实同权同价

以直接入市倒逼征地制度的深度改革,起点是为了缩小征地范围,但终点应该是建立以"同等入市、同权同价"为法理内涵和目标导向的城乡统一的建设用地市场。在此宏观背景下,"同等入市、同权同价"亦成为土地征收与直接入市收益统筹平衡的改革旨向。然而,关于"同地""同权""同价"的政策表述和法理认知依然比较模糊。一直以来,学界关于实现我国建设用地市场城乡"同地""同权""同价"的探讨集中指向打破征地的单轨制,扫除集体建设用地入市的法制障碍。随着 2019 年《土地管理法》《房地产管理法》的修改,集体经营性建设用地直接入市的法治通道被打通,国家垄断土地一级市场的局面逐渐破冰。当然,《土地管理法》虽然突破性地允许直接入市,但同时限定入市只能用于工业和商业项目,不能用于商业住宅性质的房地产开发项目。弥合土地征收与直接入市收益分配失衡的裂痕,必须厘定新时代"同权""同价"的法理内涵,以此来架构起二者统筹推进的桥梁。为此,我们可以从党中央的文件表述变化管窥"同地""同权""同价"的内涵嬗变和时代变迁。围绕构建"什么样"的城乡统一的建设用地市场,党中央在相关政策文件表述上发生了从"同地同价同权"①到"同等入市、同权同价"②的变化。后期的党中央文件一方面不再强调"同地",另

---

①　《中共中央关于推进农村改革发展若干重大问题的决定》,《人民日报》2008 年 10 月 20 日。

②　《中共中央关于全面深化改革若干重大问题的决定》,《人民日报》2013 年 11 月 16 日。

一方面把"同权"调到了"同价"之前,以此更加凸显"同权"的基础作用。变化后的表述不仅更加贴合于我国农村土地制度改革实践,而且也让相关法律制度的建构和法理探讨更加聚焦、更具针对性。"同地同价"最早提出主要为了应对征地过程中补偿标准不一导致农民利益受损的问题。简单而言,当时之"同地"意指同一区域的地块,"同价"意指同一水准的补偿。随后,"同地同价"演变为"同地同价同权"逐渐扩大应用到集体建设用地流转试点实践中,并被赋予形塑城乡统一建设用地市场的重要价值指引。诚然,"同地同价同权"之概念表述能够比较直白地唤起普通民众对构建城乡统一建设用地市场的渴求,但这种表述在逻辑上却难以自洽,亦难以获得现有法律制度的有效支撑。首先,"同地"在法律上难以界定,在实践中亦难以认定落实,僵化的追求物理空间上的"同地"容易造成二元土地所有制的深度撕裂,不利于城乡融合发展。其次,以"同权"为基础建构"同价"才符合正常的法理表达逻辑,而非基于"同价"引导出"同权"。"同等入市、同权同价"的表述恰好能够回避逻辑自洽和制度安置上的争议。城乡融合发展背景下"同权同价"显然不能纠结于集体所有权的国有化,"同权的内涵实际上是赋予不同所有权的城乡建设用地统一且平等的权能,而不是只有实现农村集体建设用地的国有化才能实现真正的同权"①。而且我国《宪法》第十条明确禁止土地买卖,土地流转的是使用权,不是所有权,所有权是不能交易的。因此法治建构中的"同权"强调的是不同所有权建设用地的权能平等,"同价"显然不是简单的土地价格的等值化,而应该是价格形成的公平市场环境支撑及平等的监管机制保障。当然,权利和义务相伴而生,责权利讲求对等,对"同权"的理解不能仅停留在利益的追寻上,需要考量与此相伴的义务,还需要树立"同责"观念。无论是国有土地抑或集体土地,都具有财产属性和公共资源属性,因此必须承担一定公共责任,包括公共设施的配套(三平一通)、集体经营性土地入市公共设施的开展等。

(三)地利共享

相当长的一段时间里,针对缩小征地范围,学界通常会指向公共利益认定的明晰上,普遍认为模糊化的法律表述导致征地中公共利益的泛化,以至于土地征收范围呈现出无限扩张的局面。对此可行的办法就是在法律上对征地中公共利益的外延及具体表现形式加以明确界定,用列举法对属于公共利益的用地类型做出规定,对于法律列举之外的用地类型一律不得征收。但用法律厘定公共利益的用地类型就可以缩小征地范围的推论显然过于理想化。拥有"普罗透斯"式面孔的公共利益本身是一个具有不确定性的法律概念,在不同的经济社会发展情势下,公民对公共利益的认知也会呈现出不同的侧面,而且公共利益和非公共利益时常交织在一起。因此在法律上对经营性用地和公益性用地做出非常明确的区分不仅难以适应我国新型城镇化建设的发展需要,而且容易导致法律的僵化。因此,单纯通过公共利益的类别界定来缩小征地范围,并不是征地制度改革的根本旨向,只有提高补偿标准,改变土地增值收益分配格局才能从根本上解决我国土地征收范围泛化的困境。党的十八届三中全会之后,有关土地制度改革全面进入攻坚时期。针对土地征收和直接入市改革,党和国家既有着不同的改革任务部署,也有着共同的改革旨向要求,即建立公平合理的土地增值收益分配机制。[①] 化解土地征收与直接入市统筹推进面临的土地增值收益平衡难题,必须坚持兼顾国家、集体、个人的土地增值收益公平分配改革旨向。基于利益分配失衡的法理渊源,兼顾国家、集体、个人的分配正义,首先,需要消弭土地征收与直接入市之间的对立紧张关系,防止以矮化征地的方式凸显集体土地入市的优越性。"从我们长期的调查研究来看,缩小征地范围的政策建议主要来源于某种先行的理念和立场,比如集体土地入市的优越性,而不是由于某种实践中非解决不可的问题。"[②]公平合理的土地增值收益分配机制必须摒弃土地征收与直接入市之间的对立性思维。其次,必须摆脱追寻短线自我价值增长的利益分配观,坚持整体发展和可持续发展的地利共享分配观。土地增值收益的共享不应拘泥于基础资源的简单分配,更应该着眼于资源的财富再造。坚持土地增值收益

---

① 农村土地征收制度改革的基本思路是:缩小土地征收范围,规范土地征收程序,完善对被征地农民合理、规范、多元保障机制,建立兼顾国家、集体、个人的土地增值收益分配机制,合理提高个人收益。集体经营性建设用地制度改革的基本思路是:允许土地利用总体规划和城乡规划确定为工矿仓储、商服等经营性用途的存量农村集体建设用地,与国有建设用地享有同等权利,在符合规划、用途管制和依法取得的前提下,可以出让、租赁、入股,完善入市交易规则、服务监管制度和土地增值收益的合理分配机制。参见中共中央办公厅、国务院办公厅印发的《深化农村改革综合性实施方案》。

② 夏柱智:《农村土地制度改革的进展、问题和启示——基于 33 个试点的资料》,《云南行政学院学报》2017 年第 5 期。

共享,要守住农村土地制度改革的底线思维。无论是片面地强调"涨价归公"抑或"涨价归私",都经不起历史和现实正当性的拷问,难以实现公平正义的价值追寻,因此需要坚持"公私兼顾"原则,让国家、集体和个人公平分享土地增值收益。农村土地制度改革必须坚持土地公有制原则,不能让农民利益受损,但也不要让农民对入市收益产生过高的期盼阈值,防范产生私有化的发展倾向。最后,客观理性地认识地利共享中的公共利益和政府责任。集体土地作为特殊的自然资源,必须承担一定的社会责任。地利共享并非简单地弱化土地增值收益分配中的公共利益,彻底颠覆并切割土地财政,而是更加凸显土地资源所承担的公共财政价值。"土地开发利用中的种种弊政,并非土地财政本身造成的,而是土地财政不彻底、不完善造成的,根源于土地增值收益无法'颗粒归仓'收归于公共财政。"① 为此,兼顾国家、集体、个人利益的分配正义的实现不仅强调市场作用的发挥,还需要政府承担相应的统筹监管责任。前期的农村土地制度试点实践表明,公平有效的政府统筹始终是土地征收与直接入市收益平衡的重要条件。

第三节 土地征收与直接入市收益统筹平衡的法治架构

无论是乡村振兴抑或新型城镇化,关键不是土地所有权的变化,而是人的融合发展及现代化,是城乡融合发展的自然过程。土地征收与直接入市收益的平衡难题,反映了长期以来我国城乡二元割据的对立困境。处理好土地征收与直接入市收益之间的平衡关系,需要充分考量二者之间的区隔法理,坚持城乡融合发展的基本立场,着力于二者统筹推进的改革旨向,用好政府干预和市场调节两种手段。

一、建立国有建设用地与集体建设用地一体化的国土空间规划体系

实现土地征收与直接入市收益统筹平衡,科学规划是前提和基础。

---

① 曾盛聪:《地利共享、分配正义与政府责任:一个分析框架》,《人文杂志》2018 年第 10 期。

"在土地领域的市场规制和宏观调控中,规划作为国土空间管制工具和协调各种利益冲突的制度路径,发挥着基础性作用。"[1]新修改的《土地管理法》明确规定直接入市要符合规划(包括城乡规划和土地利用总体规划)和用途管制。一直以来,规划作为一项政策工具被广泛应用于我国经济社会发展和资源配置的各个领域,关于国土空间的各类规划长期并存,但它们之间多有龃龉。"20世纪90年代以后的空间规划以城市规划为主,服务于地方经济增长。"[2]我国在空间规划上不仅长期重视城市建设规划轻视乃至忽视村镇规划,而且已有的城市建设规划与村镇建设规划常常各自为政,缺乏系统性和协调性,这给土地征收与直接入市的协同推动造成了极大的困扰。当前,建立"多规合一"的国土空间规划体系已成为国家治理体系现代化的重要内容之一。2019年中央一号文件设专节要求强化规划管理,完善乡村规划布局。2020年中央一号文件在"补短板"专章里进一步强调农村"三生"空间布局的优化,为了保障乡村产业发展用地,明确了县乡级国土空间规划新编、省级年度土地利用计划中相应建设用地指标安排的最低比例。基于此,我们应该以国土空间治理体系法治化和现代化为契机把集体建设用地统一纳入国土空间规划体系,建立国有建设用地与集体建设用地一体化的用途管制制度,把集体建设用地统一纳入年度建设用地计划。

二、构建城乡统筹、公平统一的基准价形成机制

公平可比的基准价是土地征收与直接入市收益统筹平衡的重要前提,亦是"同权同价"的题中应有之义,更是城乡统一建设用地市场形成的重要基础和内容。直接入市可以为农民及农村集体经济组织提供制度选择的机会,倒逼政府主动规范与完善征地制度,同时直接入市形成的交易价格也可以为完善征地补偿标准提供参照。根据《土地管理法》的相关规定,征收农用地的补偿标准采用区片综合地价法,而非农用地征收标准的确定规则授权于省、自治区、直辖市自主决定。然而,《土地管理法》同时规定区片综合地价由省、自治区、直辖市制定公布。由此可见,无论是农用地和非农用地征收补偿标准的具体确立规则都比较模糊,《土地管理法》做出了授权

---

①　王全兴、王甜甜:《集体建设用地"入市"中的政府优先购买权》,《法学》2019年第6期。

②　张京祥、林怀策、陈浩:《中国空间规划体系40年的变迁与改革》,《经济地理》2018年第7期。

性的处理,各省、自治区、直辖市拥有绝对的主导权和自主权。基于此,各省、自治区和直辖市还需要进一步构建本地的公平补偿价格形成机制。一定意义上针对征收补偿标准的确定,2019 年修改的《土地管理法》依然强调政府的主导作用。但是,法律确定的公平、合理征地补偿原则的落实显然不能疏忽市场调节的重要作用。然而正常的土地市场调节机制如何形成呢?长期以来,在国家垄断土地一级市场、土地双轨制的情况下,集体土地只有经过征收变为国有土地才能入市,由于征收的被动性,集体土地的市场价值难以确定,市场化的土地资源交易价格很难形成。但随着直接入市的全面推进实施,征地补偿标准的公平确立有了市场化的参照依据。"入市试点的目的之一是发现集体建设用地价格,从而为征地市场化补偿找到依据。"①直接入市必将为构建土地市场公平交易价格的形成奠定基础。公平、开放、透明的土地资源交易市场的逐渐形成与发展,能够为公平征地补偿标准的形塑提供可视化的参考。为此,区片综合地价的确立需要充分考量集体建设用地基准价,这样有利于促进土地征收与直接入市收益的平衡。"放开规划区外的集体建设用地市场,就会自然形成集体建设用地的市场价格,参照这个价格给被征地农民以补偿,比较合理。"②当然,集体经营性建设用地市场价值的培育需要一个过程,在过渡时期,可以通过与国有建设用地出让相对比的方式确立基准地价。而且需要矫正土地储备的功能定位,改变为储备而征收的实践运作模式,建立土地储备的宏观调控和稳定市场的功能。

三、构建以土地增值税为基础、政府优先购买为保障的多样化收益平衡调节机制

一方面,我们应该认识到"当前,土地征收补偿标准低于集体经营性土地入市的价格,引起农民心理失衡,所以土地增值收益分配应该通过税收调节,来达到土地征收补偿标准和集体经营性土地入市的收益均衡"③。但

---

① 唐健、谭荣:《农村集体建设用地入市路径——基于几个试点地区的观察》,《中国人民大学学报》2019 年第 1 期。

② 黄小虎:《征地制度改革和集体建设用地流转》,《经济研究参考》2008 年第 31 期。

③ 郭冬艳,岳永兵,黄洁:《征地制度改革的路径选择》,《中国土地》,2015 年第 6 期。

是另一方面,我们也应该看到,"在实践过程中,集体经营性建设用地入市收益尚且处于较低水平,例如成都市郫都区白玉村,集体经营性建设用地入市后获得的出让金在去掉政府调节金、安置成本等各项成本之后面临收不抵支的情况"①。针对改革实践中入市价格高于征地补偿标准而引发的收益失衡问题,国土资源部和财政部联合印发了《农村集体经营性建设用地土地增值收益调节金征收使用管理暂行办法》(财税〔2016〕41 号)(简称《调节金办法》)。② 但是,该办法仅是一个具有明确使用期限的过渡性规章,这也决定了收取土地增值收益调节金只是国家强力推进直接入市改革的非常之举。依据税收法定原则,有必要把土地增值收益调节金升级为相应税金以化解土地征收和直接入市之间的增值收益失衡问题。在土地增值税制度设计中税金计算基础的选择至关重要。在当前农村土地制度改革试点实践中,关于调节金的计算基础主要有成交价和土地增值收益价(土地权益权价)两种。在改革试点初期,囿于相关参照系的不足,以成交价为基础计算土地增值收益调节金或许是一种不得已的替代性选择,类似具有与土地增值收益调节金一样的过渡性价值。但随着土地制度改革的不断深化,城乡统一建设用地市场的逐渐成熟,相应土地增值收益税金的计算应该以土地增值收益价为基础。以土地增值收益价而非成交价为基础征收土地增值收益调节税有助于化解因直接入市价格过低而产生的收益调节失灵。为了有效解决收益调节失灵问题,当直接入市价格过低时,应该赋予政府优先购买权。当然,由于我国区域发展不平衡的情况依然突出,因地域的不同直接入市会呈现出复杂多样的态势,单纯的税金调节工具显然难以有效解决所有问题。为此,有必要建构以土地增值税为基础工具,同时运用留地安置等其他方式的收益平衡调节机制。通过建立健全灵活多样的收益平衡调节机制,赋予入市方一定的选择权,能够有效应对建

---

① 周应恒,刘余:《集体经营性建设用地入市实态:由农村改革试验区例证》,《改革》2018 年第 2 期。

② 《财政部 自然资源部关于延长农村集体经营性建设用地土地增值收益调节金政策期限的通知》(财税〔2019〕27 号)要求,为继续做好农村土地制度改革工作,规范农村集体经营性建设用地土地增值收益管理,自 2019 年 1 月 1 日起至 2020 年 12 月 31 日止,实行农村集体经营性建设用地入市制度的地区,继续按照《农村集体经营性建设用地土地增值收益调节金征收使用管理暂行办法》(财税〔2016〕41 号)、《关于新增农村集体经营性建设用地入市试点地区适用土地增值收益调节金政策的通知》(财税〔2017〕1号)有关规定执行。2019 年 7 月 16 日,财政部、国家税务总局发布的《中华人民共和国土地增值税法(征求意见稿)》拟取消土地增值收益调节金。

设用地流转的复杂局面,促进土地征收与直接入市收益的动态平衡。

四、建立统一的建设用地使用权期限届满处置机制

无论是"转权获利"模式的土地征收抑或"保权获利"模式的直接入市,核心旨向都是土地增值收益,而土地增值收益直接产生于建设用地使用权流转。消除集体所有权是否转移给土地征收和直接入市收益统筹平衡带来的影响,可以从建立统一的土地使用权期限届满处置机制入手。根据我国《物权法》《城市房地产管理法》的相关规定,国有建设用地使用权期间届满的住宅类的自动续期,而非住宅类的原使用人可于期满前申请续期,除因公共利益收回外,有关行政机关应该予以批准,当然要重新签订国有建设用地使用权出让协议。但针对直接入市,地方试点实践基本是参照国有建设用地使用权出让期限来设定集体经营性建设用地使用权出让期限,由农民集体与受让人签订相关协议。但集体建设用地使用权合同到期后如何续期,实践中主要有两种方式,一种方式合同到期后使用权自动收回,并由集体经济组织无偿取得地上建筑物及附着物,"由于南海区集体土地入市已探索二十多年,农村集体对土地所有权与支配权的意识极为强烈,目前南海区的集体土地入市基本上均在合同中约定土地使用权到期后,土地及其地上构筑物由集体经济组织无偿收回"[①];另一种指合同到期后采用优先有偿续期,地上建筑物及附着物市价补偿的方式[②]。直接入市是平等交易的民事法律行为,根据民法原理,集体土地所有权人和交易对象之间可以根据协议对集体经营性建设用地使用权及地上财产做出自由裁量。进一步而言,集体建设用地使用权合同到期后如何续期,交易主体应被给予更多的自由选择权。但集体建设用地使用权毕竟不是普通的用益物权,合同到期后如何续期关系着土地增值收益的公平分配,基于"地利共享"的理念,其必须受到一定的公共利益规制。基于"同权同价"的原则,直接入市不仅在使用期限上应该与国有建设用地出让保持一致,而且在续期原则上也应该保持一致。当然,为了消弭"转权获利"与"保权获利"之间因集体所有权保留与否而产生的可期待收益之矛盾,国家可以通过立法对因"保权

---

① 赵祥:《"再集体化"与政策协同:集体建设用地入市改革的路径分析——基于广东佛山市南海区改革试点的经验分析》,《岭南学刊》2019年第4期。

② 成都市郫都区遵循以"制度延续留接口"的思路,提出"协议约定,优先续期,物权保护,评估在前,有偿使用"的办法。

获利"而产生的二次土地增值收益比例做出严格公共利益保留约束,确保二次土地增值收益的绝大部分主要用于公共设施的改善与公共产品的供给,凸显集体建设用地的集体所有,防范二次土地增值收益直接沦为集体经济组织成员的个人利益。当然,根据《土地管理法》相关规定,在土地征收中被征地农民会获得专项的社会保障费用安排,基于土地征收与直接入市收益的平衡考量,可以把集体建设用地再入市增值收益的个人部分主要安排用于农村集体经济组织成员的社会保障。与此同时,基于我国宪法的规范约束,为了减少"转权获利"与"保权获利"之间因集体所有权保留与否而产生的持久不利影响,在保障集体经济组织成员有效参与、充分获益的情况下,最终"圈内"应该优先选择征收的方式或"转权保利"的方式,让改革于法有据,"圈外"优先采用集体建设用地直接入市。

五、小结

实现集体经营性建设用地不再履行征收程序而直接入市交易,是一项系统改革工程,需要构建土地征收和直接入市的有效衔接机制。土地增值收益的公平分配直接影响着土地征收和直接入市的有效衔接和统筹推进。土地征收与直接入市收益的统筹平衡是征地范围有效减少的重要基础,亦是集体经营性建设用地依法顺利入市的重要保障。贯彻落实新修订的《土地管理法》,推进土地征收和直接入市的深化改革,亟待构建土地征收与直接入市收益的统筹平衡机制。土地征收与直接入市收益的平衡难题,既折射了长期以来我国城乡发展的二元结构困境,也反映了"转权获利"与"保权获利"形成的地权权属差异、公私立场下市场价值的形成与认定偏差。平衡土地征收与直接入市之间的收益关系,需要坚持城乡融合发展的基本立场,围绕国土空间规划体系的完善、统一基准价的建立、土地增值收益调节税的征取、建设用地使用权期限届满处置等方面系统发力。当然,土地征收和直接入市的有效衔接离不开土地管理和土地要素市场化配置各环节的深化改革,国务院用地审批权的下放、宅基地"三权分置"改革的深入推进都会对其产生影响,未来有必要对此开展进一步的调查研究。

第五章 宅基地"三权分置"的规范逻辑与实现路径

——基于杭州的实践

随着我国城镇化和乡村振兴战略的深入推进,农村产业融合发展,新产业新业态发展迅速,农村产业用地面临新困境新挑战,农村宅基地闲置与建设用地资源急缺的紧张关系日益凸显。农村宅基地的大量闲置不仅造成了资源浪费和对财产权的漠视,也成为乡村振兴战略顺利实施的瓶颈。针对闲置宅基地和农房的盘活问题,2017 年中央一号文件首先提出让农村集体组织探索"出租、合作等方式"的部署要求。① 随后,2018 年的中央一号文件提出着力完善闲置宅基地和农房改革政策,探索实施宅基地"三权分置"。② 2019 年新修订的《土地管理法》专门增加了鼓励闲置宅基地及农房盘活利用的条款。③ 宅基地"三权分置"作为新时代的一项重大制度创新,引起了学界的广泛关注。董祚继认为,宅基地"三权分置"是契合现代产权理论的基本主张,有利于重塑城乡土地权利关系。④ 靳相木等认

---

① 《中共中央 国务院关于深入推进农业供给侧结构性改革加快培育农业农村发展新动能的若干意见(2016 年 12 月 31 日)》提出:"探索农村集体组织以出租、合作等方式盘活利用空闲农房及宅基地。"

② 《中共中央国务院关于实施乡村振兴战略的意见(2018 年 1 月 2 日)》提出完善农民闲置宅基地和闲置农房政策,探索宅基地所有权、资格权、使用权"三权分置",落实宅基地集体所有权,保障宅基地农户资格权和农民房屋财产权,适度放活宅基地和农民房屋使用权,不得违规违法买卖宅基地,严格实行土地用途管制,严格禁止下乡利用农村宅基地建设别墅大院和私人会馆。

③ 《中华人民共和国土地管理法》(2019 年修正)第六十二条第六款规定:"国家允许进城落户的农村村民依法自愿有偿退出宅基地,鼓励农村集体经济组织及其成员盘活利用闲置宅基地和闲置住宅。"

④ 董祚继:《"三权分置"——农村宅基地制度的重大创新》,《中国土地》2018 年第 3 期。

为从"两权分离"到"三权分置",就是一个破除"两权分离"架构下宅基地使用权既是身份性居住保障权又是物权性财产权的"两权复合"结构的过程,并提出在《民法总则》规定的权利类型中找寻安置宅基地"三权"的坐标系。① 宋志红提出了以"扩权＋转权＋分权"为核心内容的宅基地权利制度重构方案。② 席志国认为宅基地的"三权分置"应当在原有宅基地使用权的基础上再行创设一项新的用益物权(即地上权),以此构建三层次权利体系,落实宅基地"三权分置"。③ 此外,也有学者关注宅基地"三权分置"的地方改革实践及风险规避问题。总体而言,宅基地"三权分置"研究尚处于起步阶段,立足于地方改革实践的深度研究依然欠缺,关于宅基地"三权分置"的规范逻辑与实现路径依然模糊不清。

长期以来,浙江农村宅基地改革一直走在全国前列,并率先提出宅基地"三权分置"的制度设计思路。杭州作为浙江的省会城市,在宅基地确权发证、有偿使用、流转盘活、有序退出等方面率先开展了一些创新改革,积累了大量的实践经验。基于杭州市农村宅基地制度改革探索,研究农村宅基地"三权分置"的实现路径和规范表达,能够厘清"三权分置"下宅基地开发利用的难点和瓶颈,提出"三权分置"下农村宅基地开发利用的规范路径,不断推进农村宅基地制度的法治化改革。

第一节 农村宅基地开发利用的杭州实践与探索

近年来,为了破解农村闲置宅基地管理和开发利用难题,保障农村新产业新业态发展用地的有效供给,浙江省杭州市积极推进农村闲置宅基地盘活利用的创新实践,探索开展了宅基地制度改革的"联众模式""淳安实验"和临安天目山试点。

---

① 靳相木、王海燕、王永梅、欧阳亦梵:《宅基地"三权分置"的逻辑起点、政策要义及入法路径》,《中国土地科学》2019 年第 5 期。

② 宋志红:《乡村振兴背景下的宅基地权利制度重构》,《法学研究》2019 年第 3 期。

③ 席志国:《民法典编纂视域中宅基地"三权分置"探究》,《行政管理改革》2018 年第 4 期。

一、宅基地整体开发利用的"联众模式"

2005 年,杭州联众农业技术开发有限公司(简称联众公司)与杭州市郊九思村(临安西天目乡)合作共建乡村度假公寓,推进新农村建设,由此开启了宅基地整体开发利用的"联众模式"。此后,"联众模式"不断推广并受到了社会各界的广泛关注。"联众模式"是社会资本参与农村建设的有益探索,也是显化农村宅基地财产权的地方实践典范。在此模式中,联众公司与有关村委会签订整体开发协议,由联众公司出资对所在村庄进行整体规划设计,帮助村民在原来宅基地上统一建造多层房屋,同时做好相关配套建设。房屋建成后,农民选择部分房间自住,其余房间交由联众公司统一管理,在一定的期间(一般为 30 年)用于乡村旅游、度假等。"联众模式"通过统筹规划、合作开发,实现了宅基地的集约节约利用,通过"房地分离""共建共享"的方式回避了宅基地"两权分置"的制度窠臼,激活了宅基地及农房的财产价值。

从法理实质上来讲,"联众模式"在保持宅基地集体所有权不变,保留村民对宅基地占有、使用资格和房屋所有权的情况下,实现了宅基地使用权的有效流转,无意中也开创了宅基地"三权分置"的早期实践样态。近年来,立足于宅基地"三权分置",四川泸县、贵州湄潭等地开展的宅基地合作开发、分割登记实践与"联众模式"一脉相承。针对"联众模式"的理论要义和法理本质,有学者提出"在这种模式下,企业享有的实际上是宅基地使用权的出租权,消费者享有的是房屋的使用权,真正的宅基地使用权仍然归属于农民"[①]。然而基于"两权分置"的制度框架,不具备农村集体经济组织成员身份的联众公司与村民不可能同时享有同一宅基地使用权。在联众公司不享有宅基地使用权的情况下何来出租权呢?这种牵强的法理解释折射出"两权分置"制度安排与宅基地制度改革实践之间的龃龉,显示出基于"两权分置"来建构理论的逻辑自洽困境。

二、闲置宅基地管理改革的"淳安实验"

盘活利用闲置宅基地既是宅基地"三权分置"改革的重要逻辑起点,

---

① 祁黄雄、陆建广:《农村宅基地开发利用的案例研究——浙江联众公司"城仙居"模式利弊分析》,《中国土地科学》2010 年第 5 期。

亦是其重要内容和价值旨向。长期以来闲置宅基地的盘活利用问题并没有得到足够重视,关于闲置宅基地治理的相关法律始终处于阙如状态,有关理论研究亦没有及时跟上改革发展的步伐。宅基地的大量闲置不仅折射了宅基地集体所有权的虚化,也反映出宅基地使用权的利益属性不明显,宅基地的资产属性和财产性价值长期处于沉睡状态。据浙江省自然资源管理部门的初步调查,浙江省闲置宅基地(含闲置农房)占农村宅基地面积的 4.36%。①

面对农村"空心化"不断加剧、农村宅基地闲置情况日益严重的现实,在闲置宅基地治理相关法律法规空白的情况下,一些地方,如淳安县,做出了一些开拓性的探索,以显化宅基地集体所有权,凸显宅基地的资产属性和财产性价值。2011 年,淳安县发布了第一个闲置宅基地管理问题的地方性规范性文件。② 该规范性文件首先强调村级集体经济组织(村民委员会)对农村宅基地的管理主体地位,特别强调通过村规民约强化闲置宅基地管理的自我约束面向。基于农村多占和超占宅基地的现实情况,该规范性文件明确了闲置宅基地的内涵和基本类型,规定了闲置宅基地处置的指导原则,鼓励各行政村探索构建农村宅基地有偿调剂制度、闲置宅基地退出激励机制、超占宅基地有偿使用制度,为各行政村探索处置闲置宅基地设置了基础性的操作规范。与此同时,该文件对闲置宅基地管理制度的具体落地设置了细化的工作程序和保障条件。

淳安县通过规范性文件强化村民自治对宅基地管理改革的作用,强调村级集体经济组织(村民委员会)的管理地位对于具体落实宅基地集体所有权具有较强的现实意义,有助于推动宅基地集体所有权显化机制的法治化。淳安县对闲置宅基地的认定和具体处置规范具有极强的可操作性和较好的示范价值。农村闲置宅基地管理新办法实施后,不仅解决了城乡统筹和新农村建设过程中拆危拆旧的难题,同时还转变了农民宅基地私有观念,促进了新农村建设。③

---

① 李风:《唤醒"沉睡"的资产——浙江省探索盘活利用农村闲置农房和宅基地》,《浙江国土资源》2018 年第 8 期。

② 《关于加强农村闲置宅基地管理的通知》(淳政办发〔2011〕160 号),从闲置宅基地的管理主体、闲置宅基地的认定、闲置宅基地的处置、切实加强对宅基地的管理、工作要求等五个方面对加强农村闲置宅基地管理作出明确规范。

③ 唐佩:《淳安创新出台农村闲置宅基地管理新办法》,http://www.hangzhou. gov.cn/art/2011/10/15/art_812265_220606.html。

由此可见,淳安县闲置宅基地管理改革不仅有利于显化宅基地集体所有权,也有利于彰显宅基地的资产属性和财产性价值。"淳安实验"的这些做法正是宅基地"三权分置"改革的重要内容,"淳安实验"所展示出来的价值旨向亦契合了宅基地"三权分置"改革的价值需要。

三、宅基地产权制度改革的临安天目山试点

为了进一步推进农村宅基地产权制度改革,唤醒"沉睡"的资产,破解宅基地流转难题,2017 年 11 月杭州市选择了天目山镇的两个村(一都村、周云村)作为改革试点村。①

天目山农村宅基地产权制度改革的主要做法体现在如下三个方面:首先,宅基地集体所有权的落实。针对宅基地集体所有权的虚化问题,试点区域通过强化"规划管制、规模治理、收益共享"等方面举措让村集体的主导地位得以显化,使宅基地集体所有的性质得以彰显。通过编制以土地规划为基础的"多规融合"的村庄发展规划,确保宅基地的空间布局更加优化、利用更加精准科学。坚持减量化改革目标,通过政策引导和村规民约控制宅基地数量的增长。探索实施宅基地有偿选位,收取宅基地超占使用费、土地收益金,统筹各种利益关系,实现收益共享。其次,宅基地资格权的有效保障。试点改革坚持"一户一宅"和"户有所居"相结合的原则,严格界定宅基地获取的资格主体条件,多途径实现宅基地资格权。通过市场化手段优化宅基地的配置,实现宅基地资格权在集体经济组织内部的有偿调剂。厘清人地关系,推进农村宅基地确权登记,为宅基地财产权益的实现奠定合法性和正当性基础。最后,宅基地使用权的适度放活。制定闲置宅基地及农房盘活利用操作规则,探索以自营或合作、出租、入股等经营方式盘活闲置宅基地,唤醒宅基地资源价值,增加农民收入,壮大集体经济。鼓励村集体经济组织搭建统一的宣介流转平台,实现闲置宅基地盘活利用的效益最大化。总而言之,改革试点区域以确权登记为抓手,着力于闲置宅基地的盘活利用,从宅基地的规范取得、调剂置换、有偿使用、盘活利用、有序退出等各方面开展治理创新,"逐步建立健全农民住房保障多样化、宅基

---

① 《杭州市人民政府关于西湖区双浦镇全域土地整治试点方案和临安区天目山镇宅基地产权制度改革试点方案的批复》(杭政函〔2017〕123 号)。

地总量减量化、存量土地利用多元化、土地收益分配差别化的'四化机制'"①。

目前,天目山农村宅基地产权制度改革试点取得初步成效,已经释放出了较多的制度和管理创新红利,为农村宅基地"三权分置"积累了一些比较可靠的改革经验。

第二节　"三权分置"下宅基地开发利用的现实困境及制度瓶颈

杭州的农村宅基地改革实践已取得初步成效,为浙江乃至全国宅基地"三权分置"改革积累了宝贵经验。但囿于相关法律制度的滞后以及理论研究的不足,宅基地改革的实践需求与政策供给的不匹配,"三权分置"下宅基地开发利用还面临着现实困境及制度瓶颈。

一、宅基地所有权难以显化

现行法律对农村宅基地集体所有的归属安排已经比较清晰了,当前需要解决的关键问题在于如何更好地落实和显化集体所有的各项权能,主要包括处置、管理和收益等三个方面。其一,宅基地所有权归集体所有,但集体是一个抽象概念,需要通过一定组织来执行完成集体意志,进一步而言,良好的组织形态和运行机制关系着宅基地的处置、管理和收益等集体所有权能的顺利实现。"目前尚无法律法规对集体这一概念进行界定,存在'三权分置'下的集体土地所有权落实风险。"②在宅基地改革实践中,村民委员会、村集体经济组织、合作社以及新型农村自治组织(一些基层农村地区因应协商民主,创新村民自治实现形式,不断探索搭建起来的各种新型自治组织平台,如村民理事会、乡规民约评理会、村民议事会)等扮演着不同的角色,如何科学处理这些组织之间的关系,有条不紊地实施处置、管理和收益权能,是彰显宅基地集体所有权的首要问题。其二,有偿使用费收取问

---

① 陈苏球:《从天目山镇宅基地产权制度改革试点看农村宅基地"三权分置"》,《浙江国土资源》2018年第4期。

② 叶剑锋、吴宇哲:《宅基地制度改革的风险与规避——义乌市"三权分置"的实践》,《浙江工商大学学报》2018年第6期。

题。在农村宅基地改革实践中,实施有偿选位,针对超面积占用宅基地收取使用费是宅基地集约节约治理的创新举措,也是让市场在宅基地资源配置中发挥决定性作用的重要体现。"实践中,我国于 1990 年至 1993 年期间,曾有过宅基地有偿取得的短暂试点,但很快被叫停,为减轻农民负担,强化宅基地使用权的居住保障功能,实践中宅基地使用权均为无偿取得。"①长期以来,按照"一户一宅"为农民免费配置宅基地的制度理念已深入人心,在缺乏相应法律法规支持的情况下,长效化的有偿收费机制能否建立还有待观察。其三,宅基地退出的补偿资金从何而来?村民能否获得公平合理的对价补偿是他们自愿退出宅基地的重要前提,无论是公寓置换抑或金钱补偿,都会涉及资金问题。对于一些自然资源禀赋比较优越、集体经济发展比较好的村而言,即使退出宅基地无法快速变现增值,补偿资金一般也能解决。但在村集体经济组织无法解决补偿资金的情况下,推进宅基地的有序退出就只能靠政府财政资金支持了。如果没有强有力的财政资金支持就会导致集体经济组织对宅基地所有权的管制弱化。最后,是通过项目带动村庄规划,还是村庄规划先行;如何建立起公平合理的土地收益金分配机制,如何化解村集体与宅基地资格权人在宅基地使用权流转收益分配中的矛盾等,这些都是农村宅基地所有权显化必须面对的棘手问题。

二、宅基地资格权的认定及规范保护比较模糊

宅基地制度改革从"两权"到"三权",农户资格权是宅基地"三权"中新创设的独立权利类型,它是勾连宅基地所有权和使用权的纽带,如何科学地认知定位宅基地资格权关系到农村宅基地制度改革的成败。当前,关于宅基地资格权的创设逻辑有"成员权"和"使用权"两种解释路径,即宅基地资格权直接脱胎于集体经济组织成员权抑或直接裂变于"两权分离"中的宅基地使用权,这两种论证思路各有侧重,对于客观地认识"宅基地资格权的源自何处"具有多维度的参考价值,当然,无论哪种解释最终都绕不开集体经济组织成员权。"即使是在宅基地'三权分置'之下,宅基地使用权也是一个具有身份性质的权利,其取得和享有均以权利人具有本集体经济组

---

① 陈小君:《我国〈土地管理法〉修订:历史、原则与制度——以该法第四次修订中的土地权利制度为重点》,《政治与法律》2012 年第 5 期。

织成员身份为前提。"①然而,无论是理论上抑或实践中,关于集体经济组织的认识依然比较模糊且存在较大争议。一方面,伴随着农村产业融合发展,各种新的集体组织经济形态不断涌现,这给集体经济组织成员权的认定和规范带来挑战。另一方面,随着城乡融合发展,因婚嫁、参军、求学、返乡就业创业等原因导致的迁入和迁出将会频繁发生,这些变动必然会带来宅基地资格权的变动。但农村集体经济组织的法律地位不明确,成员资格认定模糊不清,这些都制约着宅基地资格权的认定和规范保护。与此同时,关于宅基地资格权"成员身份"的认知争议也给宅基地的退出管理和规范保护提出挑战。杭州市天目山宅基地试点改革在"退得出"方面多举措发力,包括采用"以房换地(农民公寓置换)""以钱换地(货币回购)"等方式引导农村自愿有偿退出闲置宅基地及农房,同时结合村庄整治收回多余宅基地。目前来看,引导农村闲置宅基地"退得出"的创新举措已取得初步成效。但毕竟试点改革时间比较短,后续一些问题还没有完全暴露出来,包括针对自愿退出宅基地的农户,是否意味着宅基地资格权的完全丧失,毕竟宅基地的退出并不必然导致农村集体经济组织成员权的丧失。

此外,激活宅基地的财产权价值是宅基地"三权分置"改革的重要目的,2019年新修订的《土地管理法》不仅允许村民出卖住宅,而且允许赠与住宅,宅基地及住宅变动的方式会越来越多样化,因赠与、析产、继承等方式获取住宅的主体不仅包括农村集体经济组织成员,还会涉及非农村集体经济组织成员。基于宅基地"三权分置"的设计导向,非农村集体经济组织成员获取宅基地使用权基本不存在法理上的障碍,但非农村集体经济组织成员有可能还会进一步提出获取宅基地资格权的诉求,那么非农村集体经济组织成员可否通过住宅赠与、析产、继承等方式实现成员身份的补正,这些问题都有待实践的不断探索并给出法理上的科学解答。与此同时,按照宅基地"三权分置"的规范设计,宅基地及农房使用权流转之后,宅基地资格权依然保留,如何处理资格权人与使用权受让人之间的权责关系亦有待界定和明确。

---

① 高圣平:《宅基地制度改革与民法典物权编编纂——兼评〈民法典物权编(草案二次审议稿)〉》,《法学评论》2019年第4期。

三、宅基地使用权规范流转和盘活利用的市场机制及法治保障不足

坚守宅基地居住保障功能的同时,进一步凸显宅基地的资产属性和财产性价值,是宅基地"三权分置"改革的重要目的。宅基地财产性价值的显化依赖于宅基地使用权的盘活利用。杭州市宅基地改革实践在使用权的盘活方面做出了很多有益的探索,但目前来看依然面临一些亟待探讨解决的问题。

(1)宅基地使用权的流转范围。根据当前有关法律的规定,宅基地使用权只能在集体经济组织成员内部流转。但随着农村产业融合、城乡融合的不断推进,局限于集体经济组织成员内部的宅基地使用权流转存在着市场容量不足、缺乏活力的困境。然而突破集体经济组织内部成员的限制进行宅基地使用权流转会产生改革"于法无据"的法律风险。2019年新修订的《土地管理法》虽然对宅基地流转做出了进一步发展,但也仅止于闲置宅基地及农房盘活、宅基地退出的原则性规定。长期以来基于"两权分离"的惯性思维对宅基地使用权流转的身份性限制显然已经无法契合现实改革的需要,在总结试点实践经验的基础上对宅基地使用权的流转范围做出符合时宜的法律规定显得极为迫切。

(2)宅基地使用权流转期限。当前我国法律没有对农民享有宅基地的期限做出限制,相对于有期限的国有土地使用权而言,农村宅基地使用权是无期限的。囿于"房地一体"的原则,在农房被继承时,必然会发生非集体经济组织成员占用宅基地的情况。在农村宅基地"三权分置"设计的背景下,宅基地使用权的规范利用还会面临着期限设置的问题。在杭州天目山宅基地产权试点改革实践中,宅基地使用权设定的最高出让期限是20年,但实践中很多开发公司基于农村农业长线思维的投资价值考量,往往对使用期限有更高的要求。

(3)宅基地融资功能的设计。宅基地的资产属性和财产性价值不仅体现于可以合法流转,还在于可以用于抵押担保。但囿于当前的法律,杭州宅基地改革并没有涉及宅基地使用权的融资抵押,浙江省只在义乌、乐清、瑞安、青田四地开展了试点,且困难重重。宅基地使用融资抵押功能的缺失严重影响着宅基地财产性价值的实现。

(4)宅基地流转交易市场的培育和建立。由于宅基地产权制度改革

时间较短且范围受限,市场化的宅基地使用权流转交易机制尚未形成,实践中存在较多的交易、履约法律风险。

(5)宅基地用途的规范管理。杭州的宅基地改革实践表明,强化规划、优化布局是闲置宅基地盘活利用的重要基础。村庄布局优化后会涉及土地的统筹利用问题,一方面,是否可以把结余的闲置宅基地指标转换成集体经营性建设用地,进而更大限度地实现宅基地的市场价值;另一方面,在保持宅基地性质不变的情况下,闲置宅基地和农房的再利用必然涉及土地利用形式的改变,对于这种改变应该采用什么样的管理方式有待进一步探讨。

第三节　"三权分置"下农村宅基地开发利用的行动逻辑与规范路径

宅基地"三权分置"是破解农村土地供给侧制度改革难题,推进乡村振兴战略的重要抓手。当前宅基地"三权分置"改革已进入关键期,深入推进改革的顺利实施,应该坚持城乡融合、农村产业融合发展的视角,守住农村土地制度改革的"三条底线"。[①] 针对当前宅基地制度改革中存在的问题,结合杭州市的实践探索,笔者以为农村宅基地改革应该着力做好以下几个方面工作。

一、发挥村集体的主导作用,推进宅基地集体所有权的有效落实

农村宅基地集体所有权的有效落实是宅基地"三权分置"改革的逻辑起点,而要实现有效落实的目标,化解农村宅基地集体所有权"虚化""弱化"的问题,需要尊重村民自治,充分发挥村集体在农村宅基地管理中的主导作用。进一步而言,农村宅基地"三权分置"会赋予村集体及农民更多的宅基地利用权能,"处分和收益"权能的增加对乡村治理能力提出了更高的

---

① 2014 年 12 月 2 日,中央全面深化改革领导小组第七次会议审议了《关于农村土地征收、集体经营性建设用地入市、宅基地制度改革试点工作的意见》,会议指出了"坚持土地公有制不改变、耕地红线不突破、农民利益不受损"三条农村土地制度改革底线。

要求,需要村集体土地权益的实施机构和决策运行程序作出合适的应答。从近年来杭州市宅基地制度改革实践来看,重视村民自治,激发村民自治活力是改革顺利推进的关键因素,同时我们也发现目前的乡村治理能力与农村宅基地"三权分置"改革要求还存在一定差距。当前,亟待完善乡村治理体系,做实做强村集体经济组织,健全农村集体经济组织制度,促进其在宅基地开发利用中真正发挥村集体产权组织的作用。与此同时,还需要进一步健全村级土地管理议事机构,完善农村宅基地开发利用的民主决策、民主管理制度体系。

二、显化宅基地农户资格权,建构完善的确权赋能机制

"宅基地'三权分置'不仅是土地制度的产权再造,更是重塑城乡土地权益关系。"①探索实施宅基地"三权分置",是让"沉睡"的宅基地得以激活和再造的重要途径。彰显和落实宅基地集体所有,需要明晰集体所有权的主体,确认集体所有权享有处置、管理和收益等完整权能。厘清农村宅基地"三权"之间的权责关系需要做好宅基地"三权分置"的登记发证工作,确权登记是保障宅基地财产权价值发挥的重要基础。针对宅基地"三权分置"的确权登记问题,一些地方开展了不同方式的探索,既有同时颁发宅基地使用权和资格权两证的做法,也有为确认分置后宅基地使用权而颁发不动产权证书的摸索,还有地方为了显化宅基地资格权直接为宅基地资格权颁证。在强调改革于法有据的新时代,宅基地"三权分置"登记的规范探索显然不能放置于我国不动产统一登记的法治架构之外,更不可偏离"房地一体"的登记原则。坚持这种改革思路才可以有效预防发生新的分散登记,让改革符合法治要求。

然而,现行法律并没有明确宅基地资格权,且不动产登记只确认权利,并不创设新的权利。在现有产权登记法治架构下要凸显宅基地资格权,回应宅基地"三权分置"改革现实,同时让宅基地"三权分置"登记运行在法治轨道上,宅基地资格权备注(附记)标记的方式值得推崇。临安的宅基地改

① 刘圣欢、杨砚池:《农村宅基地"三权分置"的权利结构与实施路径——基于大理市银桥镇农村宅基地制度改革试点》,《华中师范大学学报(人文社会科学版)》2018年第5期。

革在此方面已经做出了有借鉴意义的前期探索。① 为了充分赋权扩能,推进农村产业融合发展,针对利用闲置宅基地和农房发展农村新业态而导致原用途发生变化的,应该允许保留原样态而不办理用途变更登记。为了激活闲置宅基地及农房,推动农村宅基地有序退出,需要进一步明晰农村宅基地各项权能在资源市场中的边界。可以参照国有土地类似用途的流转期限的规定,明确规范农村宅基地使用权的流转期限。应该逐渐消除农村宅基地使用权城乡流转的壁垒,在符合空间管制的情况下,适当允许农村宅基地使用权流转不受农村集体经济组织成员身份、地域的限制。结合宅基地有偿使用制度的构建,打通农村宅基地有序退出的通道,真正建立起农村集体经济组织自我推进、自我管理的农村宅基地退出机制。

三、推进宅基地"三权分置"改革的规范发展,保障宅基地使用权的适度放活

宅基地"三权分置"探索开启于浙江义乌,因其独特的理论价值和实践意义,被写入 2018 年中央一号文件,并向全国推广。宅基地"三权分置"作为具有中国特色的土地制度改革创新,充分展示了地方能动和中央推动的良好互动局面,也折射出了政府和市场在土地资源配置中协同发力的重要价值。宅基地"三权分置"改革的深入推进,离不开各级政府的政策扶持和有效监管。首先,政府要做好宅基地"三权分置"规范发展的推手,通过制定相关政策引领宅基地"三权分置"改革的规范探索,积极构建各种激励措施、福利政策促进宅基地的流转和退出,有效提升农村宅基地的财产权价值,实现农村宅基地的"减量化"目标。其次,政府要积极推动搭建宅基地开发利用的交易平台,通过规范化运作的交易平台链接起宅基地开发利用的供需两端,一端连接宅基地资格权人(宅基地使用权供给方),另一端连

---

① 杭州市临安区农村住房规范化建设管理工作领导小组关于印发《临安区农村宅基地使用权及房屋所有权登记发证实施细则(试行)》的通知(临农房建管〔2018〕2 号)第十九条规定:已拥有一处宅基地的本集体经济组织成员,因继承房屋占用农村宅基地的,在不动产登记簿和不动产权证书注记"继承所得,权利人为本农村集体经济组织成员住宅的合法继承人"。非本集体经济组织成员继承房屋占用农村宅基地的,在不动产登记簿和不动产权证书注记"继承所得,权利人非本农村集体经济组织成员"。该条规定虽然没有直接标注"宅基地资格权或宅基地资格权人",但由于宅基地资格权的集体经济组织成员特性,某种意义上已经间接指向了"宅基地资格权或宅基地资格权人"。

接集体经济组织或其他项目开发者(宅基地使用权受让方),在供需两端自由交易下实现"农民收益最大化"的目标。最后,政府还要做好宅基地"三权分置"改革的有效监管,在尊重村民自治的基础上,完善宅基地审批监管机制,强化空间管制,优化村庄布局和治理结构,实现农村宅基地的"节约集约化"目标。

四、推动宅基地"三权分置"的内外协同改革,有序促进闲置宅基地的盘活利用

近年来我国的农村土地制度改革"三项试点",已从起初的各试点地区封闭单项突破转向"三项试点"的统筹推进。在此背景下,宅基地"三权分置"改革如果仅靠单兵推进显然难以取得最佳的效果。其一,新修改的《土地管理法》为集体经营性建设用地直接入市扫清了法律障碍,为推进城乡统一的建设用地市场提供了坚实的法律支撑,也为闲置宅基地及农房的激活利用开辟了更广阔的前景。与此同时,利用集体建设用地建设租赁住房试点改革[①]也为宅基地制度改革的外部协同提供了又一重要支撑。虽然宅基地也属于农村建设用地,但其特有的农村家庭生存保障价值必然会对其使用功能的开发利用带来限制。为了更有效地盘活闲置宅基地,可以将闲置宅基地按规划转为集体经营性建设用地进行开发利用。浙江省德清县、义乌市作为我国农村土地制度"三项"改革试点县市,在此方面已经做出了有益探索,并产生了良好的经济和社会效益。"在符合土地规划并经过严格的审批手续的前提下,尝试将宅基地使用权转化为集体经营性建设用地使用权避免了宅基地使用权处分直接放开造成过大冲击同时也降低了改革的成本和难度。"[②]其二,钱从哪里来是解决农村宅基地有序退出的关键因素,只有给予公平合理的补偿,才有可能促进农户有序退出闲置宅基地及农房。为了实现农村闲置宅基地有序减量退出,可以积极构建城镇建设用地增加与农村闲置宅基地减量退出相挂钩的运行机制。这样既可以纾

---

① 2017 年 8 月 21 日,国土资源部和住建部联合下发了关于《利用集体建设用地建设租赁住房试点方案》的通知(国土资发〔2017〕100 号),确定第一批在北京、上海、沈阳、南京、杭州、合肥、厦门、郑州、武汉、广州、佛山、肇庆、成都等 13 个城市开展利用集体建设用地建设租赁住房试点。

② 温世扬、梅维佳:《宅基地"三权分置"的法律意蕴与制度实现》,《法学》2018 年第 9 期。

解农村闲置宅基地减量退出的资金压力,还可以适当缓解城镇建设用地不断增加的压力。其三,把宅基地"三权分置"改革与农村土地综合整治改革结合起来。2019 年新修订的《土地管理法》在明确坚持宅基地"一户一宅"不能突破的基础上,新增了在不能实现"一户一宅"的地区允许县级政府创新举措保障"户有所居"的例外条款。[①] 这一条款为农村宅基地的集约节约利用指明了方向、提供了法律保障,对于盘活利用闲置宅基地具有积极的促进作用,而且一定意义上也有助于农村土地综合整治改革的顺利实施。杭州天目山宅基地试点改革实践表明,把宅基地"三权分置"改革与农村土地综合整治改革有机结合起来,可以让宅基地制度改革发挥事半功倍的效果。"以一都村为例,通过盘活利用存量建设用地以及调剂置换等方式,不仅腾挪出了用于公寓楼及回迁安置小区的建设用地,让部分造不起房子或家庭条件比较困难的村民可以选择性地安置和调剂外,还打造了夏家民宿集群,切实地增强了村民改革的获得感和幸福感。"[②]总而言之,以促进闲置宅基地的盘活利用为切入口,推进宅基地"三权分置"改革与相关领域改革的协同融合,不断完善宅基地用益物权保障机制,不仅是积极响应党和国家统筹推进农村土地制度改革要求的必然选择,也是农村宅基地"三权分置"深入推进的客观需要。

---

① 《中华人民共和国土地管理法》(2019 年修正)第六十二条第二款规定:人均土地少、不能保障一户拥有一处宅基地的地区,县级人民政府在充分尊重农村村民意愿的基础上,可以采取措施,按照省、自治区、直辖市规定的标准保障农村村民实现户有所居。

② 章岚、杨文龙:《今年杭州将打造宅基地改革新样本 年底前登记发证率不低于75％》,《杭州日报》2018 年 3 月 30 日。

第六章　优先保障农村产业融合发展用地的制度创新及法治因应

　　近年来,随着我国城镇化和乡村振兴战略的深入推进,返乡下乡人员创业创新方兴未艾,农村产业融合发展,新产业新业态发展迅速,农村产业用地面临新困难新挑战,农村土地闲置与建设用地资源急缺的矛盾日益凸显,土地制度制约问题是反映比较集中的痛点和难点之一。针对用地难,2016 年 11 月,国务院办公厅印发的《关于支持返乡下乡人员创业创新促进农村一、二、三产业融合发展的意见》提道:"在符合土地利用总体规划的前提下,通过调整存量土地资源,缓解返乡下乡人员创业创新用地难问题。"2017 年中央一号文件提出,探索建立农业农村发展用地保障机制,重点支持农村三产融合发展。党的十九大报告提出,实施乡村振兴战略。其中重点强调要深化农村土地制度改革,促进农村一、二、三产业融合发展,支持和鼓励农民就业创业,拓宽增收渠道,建立健全城乡融合发展体制机制和政策体系,加快推进农业农村现代化。① 2018 年中央一号文件对实施乡村振兴战略做出细化部署,指出乡村振兴,产业兴旺是重点,并提出构建农村一、二、三产业融合发展体系。② 因此,实施乡村振兴战略的要点在于农村产业融合发展,而产业融合发展首先必须解决好农村产业用地保障问题。2019 年中央一号文件重点部署深化农村土地制度改革,并特别提出允许在县域内开展全域乡村闲置校舍、厂房、废弃地等整治,盘活建设用地重点用于支持乡村新产业新业态和返乡下乡创业。③ 针对破解乡村发展用地难

---

　　① 习近平:《决胜全面建成小康社会　夺取新时代中国特色社会主义伟大胜利——在中国共产党第十九次全国代表大会上的报告》,《人民日报》2017 年 10 月 28 日。

　　② 《中共中央　国务院关于实施乡村振兴战略的意见》(2018 年 1 月 2 日),《人民日报》2018 年 2 月 5 日。

　　③ 《中共中央　国务院关于坚持农业农村优先发展做好"三农"工作的若干意见》(2019 年 1 月 3 日),《人民日报》2019 年 2 月 20 日。

题,2020 年中央一号文件提出从农业设施用地管理、乡村全域土地综合整治、县乡级国土空间规划、乡村建设审批改革等方面创设条件,保障乡村产业发展用地,同时强调要完善乡村产业发展用地政策体系,抓紧出台支持农村一、二、三产业融合发展用地的政策意见。[①] 2021 年中央一号文件再次强调提出,优先保障乡村产业发展、乡村建设用地。[②] 当前我国已经到了城乡联动、融合发展的新阶段,进一步推进农业供给侧结构性改革和美丽乡村建设,引导和促进农村一、二、三产业融合发展,实现乡村全面振兴,必须坚持创新思维与法治理念,保障合理用地需求并切实加强土地管理,重视研究和探索农村土地制度及要素市场化配置法律问题。

进一步推进农村产业融合发展与土地政策创新,完善乡村产业发展用地政策体系,是深化拓展土地制度改革先行先试成果,把制度优势转化为治理效能的客观要求;是破解农村新产业新业态发展用地瓶颈、强化乡村振兴战略制度供给的重要内容,对于推进农村产业融合发展、乡村治理现代化具有重要的支撑和保障作用。浙江作为美丽乡村建设和土地制度改革的先导区,始终秉持"干在实处、走在前列、勇立潮头",积极稳妥地推进乡村振兴战略下农村土地制度创新,为促进乡村产业兴旺,保障农村产业融合发展用地积累了浙江素材、提供了浙江经验。当然,新时期新要求,推动农村产业融合发展用地供给侧改革,浙江还需再谋新篇。深入推进农村产业融合用地制度的改革创新,需要坚定扛起"三地一窗口"的政治担当和使命,坚持"窗口"标准,守住农村土地制度改革的"三条底线"。进一步创新和完善浙江省农村产业融合发展用地制度应该着力于进一步夯实土地产权制度,深化土地要素的市场化配置和政府有效监管改革,以实现农村产业融合用地的集约精准配置为落脚点,从健全乡村规划引领、催化农村土地流转、完善农村土地分类管理体系、加强全域土地整治、健全风险防控体系等方面系统发力。

---

① 《中共中央　国务院关于抓好"三农"领域重点工作确保如期实现全面小康的意见》(2020 年 1 月 2 日),《人民日报》2020 年 2 月 6 日。

② 《中共中央　国务院关于全面推进乡村振兴加快农业农村现代化的意见》(2021 年 1 月 4 日),《人民日报》2021 年 2 月 22 日。

第一节　农村产业融合发展用地
现状及制度需求分析

一、乡村振兴战略下农村产业融合发展用地现状

(一)用地方式呈现复合化态势

长期以来城乡二元结构导致广大农村土地的功能利用发挥相对单一,主要表现为农业生活或农业生产功能,但随着城乡融合和农业产业融合的不断推进,农村产业用地逐渐改变了过去功能单一的利用方式,同一地块会承担多重任务,农用、文旅、生活各种功能时常交织。如浙江省湖州安吉鲁家村田园综合体项目。鲁家村以"3+"模式(公司+村+家庭农场)并主要利用低丘缓坡、毛竹林等创建起了一个大型的家庭农场集聚区,该项目包含养殖种植、农产品加工储运、餐饮、观光休闲、庄园民宿、科普文教、技术研发等多种功能,涉及工业用地、商业服务业用地、设施农用地等多种土地利用类型。

(二)用地类型呈现多元化样态

农村产生了大量的新业态新产业,用地形态越来越复杂多样,出现了众多新型复合机构的用地方式,如坡地村镇、田园综合体、农业产业融合示范园等。"坡地村镇"是浙江省推出的"耕地保护、生态保护、发展保障"统筹并举的土地利用试点实践,是"点状布局"综合开发低丘缓坡的创新举措,对于解决乡村振兴战略发展中的用地难问题具有极强的示范推广价值。"田园综合体"在2017年的中央一号文件里被首次论及,从此"田园综合体"建设正式成为助推乡村振兴的重要载体和抓手。"一个完整的田园综合体应该包括六大功能:食物保障功能、就业收入功能、原料供给功能、旅游休闲功能、生态保育功能和文化传承功能。"[①]坡地村镇、田园综合体、

---

① 彭郭英:《以"土地整治+"理念助力田园综合体建设 推动乡村振兴发展》,《浙江国土资源》2018年第10期。

农业产业融合示范园是众多新型复合机构用地方式的典型。

（三）用地需求呈现扩大化趋势

随着乡村振兴战略的不断推进,各类资本对乡村发展抱有较高期待,乡贤回归、大学生回乡创业等现象逐渐增多,乡村旅游、农村电商、文化创意等农村产业发展欣欣向荣,农村产业兴旺发展给用地带来了更多的需求。农村产业融合发展用地不仅在需求总量上呈现出不断扩大的趋势,而且在项目用地面积上亦呈现出规模化发展的态势。农村产业融合发展促成了大量新产业新业态工程的出现,这些工程项目往往包含了种植养殖、农产品加工产销、旅游休闲、康养养老等多种功能,功能的多样化、产业的多元交融决定了项目经营规模必须达到一定的量级。浙江省在创建农村产业融合发展示范园方面走在了前列,2017 年有 6 个园区入选首批国家农村产业融合发展示范园创建名单。[①] 这些园区之所以能够入选国家级示范创建名单,规模效应是重要的考量因素之一。比如仙居仙台农村产业融合发展示范园,以两岸农业合作为亮点,是仙居台湾农民创业园的核心区,总面积达 7200 亩。

二、乡村振兴战略下农村产业融合发展用地的制度需求分析

（一）明晰的农村土地产权制度

新时代农村产业融合发展对农村土地制度深化改革提出了全方位的要求。破解农村产业融合发展用地难题首先需要进一步完善农村土地产权制度。清晰的土地产权是土地要素市场化配置的前提,也是保障农村产业融合发展用地有效供给的重要基础。早在 2009 年,农业部正式开始推动农村土地确权的试点工作。此后土地确权问题不断受到更多的重视,针

---

① 国家发展改革委、农业部、工信部等 7 部委联合印发了《首批国家农村产业融合发展示范园创建名单的通知》(发改农经〔2017〕2301 号),浙江省发展改革委牵头相关厅局申报的湖州市德清东衡农村产业融合发展示范、湖州市安吉"田园鲁家"农村产业融合发展示范、杭州余杭区大径山乡村休闲旅游示范、金华市武义农村产业融合发展示范园、台州市仙居农村产业融合发展示范园等 5 个试点全部列入首批国家农村产业融合发展示范园创建名单。宁波申报的"城市田园·欢乐乡村"农村产业融合发展示范园也列入名单。

对农村土地确权工作的有序开展,《国土资源部农业部财政部关于加快推进农村集体土地确权登记发证工作的通知》(国土资发〔2011〕60 号)、《国土资源部中央农村工作领导小组办公室财政部农业部关于农村集体土地确权登记发证的若干意见》(国土资发〔2011〕178 号)先后发布。2013 年中央一号文件要求土地确权登记工作全面展开,针对农村土地承包经营权确权登记要求在 5 年内基本完成,而宅基地确权登记要求在地籍调查的基础上尽快完成。2013 年党的十八届三中全会在强调市场对资源配置的决定性作用的同时,针对农村经济改革提出要让农民"赋权增能",建立规范、透明、公正的农村产权交易市场及运行机制。这不仅为农村土地确权指明了方向,也为农村土地确权工作的快速发展给予了坚实的政治保障。在此背景下,农村的土地确权工作开始从零星试点进入全面铺开的加快推进时期。2014 年 11 月,中共中央办公厅、国务院办公厅印发《关于引导农村土地经营权有序流转发展农业适度规模经营的意见》(中办发〔2014〕61 号)提出:"用 5 年左右时间基本完成土地承包经营权确权登记颁证工作,妥善解决农户承包地块面积不准、四至不清等问题。"2019 年底全国农村的土地承包经营权确权登记工作基本完成。[①] 针对宅基地确权登记问题,国家相关部门根据实际情况作出了相应的规范要求,《国土资源部 财政部 住房和城乡建设部 农业部国家林业局关于进一步加快推进宅基地和集体建设用地使用权确权登记发证工作的通知》(国土资发〔2014〕101 号)、《国土资源部关于进一步加快宅基地和集体建设用地确权登记发证有关问题的通知》(国土资发〔2016〕191 号)先后发布。但过去很长一段时间里党和国家并没有提出明确的宅基地确权登记完成时间表,直到 2019 年中央一号文件明确提出,力争 2020 年基本完成宅基地确权登记工作。

浙江省在土地确权登记方面走在全国前列。2015 年浙江省委办公厅、浙江省政府办公厅发布的《关于引导农村土地经营权有序流转 促进农业现代化建设的若干意见》(浙委办发〔2015〕31 号)针对土地承包经营权确权登记提出用 3 年左右时间基本完成。浙江省不仅稳健推进土地承包经营权确权登记的率先完成,而且同步推进宅基地确权登记工作走在全国前列。2014 年浙江省人民政府办公厅发布了《关于加快推进全省农村宅基地确权登记发证工作的意见》(浙政办发〔2014〕73 号)。2017 年

---

① 《今年底将基本完成全国农村土地承包经营和确权登记颁证工作》,http://news. youth. cn/gn/201903/t20190309_11891584。

浙江省人民政府办公厅发布了《关于做好农村宅基地及住房确权登记发证工作的通知》，该通知提出力争到 2019 年底基本完成农村宅基地确权登记工作。经过两个"三年行动"，2020 年浙江省宅基地房地一体确权登记已基本完成。① 基本完成并非意味着所有问题都已得到妥善解决，目前来看，清晰的农村土地产权制度建设依然任重而道远。首先，确权信息的互联互通和确权成果应用机制还有待完善。农业农村部在 2020 年农业农村政策与改革相关重点工作中明确提出"推动承包地确权登记颁证信息平台互联互通，鼓励在土地经营权融资担保、农业保险、农业补贴、耕地轮作休耕、乡村产业规划编制等多领域应用承包地确权成果"②。其次，随着宅基地"三权分置"改革的深入推进，如何从法理上厘清宅基地所有权、资格权和使用权的关系，并从制度上给予合理安排还存在较多争议。针对宅基地所有权、资格权和使用权的登记理论界有不同看法，实践中存在着不同的操作模式。最后，关于农村土地财产权益在农村集体和农户之间的利益分配界定制度尚不完善。根据我国《宪法》的相关规定，农村土地归集体所有。但针对农村土地农户可获得土地承包经营权、宅基地资格权和使用权。农村土地制度改革激活了土地要素，盘活了农民财产权益。农村集体和农户之间因土地财产权益分配产生的矛盾随之显化。农地"三权分置"改革后，如何公平界定农村集体和农户之间的利益分配关系还存在一些模糊地带。

（二）顺畅的土地流转机制

乡村产业融合发展对用地规模和数量的需求呈现出扩大化趋势，传统"细碎化、小规模"的农村土地利用模式显然无法满足这种需求，客观上也制约了现代乡村产业的规模化经营。近年来，党和国家高度重视乡村产业振兴，稳步推进乡村产业的规模化经营，党的十九大明确要求"构建现代农业产业体系、生产体系、经营体系，完善农业支持保护制度，发展多种形式

---

① 《浙江宅基地房地一体确权登记基本完成》，http://zrzyt. zj. gov. cn/art/2020/6/2/art_1293699_44633501. html.

② 农业农村部政策与改革司：《农业农村部办公厅关于做好 2020 年农业农村政策与改革相关重点工作的通知》，http://www. zcggs. moa. gov. cn/gzdt/202003/t20200311_6338635. htm.

适度规模经营"①。乡村产业适度规模经营的有序推进很大程度上依赖于土地的供给侧改革,需要流畅的农村土地流转制度作为支撑。但实践表明当前的农村土地流转形势尚不尽如人意。首先,土地流转率不高。农村产业融合发展与农村土地分散小户经营之间存在矛盾。现代农业发展强调一定规模、强调聚集,资本下乡对土地规模有一定的要求,但现有土地经营呈现出点、散状态,不利于农村产业融合发展的现代化。"土地流转是实现规模化经营的前提之一,然而土地流转中却出现大量小农复制,从而影响土地流转的质量和效果。"②在土地流转收益不高以及农户抗社会风险能力不强的情况下,农户自愿流转土地经营权的意愿并不强烈,因此土地确权在极大保障农户土地产权的同时,亦可能会对土地经营权流转产生阻碍作用。调研发现当前一部分农民存在着恋土情节,宁愿粗放经营,也不愿意土地流转;有农民对土地利用有过高的增值收益预期,宁愿撂荒也不愿意流转;还有农民预判土地流转后的不确定性风险过高会影响未来生计,因此不敢参与土地流转。与此同时,虽然因超占、多占及城市融入等各种主客观因素导致宅基地及农房闲置的现象广泛存在,但由于宅基地对于农户所具有的"身份福利性",关于宅基地及农房的"退、流、用"依然困难重重。其次,土地流转方式单一。乡村产业融合发展不仅对土地流转规模有一定的要求,而且对土地流转方式亦具有一定的选择偏好。当前很多地方在土地流转方式上选择出租、转包等运作模式的比较多,而选择土地入股流转的相对较少。推进乡村产业适度规模经营,保障农村产业融合发展用地的有效需求,亟待构建顺畅的土地流转机制。

（三）节约集约化的土地利用机制

浙江工业企业推进"亩产论英雄",针对的就是如何提高土地利用效益和产出问题。与工业企业用地一样,乡村产业融合发展用地亦需遵循土地节约集约原则,在土地资源相对稀缺的浙江省,这种要求表现得更加明显。乡村产业融合发展必然会适度提升农村产业规模,进而带动用地数量和规模需求的不断攀升。但土地作为人类赖以生存的自然资源,具有不可移动

---

① 习近平:《决胜全面建成小康社会　夺取新时代中国特色社会主义伟大胜利——在中国共产党第十九次全国代表大会上的报告》,《人民日报》2017年10月28日。

② 郑阳阳、王丽明:《土地流转中为什么会形成大量小农复制》,《西北农林科技大学学报(社会科学版)》2020年第4期。

性和稀缺性,因此乡村产业融合发展用地供给也要受到相应主客观条件的制约和限制。进一步而言,在不断满足乡村产业融合发展用地的规模需求之时,还需认真考量如何提高土地利用效益。但调研发现,在农村产业融合发展中乡村产业经营主体的用地规模不断扩大,占有占用土地越来越多、越来越大,但土地集约节约利用问题并没有引起同等重视,土地资源浪费、土地利用效益偏低的情况始终存在。其一,乡村产业融合发展的同质化现象比较突出。一些地方以推进农村产业融合发展,创造新产业新业态为名头,推出一些形象工程、"盆景"项目,造成土地被圈占,土地利用低效化。其二,科技助推乡村产业发展的步伐依然滞缓,乡村产业融合发展的现代化水平不够凸显,传统乡村产业用地模式导致土地集约节约利用成效差强人意。

（四）合理有效的用地指标配给制度

建设用地指标化管理是我国长期以来推行的土地利用管制模式,是国家严控农地非农化利用规模、防止耕地资源流失的重要手段。长期以来,在城乡二元的时代背景下,建设用地指标集中用于城镇化建设,广大农村成为被遗忘的区域。2019年《土地管理法》未修订之前,农村集体所有的土地使用权原则上被禁止流转用于非农建设,在土地利用年度计划里也不会对农村集体经营性建设用地做出安排。在农村土地财产权益"沉睡化"以及农业经营模式相对单一的情况下,这种建设用地指标配置方式并不会引发太多的社会关注和正当性质疑。但随着城乡融合和农村土地制度改革的深入推进,农村土地的财产权益愈发凸显,各类乡村新产业新业态蓬勃发展,忽视乡村产业需求的建设用地指标配置机制显然难以继续有效运行。

（五）完善的农地资本化利用保障制度

党的十九大报告明确提出:"深化农村集体产权制度改革,保障农民财产权益,壮大集体经济。"[①]改革农村集体产权制度不仅要求达到"归属清晰""保护严格",还需做到"权能完整""流转顺畅"。实现改革目标,必须高度重视农村集体土地的资源性特征,用法治思维和法治方式审视和推进农

---

① 习近平:《决胜全面建成小康社会　夺取新时代中国特色社会主义伟大胜利——在中国共产党第十九次全国代表大会上的报告》,《人民日报》2017年10月28日。

村集体土地的市场化利用。农村土地作为农村集体的资源性资产,在壮大集体经济、增加农民财产性收入方面发挥着至关重要的作用。农村土地资本化利用实质上是农村集体土地使用权的市场化运作,体现了土地要素的市场化配置,亦是实现农民土地财产权价值最大化的重要路径。农村土地资本化利用有助于实现乡村产业的规模化、集约化经营,有助于推动乡村产业融合发展。《中共中央关于全面深化改革若干重大问题的决定》对农地资本化利用改革做出了全面的部署。① 晚近,国家通过修订《农村土地承包法》(2018 年)、《土地管理法》(2019 年)对农村土地资本化利用的部分改革成果进行了确认。2020 年 3 月 30 日,《中共中央 国务院关于构建更加完善的要素市场化配置体制机制的意见》重点强调了土地要素市场化配置的改革深化。由此可见,推进土地要素的市场化改革,让农民拥有更多的财产权利是当前我国农村土地制度改革的重要战略方向。当然,任何改革都不可能一蹴而就,尤其对重要且复杂的农村土地制度改革而言。为了盘活土地资源要素市场,放活土地经营权、宅基地使用权,推进农地资本化利用,党和国家创新推进农村土地"三权分置"改革(包括承包地"三权分置"和宅基地"三权分置")。实践表明,"三权分置"改革对于推进农地资本化利用已经开始发挥积极的作用。但当前关于"三权"的法理定位尚存在较大争议,相关法律与政策对"三权"的界定亦不甚清晰。尽管"三权分置"改革为农村土地资本化奠定了一项政策基础,但现行法律法规和政策对农村土地资本化中的产权权能界定存在漏洞或模糊处理的情形,因而农村土地资本化改革仍然缺乏系统的制度框架,导致在一些地方的实践中存在争议和障碍。② 推动乡村产业融合发展,保障乡村产业融合发展的合理用地需求,亟待建立健全农地资本化利用保障制度。

---

① 《中共中央关于全面深化改革若干重大问题的决定》明确提出:"建立城乡统一的建设用地市场……在符合规划和用途管制前提下,允许农村集体经营性建设用地出让、租赁、入股,实行与国有土地同等入市、同权同价","加快构建新型农业经营体系……赋予农民对承包地占有、使用、收益、流转及承包经营权抵押、担保权能,允许农民以承包经营权入股发展农业产业化经营","赋予农民更多财产权利……保障农户宅基地用益物权,改革完善农村宅基地制度,选择若干试点,慎重稳妥推进农民住房财产权抵押、担保、转让,探索农民增加财产性收入渠道"。

② 胡历芳:《中国农村土地资本化中"三权"的权能及边界》,《农村经济》2020 年第 5 期。

第二节　农村产业融合用地制度创新的浙江实践

浙江是一个资源小省,必须在土地要素创新利用上有所作为。2004 年时任浙江省委书记习近平强调:"土地要素制约是我省一个硬制约,不管宏观调控力度强弱,都可以很明确地讲,过去那种放开手脚用地的日子已经一去不复返了。对此,不要抱任何幻想,不要以为'躲得了初一,十五就好过了',要长期从紧过日子。因为事实明摆着,我们浙江就这么一点地。"① 近年来,浙江省在农村产业融合、城乡融合发展方面始终走在全国的前列,为了解决农村产业融合发展的用地保障问题,浙江省委省政府高瞻远瞩、积极谋划,浙江省政府办公厅先后发布了一系列规范性文件。② 在此背景下,许多县市结合当地实际积极开展农村产业用地制度创新。

一、设施农用地形塑新业态的武义试点

武义县位于浙江中部,是典型山区县,耕地资源比较贫乏,最早开展下山脱贫工作。近年来,武义县立足于自身的区域特点、资源禀赋,以规划引领、易地搬迁为契机,在推进全域旅游和农村产业融合发展方面不断创新机制,勇谋新篇,跻身成为国家级农村产业融合发展试点示范县、浙江省深化省级旅游综合改革试点县。当然,随着改革的不断深入,农村产业发展不断迭代升级,美丽乡村建设活力焕发,农村产生了大量有关公共服务、休闲旅游、农业新产业等方面的设施用地需求,但是根据当前相关法律政策及其形塑的单一区隔的类型化用地管理模式,这些新兴的产业融合用地难以得到有效的规范调整。为了推进乡村产业的健康可持续发展,打破土地资源要素的瓶颈,2017 年 6 月金华市武义县经上级批准成为浙江省唯一的

---

① 习近平:《之江新语》,浙江出版联合集团、浙江人民出版社,2007。

② 参见《关于加快推进农村一二三产业融合发展的实施意见》(浙政办发〔2016〕158 号)、《关于做好低丘缓坡开发利用推进生态"坡地村镇"建设的若干意见》(浙政办发〔2018〕64 号)、《关于实施全域土地综合整治与生态修复工程的意见》(浙政办发〔2018〕80 号)等。

农村产业融合发展用地创新试点地区,试点期至 2020 年 7 月 31 日。① 为了推进相关试点工作的规范化运行,武义县先后发布了《武义县人民政府关于农村产业融合发展用地创新试点的指导意见》(武政发〔2017〕80 号)和《武义县农村产业融合发展用地创新试点实施细则(试行)》(武政办〔2017〕105 号)。武义县的农村产业融合发展用地试点总面积可观,达 13000 亩左右。经过创新机制、规范发展,武义县在创建县域"大花园"、推进全域旅游发展方面的用地需求得到极大缓解。产业融合用地创新试点促进了武义县农业现代化水平的不断提升,2019 年 2 月,武义县被认定为"国家农村产业融合发展示范园"。②

既让改革"于法有据",不违背现行法律政策的精神,又能满足农村产业融合发展的现实需要,让农村产业融合用地市场规范发展是武义县开展相关创新试点的立足之处。在农村产业融合发展的背景下如何规范农村各种设施用地的分类合理利用,回应农村新业态新产业用地需求是武义县农村产业融合用地创新试点需要解决的关键问题。武义县以问题为导向,积极整合各类政策,创新土地管理方式,提出了适合农村新业态新产业发展的土地供给改革方案。首先,为了规范各种设施用地的合理合法利用,根据土地用途管制要求和农村新业态用地特征,在框定试点范围的基础上,武义县把农村产业融合发展新业态用地分为两大类型:一是产业用地,此类设施建设项目具有永久性,按建设用地管理;二是配套用地,主要表现为农村各类景观与生态用地,此类设施建设项目只是临时改变农用地用途,因此按原地类管理。武义县秉持分类处理的试点原则,立足于农村公共服务及配套设施延伸、乡村休闲旅游建设、农业产业发展等三方面的范围框架,把农村产业融合发展新业态用地项目细化为 16 种类型,并分别做出相应的规范界定、导引和要求。在开展政策创新试点过程中,武义县非

---

① 2017 年初,武义县开启了农村产业融合发展用地创新的调查论证工作,形成了《武义县农村产业融合发展用地创新实施意见》,5 月 2 日将实施意见上报浙江国土资源厅请求开展试点。同年 6 月,浙江省国土资源厅下发批复函,即《浙江省国土资源厅关于武义县农村产业融合发展用地创新试点的复函》(浙土资函〔2017〕30 号),同意武义县正式开展试点工作。

② 国家发展改革委、农业农村部、工业和信息化部、财政部、自然资源部、商务部、文化和旅游部等七部门联合印发了《关于印发首批国家农村产业融合发展示范园名单的通知》(发改农经〔2019〕245 号),金华市武义县国家农村产业融合发展示范园等 100 个单位被认定为首批国家农村产业融合发展示范园。

常重视内外协同。一方面,注重与土地利用规划及土地利用综合整治的协同联动。积极试点编制村级土地利用规划,发挥规划的刚性引领作用,为产业融合发展用地规范试点框定边界条件。同时,结合美丽乡村、美丽田园建设,积极开展农村土地综合整治,推进土地复垦和高标准农田建设,优化土地利用的条件,集约节约利用土地,打破建设用地占补平衡的制约,为乡村产业融合发展用地拓展资源、提供保障。另一方面,注重对现有政策的整合和引用,把浙江省"坡地村镇"政策创新中的"点状供地""垂直开发""征转分离""分类管理"等理念和技术导入了乡村产业融合发展用地政策创新试点。在试点过程中武义县积极贯彻绿水青山就是金山银山理念,始终坚持生产、生活、生态"三生"空间的融合发展思路,在为农村产业融合发展用地做出相应规范界定、导引的同时,还制定了严格的负面清单。[①]　武义县通过对相关政策的整合和创新实现了乡村产业融合用地的分类导引和规范管理,不仅解决了历史遗留问题,而且为乡村产业融合发展用地疏通了制度化的供给通道。

二、农业产业融合项目建设"标准地"(简称农业"标准地")的湖州经验

从时空发展维度上来看,湖州市率先开展的农业"标准地"改革是对工业项目"标准地"改革成功经验的借鉴和延伸。工业项目"标准地"改革试点始于 2017 年 8 月,当时湖州市德清县在浙江省发改委的指导下推出全国首宗"标准地"。之后不久,工业项目"标准地"改革迅速在浙江全省推广实施。2018 年 7 月,浙江省人民政府办公厅专门发布了《加快推进"标准地"改革的实施意见》(浙政办发〔2018〕73 号),明确要求 2018 年重点区域里 30% 的新批工业项目供地推行"标准地"制度,2019 年在重点区域全面实施工业项目"标准地"改革。所谓工业项目"标准地",是指在完成区域评估基础上,按照投资、能耗、环境、建设、亩均税收等系列标准进行出让并实行对标管理的国有建设用地。[②]　工业项目"标准地"制度是对

---

① 《武义县农村产业融合发展用地创新试点实施细则(试行)》(武政办〔2017〕105号)明确规定:禁止占用永久基本农田、粮食生产功能区、自然生态红线区、重要水域,禁止建设商品住宅、高档别墅、高尔夫、赛马场等项目,限制占用耕地(水田)。

② 浙江省发展和改革委员会投资处:《以"标准地"制度撬动高质量发展 打造"最多跑一次"改革新名片》,《浙江经济》2018 年第 14 期。

浙江省"最多跑一次"改革的深化升级,促进了营商环境的优化,极大地提高了土地利用效率,有助于深化"亩均论英雄"改革。工业项目"标准地"制度理念对于推进农业产业融合用地供给侧改革无疑具有极强的借鉴意义。

在城乡融合、产业融合不断推进的时代背景下,乡村产业兴旺面临着土地资源要素供给与需求失衡的窘境。一方面,农村产业融合发展急需适宜的设施用地、建设用地;另一方面,农村土地闲置、低效化利用情况不容乐观。为了化解乡村产业融合用地的供需矛盾,湖州市在工业项目"标准地"制度改革基础上,以"大棚房"专项整治为契机,趁着推进乡村产业振兴、创建乡村振兴战略示范区的时代机遇,率先推出农业"标准地"政策创新实施方案。2019 年 3 月 28 日,浙江省人大常委会批准了湖州市人大常委会制定的《湖州市美丽乡村建设条例》(简称《条例》),该《条例》系美丽乡村建设方面的全国首部地方性法规。《条例》为乡村产业融合发展用地制度创新确立了基础性的地方性法律支撑,其第三十三条第二款规定:"各级人民政府应当依照法律、法规和有关规定,预留用地空间,安排一定的用地指标,保障现代农业和新产业、新业态用地。"在此基础上,2019 年 8 月,湖州市人民政府办公室发布了《关于保障农业产业融合项目建设"标准地"促进乡村产业振兴的通知》(湖政办便函〔2019〕22 号),正式开启了农业"标准地"的湖州探索。随后,农业"标准地"试点改革在湖州各地有序落地推行。2019 年,经过申请、申报、乡镇推荐、部门初审、陈述答辩和审核等环节,湖州市先后立项了两批共计 81 个农业"标准地"项目,面积达 399.132 亩。2020 年 5 月 8 日,湖州市安吉县正式挂牌出让农业"标准地",这是全国首宗以农业"标准地"的形式挂牌出让集体经营性建设用地的行为。该出让地块位于鲁家村,该村村股份经济合作社为出让方,土地性质为集体经营性建设用地,出让面积 693 平方米,年限 38 年,起始价33.6105 万元,土地可用于旅游及其他商服目的。① 安吉县试水的农业集体经营性建设"标准地"挂牌入市具有极强的示范意义,对于进一步推动集体经营性建设用地自主入市和激活乡村振兴的内生动力具有重要意义。

---

① 《浙江省安吉县集体经营性建设用地(农业"标准地")使用权挂牌出让公告》〔安集土让字(2020)第 001 号〕。经安吉县人民政府核准,安吉县递铺街道鲁家村村股份经济合作社决定以挂牌方式出让一宗地块的集体经营性建设用地(农业"标准地")使用权,http://www.ajztb.com/jyxx/003006/003006006/003006006001/20200507/a303da9d-78e4-47d4-8c5e-8d62a1c7b21f.html。

湖州农业"标准地"制度创新是对国家推进城乡融合发展实验的有效回应和具体落实①,不仅能够有效解决农业经营主体"用地难"问题,也有助于农村产业融合发展用地集约节约利用。湖州市人民政府从准入标准、用地额度、使用要求、规划空间保障、建设用地新增指标保障、事后监管等方面对农业"标准地"的具体实施做出了全面规范。从政策设计上,湖州的农业"标准地"创新充分统筹政府调控和市场配置资源两方面作用,是一种以市场效益为导向,配置亩均投资和亩均产值标准的农村产业融合发展建设用地供地模式。首先,严格市场准入条件和用地额度。农业"标准地"作为优先保障的乡村新产业、新业态建设用地,在实施主体、用地额度上要受到严格的条件约束。实施主体在乡村三产融合项目经营上需具有一定的能力和优势,须取得区县级以上示范、重点或"大好高"农业经营项目主体认定,亩均投资和产值均要达到50万元以上,对当地就业和农户致富发挥带动作用。相比项目流转总面积,农业"标准地"的申请标准不能超过其2%,原则上单个项目用地不超过5亩。其次,严格使用要求。农业"标准地"可以选择使用农村集体和国有两种建设用地,由农村集体经济组织提出用地需求。项目投资主体使用农业"标准地"需接受针对亩均投资和亩均产值等设置的标准约束,需做出投资承诺,同时与村集体经济组织、乡镇政府(街道办事处)签订投资建设合同。再次,明晰供给保障路径。以国土空间规划编制、全域土地综合整治、"坡地村镇"建设为契机,畅通农业"标准地"供给的规划空间。与此同时,确立建设用地指标新增的保障方式。最后,严格事后监管。对农业"标准地"使用开展全流程监管,加大专项执法监督检查力度,建立守信激励、失信惩戒的保障机制。

三、激活闲置农房及宅基地发展农村新业态的绍兴经验

在强化耕地保护、生态环境保护和农村集体土地财产权益保障的时代

---

① 2019年12月19日,国家发展改革委、中央农村工作领导小组办公室、农业农村部、公安部、自然资源部、财政部、教育部、国家卫生健康委、科技部、交通运输部、文化和旅游部联合发布了《关于开展国家城乡融合发展试验区工作的通知》(发改规划〔2019〕1947号),确定了11个国家城乡融合发展试验区,其中包括浙江嘉湖片区(嘉兴市全域、湖州市全域)。浙江嘉湖片区的试验重点为建立进城落户农民依法自愿有偿转让退出农村权益制度;建立农村集体经营性建设用地入市制度;搭建城乡产业协同发展平台;建立生态产品价值实现机制;建立城乡基本公共服务均等化发展体制机制。

背景下,化解农村一、二、三产业融合发展用地保障难题关键要坚持供给侧改革思路。改革开放以来,浙江省的乡村改革发展一直走在全国前列。从1985年开始,浙江省的农村居民人均收入连续34年居于全国各省(区)之首。[①] 当然在农村居民收入来源中,工资性收入始终占主导地位,而财产性收入占比相对较少。但与此同时,长期以来作为农村居民重要资产的宅基地及地上农房闲置现象一直比较突出,农村集体作为宅基地所有权的主体难以发挥促进资产增收的主导作用。为了改变这一现状,增加农村居民的财产性收入,促进乡村产业振兴,绍兴市于2017年3月开始谋划闲置宅基地及农房激活计划,鼓励农村集体吸引社会资本合作开发利用闲置宅基地及地上农房。2017年6月,绍兴市的上虞、柯桥两区先行试点。经过前期的酝酿谋划及试点探索,2018年1月10日,中共绍兴市委办公室、绍兴市人民政府办公室联合发布了《关于实施"闲置农房激活计划"的指导意见》(绍市委办发〔2018〕1号)(简称《指导意见》),不仅要求上虞、柯桥两区进一步稳妥推进试点探索、总结经验,同时支持鼓励其他各区、县(市)积极开展实施"闲置农房激活计划"。该意见明确了闲置农房激活的总体要求、主要目标、工作举措和组织保障,提出通过三年时间的创新探索,总结构建出基本完善的闲置农房激活机制。绍兴市实施的闲置宅基地及农房激活计划对于破解乡村产业融合发展用地保障难题具有较强的积极意义,是典型的土地资源供给侧改革方案。"闲置农房激活"不是简单地把闲置农房出租,而是要大力推进一、二、三产业融合发展,大力发展观光农业、创意农业,把农业园打造成旅游景区。[②]

绍兴市的"闲置农房激活计划",在规范性文件的题目表述上虽只有"闲置农房激活"的字样,但按照房地一体的登记原则,实质上是闲置宅基地及农房的激活计划。进一步而言,"闲置农房激活计划"是主要依托闲置宅基地及农房破解农村一、二、三产业融合发展用地保障难题的创新计划。从法理上来看,绍兴市的"闲置农房激活计划"是盘活农村集体土地财产权和农民房屋财产权,放活宅基地及农房的有益探索。从时空维度和逻辑构造上来看,绍兴市的"闲置农房激活计划"体现了对义乌市宅基

---

① 国家统计局浙江调查总队:《革新图强七十载 农民生活大变样——新中国成立70周年之浙江农村居民生活变迁》,http://tjj. zj. gov. cn/art/2019/9/27/art_1684817_38492399.html。

② 徐勇:《以"一二三四"推进闲置农房激活工程》,《绍兴日报》2018年1月28日。

地"三权分置"改革的借鉴和改造。2015年4月,义乌市发布的《关于推进农村宅基地制度改革试点工作的若干意见》(简称《若干意见》)提出:"在落实宅基地所有权和保障集体经济组织成员资格权的前提下,允许宅基地使用权通过合法方式有条件转让。"这一提法创造性地开启了宅基地"三权分置"的改革之路。当然,绍兴柯桥区探索开展的"三权分置"与义乌市的宅基地"三权分置"改革相比,在表述上有一些区别。根据义乌市发布的《若干意见》的规定,义乌宅基地"三权分置"意指"宅基地所有权、资格权和使用权"分置。而根据绍兴市发布的《指导意见》的规定,绍兴市柯桥区"闲置农房激活计划"中的"三权分置"意指"宅基地所有权、农民房屋财产权、房屋使用权"分置。当然按照房地一体原则,农民房屋财产权和使用权的激活显然无法绕开作为依托的宅基地。"闲置农房激活计划"中的"宅基地所有权、农民房屋财产权、房屋使用权"的"三权分置"只不过是宅基地"三权分置"改革的拓展表述。不过,立足于"闲置农房激活计划"的整体视角,二者在使用上的确存在一些细微区别。"闲置农房激活计划"中的"闲置农房"范围较广,涵盖乡村范围内所有产权清晰、使用安全、建造于集体土地上的闲置房屋及配套设施,除去闲置农林设施用房,包括农村集体和农户闲置房屋。按照现行法律规定,宅基地使用遵循"一户一宅"的原则,宅基地是农村家庭户建造住宅用房而占用的集体土地。由此可见,闲置农房所依托的集体土地虽然主要表现为农村宅基地,但并不限于宅基地,还包括少量的其他农村集体建设用地。因此,从这一点而言,"闲置农房激活计划"通过凸显"闲置房屋"概念不仅让"三权分置"发生了话语表达上的嬗变,而且也使"三权分置"改革的使用范畴产生了进一步拓展。

第三节　乡村振兴战略下"坡地村镇"建设的浙江探索

土地是经济社会发展的基础性要素,农村土地制度改革不仅需要坚守"三条底线",还需要发挥释放农村产业融合发展的用地保障作用。在强调"人地和谐,生命共同体"的新时代,如何走出一条"耕地保护、生态保护与发展保障"协调推进的土地开发利用之路,是当前亟待解答的现实问题。

2015 年,浙江开始试点探索"坡地村镇"项目,尝试在一些条件适宜的低丘缓坡上开发建设美丽村镇,发展乡村旅游、生态休闲、养生养老等新业态和生态经济。试点以来,"坡地村镇"建设对促进浙江省乡村产业兴旺,推进农村产业融合、城乡融合发展发挥了积极的作用,产生了良好的示范价值,是"根植于中国乡村振兴的地方实践"①。当前,从法治的视角提升浙江省"坡地村镇"发展经验,对于破解当前农村产业融合发展用地瓶颈,推进农村土地制度创新改革步伐,规范用地行为,有效落实乡村振兴战略具有较强的理论和实践意义。

一、绿水青山就是金山银山理念引领下浙江省"坡地村镇"试点实践的发展脉络

浙江作为一个多山少田的省份,在经济快速发展的过程中,计划性用地指标严重透支,建设用地需求旺盛与供给短缺的矛盾长期相伴相随。为了保护耕地,集约节约用地,纾解建设用地供需矛盾,拓展用地空间,浙江省在总结国内外低丘缓坡土地开发经验的基础上,积极开拓思路,通过综合开发利用低丘缓坡走出了一条具有示范意义的城乡产业融合土地保障创新之路。

(一)试点"台地产业":缓解用地瓶颈的浙江"双保"实践

"民以食为天",耕地是粮食生产的基石,对耕地做出特殊的关照至关重要,我国《土地管理法》对耕地保护做出了特殊的管控安排,确立了"耕地占补平衡"制度。随着工业化、城镇化的快速发展,耕地保护与保障发展的关系日趋紧张,在"耕地占补平衡"制度约束下,土地开源成为地方政府的头等大事。浙江省积极拓展思路,探索产业上山,开发利用低丘缓坡,建设工业园区。2002 年浙江省丽水市最早开启了低丘缓坡的综合利用探索。经过四年的开发建设,丽水市在南城新区的低丘缓坡上整理出了大量的建设用地,最后在此基础上建成了水阁工业新区。丽水的探索为浙江省土地资源管理创新提供了较好的实践基础,为了满足经济社会发展对建设用地

---

① 徐建牛、李敢:《"坡地村镇"与乡村振兴的浙江探索——"本土化逆城镇化"现象的社会学分析》,《中国民政》2018 年第 10 期。

的旺盛需求,实现浙江省域的"耕地占补平衡",浙江省政府审时度势,先后出台一系列土地整理开发的规范性文件①,并开始在全省推动综合开发低丘缓坡的试点工作。2006 年,浙江省丽水市的南城新区成为全省的首个试点区域,全域综合开发低丘缓坡。为了推动相关试点工作有序开展,2010年浙江省政府办公厅发布了综合开发低丘缓坡的十年规划(2010—2020年),从建设用地与耕地垦造两个方面提出了浙江省低丘缓坡综合开发的思路、重点布局及要求。在此过程中,浙江省综合开发低丘缓坡的试点经验亦引起了国家的关注,2012 年国土资源部开始在全国推进实施低丘缓坡开发利用试点工作。丽水成为全国首批试点地市,3707 公顷的控制区块被批准允许进行试点综合开发。无论是早期的自主探索,抑或后期的试点实践,"台地产业"试点实践始终是浙江省综合开发低丘缓坡的主导模式,即把宜建的低丘缓坡开发为建设用地的过程中,需要削峰填谷,根据坡度地形的具体情形,把其平整成为适用于工业产业、城镇建设发展的土地资源。

(二)从"台地产业"到"坡地村镇":综合开发低丘缓坡的"生态化升级"

习近平同志在浙江工作期间,非常注重生态文明建设,强调绿色发展,提出了绿水青山就是金山银山理念。② 在该理念的指引下,浙江省的低丘缓坡开发始终坚持开发与生态保护相结合的原则。当然,党的十八大以后,随着生态文明建设越来越受到重视,环境保护的力度不断加大,原来成片开发利用低丘缓坡的"台地产业"试点模式逐渐显现出一定的弊端。2015 年,为了进一步推进低丘缓坡的"生态化"开发利用,在总结"台地产业"试点经验的基础上,浙江省开始探索实施"坡地村镇"试点

---

① 浙江省先后发布了《关于科学开发利用滩涂资源的通知》(浙政发〔2005〕34号)、《关于推进低丘缓坡综合开发利用工作的通知》(浙政发〔2006〕20 号)、《浙江省滩涂资源开发利用实施意见》(浙政办发〔2006〕47 号)、《浙江省人民政府办公厅关于进一步做好低丘缓坡综合开发利用工作的通知》(浙政办发〔2008〕84 号)。

② 中共浙江省委理论学习中心组:《中国特色社会主义在浙江实践的重大理论成果——学习〈干在实处走在前列〉和〈之江新语〉两部专著的认识和体会》,《浙江日报》2014 年 4 月 4 日。

工作。① 为了防止成片开发对环境带来的破坏,"坡地村镇"采用"点状供地"的方式,而且不再"削峰填谷"。"坡地村镇"开启了土地资源开发利用的新天地,通过坚持"零占用耕地、少占用农用地"的原则让耕地保护更有效,通过"充分利用林地、园地及未利用地"让新型城镇化、乡村振兴发展获得宝贵的土地资源支撑。"'坡地村镇'让土地开发利用方式实现了根本转变。以国际帐篷露营基地为例,这个项目规划总面积 1200 亩,按照原来的供地方式,需要征占 1200 亩,但现在实际只占用用地指标 21 亩,其他生态保留用地采取租赁的方式供地。"②至为关键的是,"坡地村镇"试点坚持依法而行的原则,符合新时代耕地占补平衡的价值导向③,并没有对现行土地法律法规造成破坏性的冲击。

二、浙江省"坡地村镇"创新实践的制度架构和运行机制

(一)建设布局上探索实施"多规合一、点状布局"的生态化机制

长期以来,我国政府制定的各种规划种类繁多,受"条块分割"管理体制的制约,市县空间区域内的各类规划有时会出现相互冲突、难以衔接的现象。"多规之间的不衔接乃至冲突"不仅严重影响着项目落地,更对生态环境保护提出挑战,阻碍着经济社会与生态文明的协调发展。2014 年,国家开始探索推动"多规合一"试点工作。④ 浙江省"坡地村镇"项目尝试"多

---

① 《浙江省国土资源厅等 9 部门关于开展"坡地村镇"建设用地试点工作的通知》(浙土资发〔2015〕13 号)提出,在深入推进低丘缓坡"台地产业"建设用地试点的基础上,积极开展低丘缓坡"坡地村镇"建设用地试点工作。在前期探索的基础上,《浙江省人民政府办公厅关于做好低丘缓坡开发利用推进生态"坡地村镇"建设的若干意见》(浙政办发〔2018〕64 号)对推进生态"坡地村镇"建设做出了更加权威的规范性安排。

② 项江鸿:《浙江湖州:"坡地村镇"破解用地瓶颈》,《中国国土资源报》2016 年 9 月 3 日。

③ 《中共中央国务院关于加强耕地保护和改进占补平衡的意见》(中发〔2017〕4 号)提出转变耕地补充方式,强调生态文明、绿色发展对耕地补充的价值指引,对未利用地的成片开发严加控制。

④ 国务院颁发的《国家新型城镇化规划(2014—2020 年)》提出,要"推动有条件地区的经济社会发展总体规划、城市规划、土地利用规划等'多规合一'"。2014 年 12 月 5 日,由国家发改委、国土资源部、环保部和住建部联合下发的《关于开展市县"多规合一"试点工作的通知》要求,"开展市县空间规划改革试点,推动经济社会发展规划、城乡规划、土地利用规划、生态环境保护规划'多规合一'"。

规合一、点状布局",以期化解当前规划困局,强化生态环境保护。低丘缓坡的开发是一个复杂的系统工程,涉及土地管理、森林养护、草原保护、水土保持等多领域,关涉到众多法律法规所调整的不同利益。由于低丘缓坡的生态脆弱性,对其开发不仅要考量经济效益,更要注重生态保护,不能因土地资源综合开发导致对环境造成破坏。为了保证项目的顺利落地,"坡地村镇"建设以"环境友好""资源节约"为导向,要求"顺山地之势",注重土地利用总体规划、城乡规划、林地保护规划、水土保持规划、地质灾害防治规划、低丘缓坡开发规划、环境功能区划等之间的衔接,让试点项目在空间布局上实现"多规合一"。与此同时,按照"山、水、林、田、城"一体化的建设目标,在试点项目的落地建设上坚持"点状布局",建设规划布局体现生态化,建设用地落地面积按照建筑大小等量开发,项目其他部分均划为生态保留用地。依托新型城镇化、美丽乡村、农村旅游观光等建设,因地制宜地开发利用低丘缓坡,可以分别点状布局建筑、点状布局农房建设用地、点状进行配套设施建设。

(二)用地上探索构建"征转分离、分类管理"的运行机制

长期以来,建设用地一直采取"转征并行"的供地模式,这种模式的行政审批程序比较复杂,落地时间较长。在城乡统筹发展及公平补偿呼声日渐高涨的背景下,这种模式不可避免会呈现出一定程度的僵化面向。2010年,在前期一些地方探索的基础上,国土资源部正式提出把"征转分离"列入征地制度改革试点的重要内容之一。[①] 在具体实践样态上,所谓"征转分离"表现为在建设用地供给程序上"农用地转用"和"土地征收"的相对分离。浙江省的"坡地村镇"根据山坡地块的个性化特征,探索实施审批上的"征转分离",审批后的"分类管理"。在"坡地村镇"试点项目用地上,不再"贪多求全",坚持"用建"需求与实际"征转"的一一匹配。针对"坡地村镇"项目中将要建设占用的集体土地,按照法律规定履行农用地转用与土地征收程序。针对"坡地村镇"项目中的生态保留用地,可以采用"只征不转"的程序,即先办理土地征收手续,通过征收变成国有农用地;或者通过集体土地流转,保留集体农用地产权形态。"征转"程序完成之后,分别按照"建设

---

① 国土资源部办公厅《关于部署开展征地制度改革试点工作的通知》(国土资厅函〔2010〕633号)确定11个城市作为征地制度改革试点区域,并提出探索实施"征转分离"试点工作。

用地"和"生态保留用地的原用途"管理。这种模式不仅有利于生态保护，也有利于缓解征地补偿矛盾。

（三）供地上探索基于"点面结合"的"差别供地"运行机制

"坡地村镇"承载着"保生态、保发展、保耕地"的综合功能价值和规范指向，在用地上高度体现集约节约的战略导向。与此同时，"坡地村镇"项目用地与其他类型项目用地相比，具有一定的特殊性，按照"山、水、林、田、房"一体化的生态化布局，涉及林地、农用地、建设用地等资源的协调利用。立足于"点状布局"和"垂直开发"的客观要求，"坡地村镇"项目在供地上基于"点面结合"采用"差别供地"的运行机制。所谓"点面结合"，即如果项目为单体地块的点状用地，则单一供地，如果项目为多地块的点状整体用地，则组合供地。根据"坡地村镇"项目中不同用地的规划用途，因地制宜地"差别供地"，进而实现土地所用权和使用权的转让。"坡地村镇"项目在土地所有权转让上依法采用划拨抑或公开出让方式，针对项目中的公益性用地（包括农村旅游项目的附属基础设施用地、城镇开发建设的道路用地等）可以采用划拨方式供地，而经营性用地则需采用公开出让方式供地。"坡地村镇"项目中的生态保留用地通过租赁或土地流转方式实现土地使用权的转让，对已经实施征收的生态保留用地采用租赁的方式供地，通过合同依法明确项目业主与国有出租方的权利义务，保证生态保留用地的生态化利用；对未实施征收的生态保留用地采用土地流转的方式供地，通过签订流转合同确立集体经济组织与项目业主的权利义务关系，明确生态保留用地的使用限制条件。

（四）产权登记上探索实行"以宗确权、集成发证、一证多地"的运行模式

"坡地村镇"开发利用的低丘缓坡不同于一般比较平整的土地，涉及"山、林、水、田、城"等多种资源，由于采用"点状供地"，"坡地村镇"项目涉及的地块往往呈现出"点状抑或带状"的分散化状态。如果采用一块地对应一证书的确权发证模式，必然会产生一些问题。首先，"坡地村镇"项目是一个整体，是一个生态系统，任一地块的变动都会对该项目的整体运行功能产生影响。"一地块一证书"的确权发证模式易使"坡地村镇"项目的产权形象呈现出"分割化"的状态，容易导致权利主体随意分割转让或抵押"坡地村镇"项目中的单一或多个地块。其次，如果"坡地村镇"项目涉及的

地块较多,将会导致项目业主因为同一项目需要申请多个不动产权证书,这不仅不符合"简政放权"的行政改革理念,也会给业主的后期管理带来不便。为了防止"坡地村镇"项目被随意分割转让或融资抵押,保证项目一体化功能的整体发挥,"坡地村镇"在产权登记上实行"以宗确权、集成发证、一证多地"的运行模式。"坡地村镇"项目如果只涉及单一地块,那么就该地块为宗地开展土地确权登记,按一宗地一证书发放不动产权证;如果"坡地村镇"项目涉及多个点状地块组合的,就以各点状地块为宗地开展确权登记,但在核发不动产权证书时,依据规划用途的差别或产权管理的具体需求,多宗地集成一本不动产权证书或一宗地一证书。

三、"坡地村镇"创新实践深化推进的法治难点

在我国土地制度改革风云激荡的新时代,"坡地村镇"作为浙江省域的地方创新实践,其深化推广过程中亦会面临一些比较棘手的法治难题。它们的存在折射出"坡地村镇"自身发展的法治上升性以及对外在制度环境的改进需求。这些问题如果解决不好,将会影响"坡地村镇"的示范推广和法治升级。

(一)"坡地村镇"建设中政府主导和公众参与的平衡与协调

当前我国土地制度改革已进入攻坚期,面临的各种问题异常复杂,因此党中央确立了土地制度改革的"三条底线"。[①] 在此背景下,如何保障城乡融合发展的土地供给且在此过程中能够切实维护农民的权利日益成为影响乡村振兴战略落地的待解难题。我国土地法律法规及土地制度改革发展实践表明,政府在农村集体土地确权及所有权转移过程中始终处于主导地位。浙江省在推进"坡地村镇"项目过程中即始终发挥政府的主导作用。在政府主导逻辑已然确立并初见成效的情况下,如何在现有的法治条件下切实维护农民利益和集体土地所有权,已成为"坡地村镇"法治化推进必须正视的首要问题。当前在"坡地村镇"的实体正当性获得基本认可的情况下,从程序理性的角度完善"坡地村镇"建设中政府主导和公众参与的协调机制应该有所作为。"作为征地补偿的各方,必然会从自身的利益出发,天然地追求着自身利益的最大化。如果没有'善治'理念的指导,并辅

---

①　韩俊:《农村土地制度改革须守住三条底线》,《人民日报》2015 年 1 月 29 日。

以良好、互动的制度保障,移民始终会认为没有得到合理补偿,而政府无论给付多少也会认为自己已经足够慷慨。"①"坡地村镇"项目是一个系统工程,其在运行过程中不仅会涉及征地补偿问题,还会涉及项目选址、建设用地选择、项目设计、集体土地流转协调等众多问题。在"坡地村镇"项目运行中还会涉及"政府主导"与"村民自治"之间的衔接协调问题。"坡地村镇"项目实施中这些问题的妥善解决,当然离不开政府的强力推动,但同样离不开广泛的公众参与,否则"坡地村镇"项目将难以落地,甚至会引发新的社会矛盾。

(二)"坡地村镇"项目实施中不同类型土地资源"占补平衡"的整合

目前在我国并没有专门的法律法规对低丘缓坡做出相应的规定,有关低丘缓坡开发利用的规定分散地体现在《土地管理法》《森林法》《草原法》《水土保持法》等众多的法律法规之中。这些法律法规都比较重视低丘缓坡的保护性开发问题,《森林法》《水土保持法》明确禁止25度以上坡地的开发。"坡地村镇"项目通过综合开发低丘缓坡,实现了少占用乃至零占用耕地,增加了建设用地,优化拓展了国土开发空间。但与此同时,"坡地村镇"项目亦面临着对低丘缓坡保护性开发的内部利益协调问题。在低丘缓坡开发中,可能会涉及林地、荒草地及未利用地等资源。我国不仅对耕地实行了严格的保护,建立了"占补平衡"制度,而且对林草地同样建立了严格的保护性制度,林草地亦涉及"占补平衡"的规范要求。②"坡地村镇"项目虽然可以避免占用耕地,但不可避免地会占用林草地及其他农用地等。在耕地、林地同样受严格法律保护的情况下,囿于土地资源开发利用的行政指标化管理要求,如何做到既能使建设用地增加,同时又不减少耕地和

---

① 胡大伟:《水库移民征地补偿协商机制构建研究——基于合意治理的思考》,《中国土地科学》2013年第4期。

② 《中华人民共和国森林法》第十八条第一款:"进行勘查、开采矿藏和各项建设工程,应当不占或者少占林地;必须占用或者征用林地的,经县级以上人民政府林业主管部门审核同意后,依照有关土地管理的法律、行政法规办理建设用地审批手续,并由用地单位依照国务院有关规定缴纳森林植被恢复费。森林植被恢复费专款专用,由林业主管部门依照有关规定统一安排植树造林,恢复森林植被,植树造林面积不得少于因占用、征用林地而减少的森林植被面积。上级林业主管部门应当定期督促、检查下级林业主管部门组织植树造林、恢复森林植被的情况。"

林草地的数量,这无疑是一个需要统筹解决的法治实践难题。

(三)"坡地村镇"项目中"征转分离"制度创新的法治正当性质疑

"征转分离"是对《土地管理法》确立的"转后随征,征转并行"建设用地行政审批模式的创新。① 该项制度创新是对传统行政审批程序的简约化、灵活性处理,实践证明"征转分离"有利于提升土地供给效率,有助于土地节约集约化利用,不仅能够满足城乡融合发展的个性化用地需求,而且符合新时代土地的生态保护规范要求。当然,该项制度创新并非尽善尽美,目前学界对"征转分离"是否合法、合理还存在一定争议。首先,在日益强调"改革于法有据"的新时代,受制于《土地管理法》确立的"转后随征,征转并行"的规范要求,"征转分离"制度创新的合理性显然难以成为化解合法性质疑的规范理由。其次,在现行的法律制度框架下"征转分离"创新模式并非"百利而无害",在运行正当性方面依然有待拷问,还存在着有待化解的法治风险。对于"征转分离"如果操作不当、监管不严,容易导致"以租代征""二次补偿""违法用地""资金和债务风险""变相土地国有化"等问题的产生,最终可能会对最严格土地保护制度造成冲击。正如有研究者所言:"正是由于它对增强土地供给与保障能力、缓解征地矛盾的过分强调,造成征转分离模式下土地发展权市场价值的难以计算与集体土地入市路径的愈发狭窄;造成政府角色错位与土地所有权形具实虚;造成土地发展权市场价值的不当评估;造成土地增值利益共享机制构建的失败与政治信任流

---

① 《中华人民共和国土地管理法》(2004 年)第四十五条第二、三款规定:"征收前款规定以外的土地的,由省、自治区、直辖市人民政府批准,并报国务院备案。征收农用地的,应当依照本法第四十四条的规定先行办理农用地转用审批。其中,经国务院批准农用地转用的,同时办理征地审批手续。不再另行办理征地审批;经省、自治区、直辖市人民政府在征地批准权限内批准农用地转用的,同时办理征地审批手续,不再另行办理征地审批,超过征地批准权限的,应当依照本条第一款的规定另行办理征地审批。"《中华人民共和国土地管理法》(2019 年修正)基本延续了旧法的规定,第四十六条第二、三款规定:"征收前款规定以外的土地的,由省、自治区、直辖市人民政府批准。征收农用地的,应当依照本法第四十四条的规定先行办理农用地转用审批。其中,经国务院批准农用地转用的,同时办理征地审批,不再另行办理征地审批;经省、自治区、直辖市人民政府在征地批准权限内批准农用地转用的,同时办理征地审批手续,不再另行办理征地审批,超过征地批准权限的,应当依照本条第一款的规定另行办理征地审批。"

失现状的不改。"①浙江省"坡地村镇"项目中的"征转分离"主要针对生态保留用地,具体表现为"只征不转"的模式。此种模式面临的最大挑战体现在土地征收的发动事由方面。依据我国现行法律的规定,当建设需要占用土地时,可以使用国有土地,为了公共利益并给予公正补偿的情况下政府可以发动实施土地征收,进而实现集体土地的国有化。有学者称之为"三位一体农地非农化开发制度"②。可以说"建设使用"是土地征收的动因和目的,而"公共利益"是土地征收发动的前提和事由。从政策目标设定和实践运行逻辑来看,针对生态保留用地的"只征不转"的立足点在于更加合理地开发利用低丘缓坡,实现土地开发与生态保护的协调。基于此,"坡地村镇"项目中"生态保留用地"的"只征不转"方式的实质正当性显然存疑,"只征不转"的"公共利益"的前提考量是否正当,或者说是否必须通过征收的方式实现"生态保留用地"所有权的国有化转移?

四、乡村振兴战略下"坡地村镇"创新实践的法治因应

乡村振兴需要土地制度的创新实践和法治改革支撑。③ 在深入推进乡村振兴战略的新时代,"生态型"的土地资源开发供给模式比在任何时期都更受重视,亦更具有生命力和扩散价值。"坡地村镇"在统筹"耕地保护、生态保护、发展保障"方面的创新价值恰好符合我国土地制度改革的发展方向和需求,对于解决乡村振兴战略发展中的用地难问题具有极强的示范推广价值。"浙江同全国一样,是'七山一水两分田',人地矛盾突出,后备耕地资源匮乏;同时,浙江经济相对发达,工业化、城镇化程度较高,浙江土地管理遇到的困难和矛盾,是不少省份正在经历或将要经历的,从这个意义上说,浙江的'坡地村镇'可谓先行一步,具有典型示范价值。"④当然中国幅员辽阔,"坡地村镇"作为地方性智识,其深化推广还需根据土地法治理论和政策演进逻辑做一些优化。

---

① 徐文:《改革抑或过渡:征转分离制度之价值、成本及改良》,《西南民族大学学报(人文社会科学版)》2012 年第 8 期。

② 靳相木、陈箫:《土地征收"公正补偿"内涵及其实现——基于域外经验与本土观的比较》,《农业经济问题》2014 年第 2 期。

③ 赵龙:《为乡村振兴战略做好土地制度政策支撑》,《行政管理改革》2018 年第 4 期。

④ 董祚继:《"坡地村镇":开创低丘缓坡地综合利用新阶段——关于浙江省未利用地开发利用试点的调查与思考》,《中国土地》2015 年第 11 期。

（一）尊重村民自治权，完善"坡地村镇"建设的公众参与机制

"三农"问题异常复杂，其改革必将面临许多挑战。党的十八大以来，习近平总书记对深化农村改革做出许多重要论述，他强调农村改革"要尊重农民意愿和维护农民权益，把选择权交给农民，由农民选择而不是代替农民选择，可以示范和引导，但不搞强迫命令、不刮风、不一刀切"①。农村土地制度改革与创新作为乡村振兴战略推进的关键内容，应该始终以农民为中心，认真对待农民自治参与权，充分保障农民权益，让改革与创新成果惠及于民。"我们分析农民地权，必须掌握中国共产党希望通过这种权利来推动社会进步的思想，这就是法思想。另外，我们必须认识到，我们的设想最后要变成人民身上的权利和义务，因此我们必须调查人民对我们建立的法律制度的法感情。"②"坡地村镇"作为我国"三农"创新的典型实践和举措③，要成为法治化的制度成果，必须尊重农民的意愿，通过充分的公众参与让他们认同此项制度创新，并实现由"农民为中心"的政策设定向农民权利和义务的转化。相对于普通的建设项目，"坡地村镇"项目从规划到实施涉及的利益关系更加复杂，实际用地方式更加灵活多样，因此对于程序规范的要求会更高。良好的程序设计不仅可以有效控制地方政府"选择性政策执行"④，保障"坡地村镇"项目的有效落地，也有利于农民权益的保护。首先，在项目动议及规划阶段，当地政府需要先做好土地利用、环境保护等相关信息的披露、答疑和宣传解释工作，保证当地农民能够在充分了解的基础上做出理性的判断。在此阶段，政府主导作用应该体现在政策引导、专业技术支持和统筹协调等方面，而不能让政府主导取代村民自治，政府应该引导村民通过民主决策自觉欢迎并参与"坡地村镇"项目。其次，在项目实施阶段，"坡地村镇"项目用地方式相对灵活，不仅会涉及建设用地的征地补偿，而且还会涉及非建设用地的

---

① 《习近平在农村改革座谈会上强调尊重农民意愿维护农民权益 把选择权交给农民》，《中国青年报》2016年4月29日。

② 孙宪忠：《推进我国农村土地权利制度改革若干问题的思考》，《比较法研究》2018年第1期。

③ 浙江省国土资源厅土地利用规划处、浙江省国土资源厅耕地保护处：《浙江"坡地村镇"建设入选"2017年中国三农十大创新榜样"》，《浙江国土资源》2018年第2期。

④ 汪小红、朱力：《转型期征地问题的三重逻辑》，《华南农业大学学报（社会科学版）》2018年第1期。

利益补偿及流转问题。在此阶段,当地政府在充分尊重村民自治权的基础上,还需树立与农民对等的利益协商主体观念,赋予当地农民更多的选择权,让渡更多的综合开发利益,通过让当地农民充分参与到土地流转全程进而实现农民对政府行为的认同和理解,落实利益共享的土地制度改革要求。

(二)以国土空间用途管制改革为契机,健全优化"坡地村镇"项目的统筹协调体系和建设用地布局调整机制

过去"部门割据式"的自然资源管理体制影响着各类自然资源要素的统筹配置,不利于"山水林田湖草"①的统筹管理和生态保护,亦影响着"坡地村镇"建设中不同类型土地资源开发利用的利益整合。"例如,土地管理部门认定为荒地或未利用地的,林业部门则可能认定为林地或有林地。这样,土地部门开发未利用地的土地整治活动,会被林业部门认为是破坏森林的违法活动。"②自然资源部的成立为"坡地村镇"实施中不同类型土地资源"占补平衡"矛盾的缓解及利益整合奠定了坚实的组织保障。当然"坡地村镇"项目所涉及的众多法律利益的整合,单靠自然资源管理部门的力量显然不够,"坡地村镇"项目的统筹协调还要依赖地方政府牵引作用的发挥。基于浙江省"坡地村镇"试点实践暴露出的规划空间局促,难以适应"生态保护和发展保障"的客观需求,"坡地村镇"的制度提升和法治优化应该以国土空间用途管制改革为契机,健全优化"坡地村镇"项目的统筹协调体系和建设用地布局调整机制。一方面,基于地方需求和公众参与的现实考量,充分发挥地方自然资源管理部门的专业监管及规划优势,整合协调水利、环保、城乡建设、农业农村等部门的相关管理职能,在对规划编制达成共识决策的基础上,形成统一协调的"坡地村镇"专项规划运行监督机制,重点缓解不同类型土地资源"占补平衡"的紧张关系。另一方面,适应新时代生态文明建设以及产业融合发展的现实需要,在明确土地用途管制基本清单式条件的基础上,赋予地方一定的土地利用类型之空间选择和土地利用结构布局的优化调整权,通过优化调整提升"坡地村镇"的集约节约

---

① 习近平:《决胜全面建成小康社会　夺取新时代中国特色社会主义伟大胜利——在中国共产党第十九次全国代表大会上的报告》,《人民日报》2017年10月28日。
② 黄小虎:《把所有者和管理者分开——谈对推进自然资源管理改革的几点认识》,《红旗文稿》2014年第5期。

开发程度,激发当地政府"生态型"开发利用低丘缓坡的积极性,解决城乡融合发展的建设用地需求难题。

(三)明确"征转分离"法律地位,完善土地"征转"审批法律制度

浙江省"坡地村镇"项目中采用的"征转分离"主要针对生态保留用地,表现为"只征不转"的方式,但是"征转分离"创新实践还有"先征后转""先转后征""只转不征"等表现形式。如果"坡地村镇"制度创新向全国推广,"征转分离"的具体展示方式显然不会仅拘泥于"只征不转",必然会根据不同省(市)的地形地貌及城乡融合发展需求呈现出不同的样态。如何让"征转分离"改革于法有据,是全面推进依法治国背景下"坡地村镇"的落地生根及法治化升级需要化解的重要问题之一。基于"坡地村镇"法治化建设需要以及土地管理供给侧改革的客观要求,《土地管理法》修改中需要改革土地"征转"审批法律制度,依法确立"征转分离"制度。针对"坡地村镇"项目中的生态保留用地,既然不需要经过农用地转用程序,当然也没有必要通过土地征收的干预方式来保持原来的生态面貌,而且针对"坡地村镇"项目中的生态保留用地运用征收手段亦不符合行政法治上的比例原则。笔者认为,当前一方面可以通过集体土地流转的方式实现"坡地村镇"项目中生态保留用地的统一化运作,进而达成原用途管理,确保"坡地村镇"项目功能的完整发挥;另一方面针对"坡地村镇"项目中的生态保留用地,考虑到集体土地流转的不确定性以及征收手段的非必要性,可以探索引入准征收理念,在不改变生态保留用地的集体土地所有权、使用权的前提下,通过限制集体土地使用权开发利用强度的方式,进而实现生态保护的目的,达成原用途管理。当然,由于这种限制是为了"坡地村镇"项目建设,是针对特定群体的特别限制,从法理上讲,已经超出了普通公民应该承担的一般义务,构成了特别牺牲,应该给予土地权利人一定的补偿。

第四节　农村产业融合发展用地制度
创新的法理逻辑及实践困境

推动浙江实践再立新篇,推进浙江经验法治深化,需要立足于中国特

色社会主义法治理论和现行法治环境,梳理农村产业融合发展用地制度创新的演进脉络和法理逻辑,审视浙江农村产业融合发展用地制度创新实践的规范瓶颈,厘清农村产业融合发展用地制度创新空间。

一、浙江省农村产业融合发展用地制度创新的法理逻辑

(一)让"改革于法有据"是制度创新的法治坚守

法治强调稳预期、固根本、利长远,因此具有稳定甚至保守的特点。而改革创新强调打破常规,破旧立新。这导致法治和改革创新之间天然形成一种张力。长期以来,针对如何化解法治和改革创新之间的张力,存在着不同观点和实践操作模式。其中改革先行或者法治让位于改革的观点在很长一段时间里颇具影响力和代表性,所谓"良性违法乃至违宪"即是这一观点的典型表现形态。当然,随着依法治国的深入推进,这一观点也遭到广泛批评。尤其是党的十八大以来,不能以改革创新之名破坏法治日益成为广泛的社会共识。"在全面推进法治中国建设的形势下,需要用法治方式凝聚改革共识,用法治来统合改革与法治的关系。"①"让改革于法有据"成为制度创新的基本要求和法治界碑。按照创新提倡者熊彼得(Joseph Alois Schumpeter)的提法,所谓"创新"就是把一种从来没有过的生产要素和生产条件进行新的组合导入生产,建立一种新的生产函数。② 由此可见,创新实质上不是"另起炉灶"发明新事物、创造新世界,而是基于现实基础和条件设法寻求效率提升和效果改善的方式方法。基于此,用法治引领改革不仅让创新逐渐回归本真,而且让创新更具合法性、正当性。近年来,浙江省始终坚持用法治思维和法治方式引领改革,坚守"让改革于法有据"。针对农村产业融合发展用地保障问题,坚持在现有宪法和法律框架下开展土地制度创新实践。在全面梳理农村产业融合发展用地存在的问题及制度需求的基础上,坚持从具体政策上进行突破,提出了许多契合土地法治理论和政策走向的改革策略。

---

① 陈金钊:《如何理解法治与改革的关系》,《苏州大学学报(法学版)》2014年第2期。

② Joseph A. Schumpeter, The theory of economic development: an inquiry into profits, capital, credit, interest, and business cycle (Cambridge: Harvard University Press, 1934).

(二)以地方先行法治探索,推动我国土地制度改革的整体破局

　　浙江省一直比较重视法治建设,党的十五大提出依法治国基本方略后,浙江迅速贯彻落实党中央的精神,提出并推进依法治省工作。习近平同志在浙江省工作期间,针对浙江遭遇的"成长烦恼",立足于新形势新要求率先开展省域层面的法治先行实践,推出"法治浙江"战略。一直以来,浙江省沿着习近平同志擘画的法治浙江建设道路行而不辍,不断推动省域法治的理论创新和实践创新。"法治浙江"建设为发展和完善中国特色社会主义法治理论和法治体系提供了坚实的理论贡献和实践经验。2013年习近平总书记首次提出建设"法治中国",在党的十八届三中全会上,"推进法治中国建设"成为我国新时期社会主义民主法治建设的新目标。从"法治浙江"到"法治中国"印证了浙江省在法治建设、制度创新方面的先行地位。"三地一窗口"的时代定位,要求浙江继续肩负起为党和国家发展提供浙江智识、浙江经验和浙江样本的时代使命。新时代"法治浙江"建设承载着更高水平的发展重任。一定意义上,浙江省农村产业融合发展用地保障制度创新不仅是促进经济社会发展的改革举措,亦是先行先试的地方法治探索。浙江省立足乡村振兴战略行动计划,提出的农村产业融合发展用地保障的制度创新理念、思路、举措,对于破解农村"三块地"改革难题,进而带动我国农村土地法律制度整体破局具有较强的理论和实践价值。

(三)通过"政府引导、市场调节、村民自主参与"促进和保障农民土地财产权利的实现

　　浙江省作为改革开放的先行地,历来尊重民间的首创精神,善于发挥有为政府和有效市场"双轮驱动"的协同优势。近年来浙江省开展的农村产业融合发展用地制度创新充分展示了浙江的改革精神,也折射出权利与权力、政府与市场良性互动的规范逻辑。首先,无论是设施农用地形塑新业态的武义试点,抑或湖州的农业"标准地"建设试点、杭州的农村宅基地开发利用实践、绍兴的闲置农房及宅基地"激活"探索,都源于自生自发的市场需要。在土地资源相对贫瘠的情况下,针对乡村产业融合发展的急迫用地需求,因地制宜盘活现有资源,利用创新自主谋求空间扩展,是各地开

展实践的市场源动力和主要做法。各类制度创新在产生之初就打上了"市场决定作用"的烙印。其次,农村产业融合发展用地制度创新的浙江经验,不仅善于利用市场作用,注重"自生自发"优势,同时重视政府的积极引导作用。为了推进改革实践的规范发展,各地及时出台相关规范性文件,并从宣传引导、资源配置、组织保障等各方面提供全方位助力。再次,尊重村民自治,让村民自主参与改革实践。改革创新如果失去了社会公众的参与,且不能让老百姓受益都不能称之为成功的改革。党的十八大报告明确指出:"必须坚持人民主体地位。"①坚持人民主体,以人民为中心是我国改革开放取得巨大成就的成功密码。因此,农村产业融合发展用地制度创新能否顺利实施并取得实效,关键在于能否充分尊重村民自治,让村民自主参与改革实践。浙江省在推进农村产业融合发展用地制度创新的过程中,注重政府管制与村民自治之间的平衡和协调,不断完善和畅通村民自主参与的渠道。"政府引导、市场调节、村民自主参与"是推进农村产业融合发展用地制度创新正当化的重要手段,多措并举有效促进和保障了农民土地财产权利的实现。

二、农村产业融合发展用地制度创新的实践困境

农村土地制度改革难以一蹴而就,虽然新修订的《土地管理法》对党的十八大以来农村"三块地"改革的一些成功经验做出了法律确认,但此次修订并非尽善尽美,一些问题并没有得到法律回应,且相关新制度的落地依然任重而道远。浙江省各地前期开展的农村产业融合发展用地方试点实践为全国发展提供了很好的浙江经验和浙江样本。总体而言,各试点的改革为提炼改革经验、总结改革成效提供了丰富的素材,但一些深层次的问题依然不容回避,包括配套政策缺失问题、集体土地产权虚化弱化问题等,这些问题的解决亟待作为土地制度改革先导区的浙江省提供创新实践和智识。

---

① 胡锦涛:《坚定不移沿着中国特色社会主义道路前进 为全面建成小康社会而奋斗——在中国共产党第十八次全国代表大会上的报告》,《人民日报》2012 年 11 月 18 日。

（一）乡镇土地利用规划制定及执行法治化不足

推进乡村产业融合发展离不开各类规划的引导和制约，乡村产业融合发展用地供给有赖于科学化、精细化的乡镇土地利用总体规划和村土地利用规划的支撑。但是，相对于融合发展的乡村产业，乡镇土地利用总体规划和村土地利用规划表现出明显的滞后性。（1）乡镇土地利用规划缺乏前瞻性，规划更改审批比较频繁，刚性执行不够。在中国城镇化快速推进的过程中，土地利用规划编制的引领性和落地执行的刚性始终是一个聚讼颇多的问题。随着乡村振兴战略的稳步推进，这一问题在乡镇发展中越发凸显。长期以来以城市为中心的发展思路影响着乡镇土地利用规划的编制和执行，乡镇土地利用规划并没有受到重视，在编制上缺乏科学性和预判性，普遍过于简单粗疏。缺乏科学性、前瞻性的规划显然难以应对不断变化的社会实践，亦难以得到有效执行，实践中频繁更改规划在所难免。（2）村土地利用规划普遍不完善，对集体建设用地缺乏精细化规划。乡镇土地利用总体规划没有区分集体建设用地、集体经营性建设用地，建设用地类别化空间规划不明确。应该承担乡镇土地利用总体规划细化任务的村土地利用规划普遍不健全。虽然党的十八大之后，党和国家高度重视村土地利用规划的编制工作①，但让村土地利用规划从无到有，并进一步整合融入"多规合一"的实用性村庄规划非一日之功。（3）缺少对设施农业用地的统筹规划。设施农业用地是直接服务于农产品种植

---

① 中共中央、国务院《关于深入推进农业供给侧结构性改革加快培育农业农村发展新动能的若干意见》《关于落实发展新理念加快农业现代化实现全面小康目标的若干意见》提出，"加快编制村级土地利用规划"。中共中央办公厅、国务院办公厅《印发〈关于农村土地征收、集体经营性建设用地入市、宅基地制度改革试点工作的意见〉的通知》提出，"编制村级土地利用规划"。为贯彻落实党中央、国务院决策部署，国土资源部制定发布了《关于有序开展村土地利用规划编制工作的指导意见》（国土资规〔2017〕2号）。为促进乡村振兴战略深入实施，根据《中共中央　国务院关于建立国土空间规划体系并监督实施的若干意见》和《中共中央　国务院关于坚持农业农村优先发展做好"三农"工作的若干意见》等文件精神，2019年5月29日，自然资源部办公厅发布了《关于加强村庄规划促进乡村振兴的通知》（自然资办发〔2019〕35号），指导各地编制"多规合一"的实用性村庄规划。2017年12月26日，浙江省国土资源厅发布了《关于有序推进村土地利用规划编制和实施工作的指导意见》（浙土资规〔2017〕13号），该意见明确指出，村土地利用规划期限与现行土地利用总体规划一致，即当前以2020年为规划期，有需要的地区可展望至中远期。

养殖的设施土地,可使用一般耕地,特殊情况下占用永久基本农田的必须补划。① 设施农业用地虽然会用于建筑和构筑农业生产或附属设施,一定意义上发挥着建设用地的功能,但本质上是农用地范畴。基于此,利用和管理设施农业用地必须有独特的应对之策。针对设施农业用地的利用和管理,虽然国家出台了一系列的规范性文件,加大对新业态新产业发展的用地支持,但由于缺乏科学的规划引导,相关政策落地较难。与此同时,关于设施农业用地的监管依然存在一些盲区,借设施农业用地之名违法违规用地的现象时有发生。针对设施农业用地会涉及多个监管主体,如集体经济组织、乡镇、县级以上农业农村管理部门、自然资源管理部门等,这些主体的利益诉求和职责各不相同,在协同机制不健全的情况下,监管效果难免打折扣。

(二)农地产权的法律安定性和用地规模化流转之间存在一定张力

农地确权让农户获得了稳定、安全、可视化的土地承包经营权和宅基地使用权(资格权),进一步强化了集体经济组织成员的土地财产权意识。农地确权的基本完成对进一步深化农村土地制度改革具有里程碑的意义。当然,农地确权工作的基本完成,并不意味着农地确权矛盾和相关法律问题的一揽子解决,更不意味着土地流转障碍的自然解除。后农地确权时期农地面临着精细化、个性化调整、流转的迫切需要。在农村承包地方面,农村承包地再延长 30 年,具体如何操作,是保持原状自动延长还是根据情势变化调整延长呢?宅基地"三权分置"下农村宅基地资格权和使用权如何

---

① 2007 年 8 月,由国家质量监督检验检疫总局、国家标准化管理委员会发布的《土地利用现状分类》(GB/T 21010—2007)将设施农用地在二级类单列出来,隶属于一级类中的其他土地,对应于《土地管理法》中的农用地。2010 年 9 月,《国土资源部、农业部关于完善设施农用地管理有关问题的通知》(国土资发〔2010〕155 号)规定,设施农用地是指:直接用于经营性养殖的畜禽舍、工厂化作物栽培或水产养殖的生产设施用地及其相应附属设施用地,农村宅基地以外的晾晒场等农业设施用地。根据设施农用地特点,从有利于规范管理出发,设施农用地具体分为生产设施用地和附属设施用地。《国土资源部、农业部关于进一步支持设施农业健康发展的通知》(国土资发〔2014〕127 号)(该通知有效期为五年)规定,设施农业用地可分为"生产设施用地、附属设施用地以及配套设施用地"。《自然资源部 农业农村部关于设施农业用地管理有关问题的通知》(自然资规〔2019〕4 号)进一步规定,设施农业用地包括农业生产中直接用于作物种植和畜禽水产养殖的设施用地。

更好地区分确权登记? 农村承包地转为集体经营性建设用地之后,如何处理承包使用权证书与集体经营性建设用地证书? 等等。这些问题都有待进一步解答,且都会对农村产业融合发展用地制度创新产生影响。实践表明,个体化的农地确权给农村产业融合发展用地规模化发展产生了"双刃作用"。一方面,农地确权的确为农地资源市场化配置创造了条件,让农民在土地财产权初始登记中感受到了财产主体地位的价值。另一方面,农地确权也极大激发了农民对土地"私人资本化"的利用欲望。在缺乏政府有效引导和规制的情况下,如果村集体自治乏力,农地确权并不会让土地流转变得更加顺畅。确权到户面临着土地细碎化、地方政府积极性下降、村集体权能弱化的制度约束。①

(三)最严格耕地保护与乡村产业融合发展用地保障之间制度衔接不彰

粮食安全是关系国计民生的重大问题,实现国家粮食安全必须有一定数量的耕地作保障。人多地少是我国的基本国情,因此必须合理利用和充分保护耕地。党的十六届三中全会提出"实行最严格的耕地保护制度"。党的十七届三中全会在强调"实行最严格的耕地保护制度"之外,还提出"实行最严格的节约用地制度"。党的十八大以来,以习近平同志为核心的党中央持续重视耕地保护问题,进一步加强耕地保护力度,强调不突破耕地红线的底线思维。2017 年中共中央、国务院专门印发了《关于加强耕地保护和改进占补平衡的意见》。2019 年修订的《土地管理法》确立了"永久基本农田"保护制度,旧的《土地管理法》中的"基本农田"之表述全部被"永久基本农田"替代。随着相关法律与政策的不断完善,尤其是随着"三条控制线"统筹划定及落地,国土空间规划监督管理体系和能力的现代化,"最严格的耕地保护"将愈发刚性显化。而且"三条控制线"的划定实施将对乡村产业融合发展用地空间产生挤压效应。我国划定永久基本农田的工作早在 2017 年就已总体完成,划定永久基本农田的工作过程中,主要聚焦于城镇化发展和耕地保护的关系,较少关注到乡村产业融合发展用地问题。一些地方为保障城镇建设用地,在永久基本农田划定过程中,甚至将一些

---

① 罗明忠、唐超:《农地确权:模式选择、生成逻辑及制度约束》,《西北农林科技大学学报(社会科学版)》2018 年第 4 期。

原本可用于发展农村二、三产业，不具备划定条件的用地划为基本农田。①
但与此同时，在相关调整和衔接机制尚不健全的情况下，刚性的耕地保护
与乡村产业融合发展用地保障之间形成了强烈的冲突。乡村产业融合发
展形成新业态新产业，所谓新业态新产业虽然不同于传统农业，但本质上
都无法绕开农业而存在，进一步而言，新业态新产业的发展难以摆脱对耕
地及其他农村土地的倚重。在不破坏、不侵占耕地情况下，如何有效满足
乡村产业融合发展用地需求依然存在制度衔接上的障碍。

（四）土地用途管制滞后于乡村产业融合发展用地需求

首先，多元混合、交叉交替的复合利用方式对土地管理提出新的挑战。
乡村产业融合发展打破了生产、生活、生态区隔，对乡村土地呈现出多元混
合、交叉交替等综合利用态势，着力实现"三生"的有机融合，必然要求用地
保障和管理上的贯通和融合。但根据我国目前的法律法规，城乡用地采
用分类管制的原则，对农用地、建设用地、未利用地等有明确的规范界定，
根据界定类别区别管制。但实践中，各地类界限常被突破，农用地有意无
意地被运用于二、三产业建设。其次，新产业新业态内涵丰富、功能复合，
当前土地利用分类制度对其存在调适性障碍。2017 年，为了因应新兴产
业用地和生态用地的利用、保护和监管需要，国土资源部组织修订了土地
利用现状分类的国家标准，11 月 1 日，修订的标准经国家质检总局、国家
标准化管理委员会批准发布并实施。相比旧版的《土地利用现状分类》
（GBT21010—2007），新版的《土地利用现状分类》（GB/T21010—2017）进
一步明确、调整和完善了地类的含义、名称和类型。新标准是土地管理和
使用的重要基石，对于保障新时代土地利用的健康发展具有重要意义。但
与此同时，我们应该看到新标准依然继承了基于传统产业业态的土地利用
分类模式，针对建设用地的分类主要立足于城市规划用途思维。在城乡二
元发展的时代背景下这种土地分类规范能够比较顺畅地运行，但随着城乡
融合发展、产业融合发展，这种传统的分类模式逐渐暴露出不适应的地方。
长期以来农业、工业和商业服务业各行其道、界限分明，因此在土地利用分
类管理上亦遵循不同的运行轨迹。但是乡村新业态新产业展示了产业链
延长的特性，往往无法简单对应农业、工业和商业服务业中的任意一类。

---

① 王兆林、石永明：《乡村康养产业用地政策供给的有效性》，《中国土地》2020 年
第 7 期。

新业态新产业经常会涉及产业的渗透融合及要素的跨界配置,比如农旅项目是商业和农业的融合,农产品加工流通项目是工业和商业的融合等等。基于此,乡村新业态新产业用地打破了农业用地和建设用地、工业用地和商业用地的简单区隔。在这种情况下,基于传统的农业、商业、工业等分类模式而形成的土地利用及监管制度体系显然无法适应新业态新产业发展用地的需要。

(五)土地综合整治的赋权增能供给不足

乡村产业融合发展对土地规模、数量和空间布局都有较高的要求。细碎化、低效化的土地利用方式难以适应乡村产业融合发展的用地要求。土地整治作为耕地保护、土地合理利用、空间优化的重要手段,不仅有助于创建美丽乡村、生态乡村,也有助于满足乡村产业融合发展用地需求,推进乡村产业振兴。20 世纪 90 年代末期,针对耕地逐渐减少的严峻形势,党中央、国务院联合发文要求推动土地整理增加耕地。随后,土地整理伴随着党和国家政策的变迁[1]不断拓展、迭变,单一农田要素的土地整理不断转型升级为"山水林田湖村"全要素统筹的土地整治。浙江作为美丽乡村建设和绿水青山就是金山银山理念的策源地,在推动土地整治创新发展方面做出了许多有益探索。2001 年浙江省以城乡建设用地增减挂钩试点为契机,推动农村建设用地复垦,探索实施土地整理。2003 年,浙江省以"千村示范、万村整治"工程为依托全面开展乡村土地整治工作,为农村耕地保护、美丽乡村建设打开新局面,开启新征程。2018 年《关于实施全域土地综合整治与生态修复工程的意见》(浙政办发〔2018〕80 号)的出台让浙江省的土地整治迈入了一个新阶段。经过多年持续推动,当前浙江省已构建起"山水林田湖村"全要素的综合性土地整治格局,这种模式对于精准保障乡村产业融合发展用地需求发挥了积极作用。

---

① 《中共中央　国务院关于进一步加强土地管理切实保护耕地的通知》(中发〔1997〕11 号)提出"积极推进土地整理"。《国务院关于深化改革严格土地管理的决定》(国发〔2004〕28 号)提出"鼓励农村建设用地整理,城镇建设用地增加要与农村建设用地减少相挂钩"。党的十七届三中全会提出"大规模实施土地整治"。《自然资源部关于开展全域土地综合整治试点工作的通知》(自然资发〔2019〕194 号)提出"为贯彻落实习近平总书记对浙江'千村示范、万村整治'重要批示精神,按照《乡村振兴战略规划(2018—2022 年)》相关部署要求,自然资源部将组织开展全域土地综合整治试点工作"。

当然,在城乡深度融合发展背景下,土地综合整治也面临一些挑战。当前的土地综合整治实践存在着"城市中心""行政化""工程化"的运作痕迹。城乡平等是城乡融合发展的重要出发点和落脚点,但长期以来形成的"以城市为中心"的思维窠臼依然影响着土地综合整治,在资源统筹配置尤其是建设用地指标配置上依然存在"城市优先"的发展思路。此外,基于土地综合整治的综合特性,同时囿于基层农村治理体系的不完善和治理能力的不足,在土地综合整治实践中存在着过度行政化的倾向。对行政权力的过度依赖导致基层自治难以正常生长,公众参与常流于形式,难以得到实质化的推进。最为关键的是土地综合整治常以工程项目化(浙江省的"五水共治""三改一拆"等)的形式开展,这种基于工程管理的推进模式具有标准化、高效率的特征和优势,但偏重工程化的思维模式容易导致土地资源法治化配置的旁落,难以让村集体及农民充分施展和感受土地财产权利的主体价值,不利于乡村产业融合发展用地长效化保障机制的生长。过于重视农村土地整治工程建设属性而忽视其社会治理属性的做法,已经使得农村土地整治偏离了本源,并在一定程度上抵消了其发挥的正面效应。[1] 当前土地整治与集体经营性建设用地入市之间存在制度运行不畅的问题,土地综合整治形成的建设用地指标如何转化为集体经营性建设用地依然悬而未决,土地资源多元主体的沟通成本较高,土地综合整治中的多元主体利益共享机制依然不够完善。

(六)契约治理机制不完善引发乡村产业用地市场的公平交易风险

近年来,增加农村土地资源流动性,提高农村土地的财产权价值一直是我国农村土地制度改革的重要旨向。通过市场化交易促进土地资源的公平配置,是保障乡村产业融合用地供给的重要条件。2020 年中央一号文件明确强调"农村集体建设用地可以通过入股、租用等方式直接用于发展乡村产业"[2]。当然,公平安全的乡村产业用地交易市场需要完善的契约治理机制做保障。但长期以来由于受各种主客观因素的影响和制约,

---

① 刘新卫、赵崔莉:《农村土地整治的工程化及其成因》,《中国农村经济》2017 年第 7 期。

② 《中共中央 国务院关于抓好"三农"领域重点工作确保如期实现全面小康的意见》,《人民日报》2020 年 2 月 6 日。

乡村法治建设相对滞后。农村干部群众"重人情，轻契约"的情况比较普遍，相关的契约治理机制尚不完善，合同的签订、执行和监管等运转治理都存在一些漏洞和不足，无法防范交易风险，导致土地流转交易成本过高。一方面，由于土地流转市场发育的不充分以及农民契约意识的欠缺，农村集体和农户单方违约解约的现象时有发生。乡村产业投资方经营有道、基础设施明显改善、外界高价流转的影响等会提高出让方对土地流转的更高收益预期，当提高收益无法获得满足时，出让方可能提前提出解约要求。如果解约，投资方虽然可以获得一定补偿，但投资风险无疑加大。另一方面，有些乡村产业投资方并没有长久投资的意愿或者没有良好的经营能力，导致有关乡村产业融合发展项目烂尾，因其不当作业会导致土地的破坏或者影响农村集体和农户潜在的转让与获利机会，导致土地财产权价值难以有效实现，而且现行法律对此没有完善的应对之策。

第五节　优化与完善浙江省农村产业融合发展用地政策体系的对策建议

一、加快构建"多规合一"的乡村规划体系，保障农村产业融合发展用地供给与耕地保护的衔接与融合

编制实用性村庄规划是推进乡村振兴战略的基础性工作，是优化农村产业融合发展空间布局的重要条件，也是落实耕地保护的必要举措。党的十八大以来，党中央、国务院高度重视乡村振兴，并明确要求"加快编制村级土地利用规划"。2017 年 2 月，《国土资源部关于有序开展村土地利用规划编制工作的指导意见》（国土资规〔2017〕2 号）（有效期五年）对如何编制村级土地利用规划给予了政策性指引。2019 年 5 月 9 日，随着《中共中央国务院关于建立国土空间规划体系并监督实施的若干意见》（中发〔2019〕18 号）的发布，土地利用规划等被"多规合一"地正式融入国土空间规划。国土空间规划体系的建立为乡村规划制度体系建设提供了良好的发展契机。加快构建"多规合一"的乡村规划体系，不仅能够实现依法依规供地，满足农村第一、二、三产业融合发展用地需求，还能够提高土地利用效率，优化产业融合发展用地布局。构建"多规合一"的乡村规划体系，保

障农村产业融合发展,要注意以下几点:首先,要因地制宜,不搞一刀切,要根据当地经济社会发展情况、自然资源禀赋和农业文化的时空差异性做好村庄规划布局。村庄规划布局要兼顾产业发展与生态环境保护,注意对传统农业的适当保留及传承。其次,乡村规划一方面要坚持底线思维,严守生态保护、耕地保护、建设用地等"三条红线";另一方面要体现出一定的包容性,预留弹性空间,重视空间"留白",确保乡村规划能够适应农村产业融合发展用地的长远需求。最后,乡村规划要细化土地分类管制规则,明确产业用地强度及用途,引导农村产业集约化用地。合理规划和建设农村产业园区,引导入园单位共享农业设施用地及相关服务。

二、以土地要素市场化配置改革催化土地流转,提升农村产业融合发展用地的供给质量和效率

《中共中央国务院关于新时代加快完善社会主义市场经济体制的意见》(2020年5月11日)对进一步完善土地产权制度、深化土地要素市场化配置改革做出了全面部署。这些部署为化解乡村产业融合发展用地难题指明了方向,为催化土地流转创设了良好的政策环境。贯彻落实相关部署,亟待进一步完善土地流转方式,提升农村产业融合发展用地的供给质量和效率。首先,进一步夯实农村土地产权制度,探索开展"虚拟确权"①,推进农村土地股权化改造。引导、支持农户将其拥有的土地承包经营权、宅基地使用权等入股参与农村产业融合发展,构建完善的租金保底和利润分红相结合的利益分配机制,让农户更多参与分享农村产业融合发展成果。通过农村土地股权化改造能够加快推进土地流转,促进乡村产业融合发展用地的节约集约化供给。其次,不断创新使用土地银行、土地托管、合

---

① "虚拟确权"即"确权确股不确地",安徽省提出"虚拟确权"的概念。安徽省《关于在农村土地承包经营权确权登记颁证中使用确权确股不确地方式的规定》(皖农经〔2016〕9号)提出,"确权确股不确地"和"确权确亩不确界"要符合以下四个方面的条件:一是人均承包地面积较少;二是地貌发生改变,原承包地块已四至不清;三是实施土地整理或连片土地流转;四是已成立土地股份合作社。2014年中央一号文件提出:"可以确权确地,也可以确权确股不确地。"2014年11月,中共中央办公厅、国务院办公厅印发的《关于引导农村土地经营权有序流转发展农业适度规模经营的意见》中,开始强调土地确权登记"原则上确权到地到户,在尊重农民意愿的前提下,也可以确权确股不确地"。2015年中央一号文件则明确强调:"总体上要确地到户,从严掌握确权确股不确地的范围。"

作开发等方式高质量推进土地流转及盘活利用,让农民深度参与乡村产业融合发展。保障农村产业融合发展用地供给,不仅善于开发增量,还要盘活存量。在农村土地制度改革过程中,一些地方探索实施土地银行、土地托管、合作开发等方式,为促进农村产业融合发展用地供给侧改革发挥了积极作用。2020年7月,象山县出台了浙江省首个《农村集体土地合作建房管理办法》①,该办法对于推动闲置宅基地及农房的盘活利用,促进集体建设用地的开发利用,进而保障农村产业融合发展用地的有效供给将产生示范作用。再次,完善农村产权交易平台及配套服务政策,保障土地流转进而促进农村产业融合发展用地供给。与国有产权(公共资源)交易的配套资源建设相比,农村产权交易平台建设起步较晚,相关运作机制不够健全。推进土地市场化流转,保障农村产业融合发展用地供给,亟待健全农村产权交易平台,完善农村产权交易体系,构建政府引导与市场主导相结合的农村土地流转交易模式。加快构建"乡(镇)—县(区、市)—市—省"一体发展、分级服务的农村产权交易运行服务体系。鼓励支持中介服务机构健康发展、良性竞争,充分发挥专业机构对农村土地流转交易市场的促进作用。及时完善农村产权交易配套服务政策,引导农户通过农村产权交易平台达成土地流转,规范农村产权交易行为,提高农村产权交易的质量和效率。

三、厘清农村产业融合形成的新产业新业态类型,建立健全分类管理的用地政策体系

2019年自然资源部办公厅印发了《产业用地政策实施工作指引(2019年版)》(简称《指引》)②,该指引对现行繁复的农村产业用地政策

---

①　2020年7月31日,象山县自然资源和规划局、县农业农村局联合发布《象山县农村集体土地合作建房管理办法》(象自然资发〔2020〕32号),该办法自2020年9月1日起施行。

②　自然资源部根据土地管理法律法规规章及现行有效的规范性文件,梳理政策实施要点,编制形成《产业用地政策实施工作指引(2019年版)》,指导地方自然资源主管部门特别是市、县自然资源主管部门规范执行产业用地政策,同时供其他行业主管部门和用地者参考。《自然资源部办公厅关于印发〈产业用地政策实施工作指引〉(2019年版)的通知》(自然资办发〔2019〕31号)印发后,《国土资源部办公厅关于印发〈产业用地政策实施工作指引〉的通知》(国土厅发〔2016〕38号)同时废止,国家及有关部门新出台的政策规定与该《指引》及其引用的文件规定不一致的,以新的政策规定为准。

进行了要点梳理,对于推动农村产业融合用地创新实践规范化发展具有重要意义。农村产业融合发展改变了传统第一、二、三产业"独立自主型"的发展路径,呈现出复合交融的发展态势,形成了许多新产业新业态。因此,基于农村产业融合发展的内涵和特征,清晰地厘定新产业新业态的类型,并据此采取不同的用地方式和监管手段,是产业用地制度创新的逻辑遵循。一定意义上,在明确新产业新业态具体类型的基础上,构建完善分类管理的用地政策体系也是《指引》期望达成的行动目标,有助于进一步规范设施农用地分类使用标准,加强设施农用地的复垦管理,充分发挥"设施农用地监管系统"的作用,保障设施农用地的有效供给和合理使用。

四、深入推进基于城乡融合的全域土地综合整治,促进农村产业融合发展用地的集约精准配置

土地综合整治,让整治后的土地资源要素更多回归乡村、反哺乡村,改变土地要素向城市单向转移的惯性做法,让城乡要素公平地双向流转。深入推进基于城乡融合的全域土地综合整治是化解农村产业融合发展用地难的必要举措。近年来,浙江省通过全域土地综合整治的先行探索有效促进了城乡融合发展,初步纾解了农村产业融合发展用地难问题。2019 年浙江省实施乡村全域土地综合整治与生态修复 1140 万亩。[①] 2019 年 12 月,《自然资源部关于开展全域土地综合整治试点工作的通知》(自然资发〔2019〕194 号)部署要求全域土地综合整治的全国试点从 2020 年逐渐展开。2020 年中央一号文件进一步明确"开展乡村全域土地综合整治试点,优化农村三生空间布局"[②]。实现农村产业融合发展用地的集约精准配置,亟待进一步优化浙江省的全域土地综合整治机制。首先,为增强农村产业融合发展用地保障的内生动力,推动集体建设地的节约集约化利用,可

[①] 浙江省统计局、国家统计局浙江调查总队:《2019 年浙江省国民经济和社会发展统计公报》,http://www.zj.gov.cn/art/2020/3/5/art_1554031_42098617.html。

[②] 《中共中央 国务院关于抓好"三农"领域重点工作确保如期实现全面小康的意见》,《人民日报》2020 年 2 月 6 日。

以探索实施"小挂钩"①，推进县域范围内土地综合整治的市场化改革。清除集体经营性建设用地入市与土地整治割裂的制度"肠梗阻"，形塑土地综合整治的建设用地指标转化为集体经营性建设用地的法治化通道。调查表明，聚集性和聚合性是农村产业融合发展的突出特征，因此引导农村产业融合用地聚集发展，继续用好田园综合体、坡地村镇等政策工具，不仅是顺应和引导农村产业融合聚集发展的客观需要，也是土地集约节约利用的客观要求。

五、健全风险防控体系，保障农村产业用地市场的规范化发展

针对农村产业融合发展用地市场存在的契约治理风险，建议进一步健全农村产业用地市场交易服务机制，加强经营主体资格的备案审核，帮助农户提升运用法治方式进行市场交易的能力。构建完善农村产业融合发展用地市场交易的风险保障制度，推进履约保证保险制度，根据交易规模、风险大小确定风险保证金的缴纳数额。市场化风险保障金制度的确立，不仅能够化解"跑路""履约不能"等问题，还能解决"土地复原""环境保护"等问题。

六、小结

本章立足政策文本和试点实践，在梳理浙江省乡村产业发展用地存在的问题及制度需求的基础上，初步厘清了土地制度创新的演进脉络和法理逻辑，提出了契合土地法治理论和政策走向的对策建议，以期对完善乡村产业发展用地政策体系提供参考。当然，浙江省的农村产业融合发展用地制度创新与党和国家的相关法律及政策的完善息息相关，与我国农村土地制度改革的整体进程相呼应。在2019年新修订的《土地管理法》依然存在较多改进空间、农村土地制度改革难以一蹴而就的情况下，浙江省农村产业融合发展用地制度创新之路任重而道远。

---

①　成都市出台了《成都市集体建设用地整理与集中使用管理暂行办法》（成国土资发〔2008〕356号），开始探索实施。集体建设用地整理与集中使用，是指依据土地利用总体规划和土地整理专项规划，通过实施土地整理，将原有零星分散的集体建设用地复垦为耕地后，原集体建设用地面积扣除新建农民集中居住区用地面积后，节约的集体建设用地按照"城镇建设用地增加与农村建设用地减少相挂钩"的方式集中用于城镇建设的行为。

参考文献

一、中文著作

1. [德]汉斯·J.沃尔夫、奥托·巴霍夫、罗尔夫·施托贝尔:《行政法(第二卷)》,高家伟译,商务印书馆,2002。

2. [德]哈特穆特·毛雷尔:《行政法总论》,高家伟译,法律出版社,2000。

3. [德]卡尔·拉伦茨:《法学方法论》,黄家镇译,商务印书馆,2020。

4. [德]平特纳:《德国普通行政法》,朱林译,中国政法大学出版社,1999。

5. [法]蒲鲁东:《什么是所有权》,孙署冰译,商务印书馆,2019。

6. [荷]何皮特(Peter Ho):《谁是中国土地的拥有者——制度变迁、产权和社会冲突》(第2版),林韵然译,社会科学文献出版社,2014。

7. [美]理查德·A.艾珀斯坦:《征收——私人财产和征用权》,李昊、刘刚、翟小波译,中国人民大学出版社,2011。

8. [美]Daniel R. Mandelker:《美国土地利用管理:案例与法规》,郧文聚、段文技等译,中国农业大学出版社,2014。

9. [美]E.博登海默.《法理学:法律哲学与法律方法》(修订版),邓正来译,中国政法大学出版社,2004。

10. [美]R.科斯:《财产权利与制度变迁》,盛洪译,上海三联书店,1996。

11. [美]亨利·乔治:《进步与贫困》,吴良健、王翼龙译,商务印书馆,1995。

12. [美]杰瑞·L.马肖:《行政国的正当程序》,沈岿译,高等教育出版社,2005。

13．〔美〕罗纳德·H.科斯等：《财产权利与制度变迁——产权学派与新制度学派译文集》，刘守英等译，格致出版社、上海三联书店、上海人民出版社，2014。

14．〔美〕史蒂芬·布雷耶：《规制及其改革》，李洪雷、宋华琳、苏苗罕、钟瑞华译，北京大学出版社，2021。

15．〔美〕汤姆斯·戴伊：《权力与社会——社会科学导论》，柯胜文译，台北桂冠图书股份有限公司，2000。

16．〔美〕威廉·阿朗索：《区位和土地利用》，梁进社、李平、王大伟译，商务印书馆，2010。

17．〔美〕约翰·罗尔斯：《作为公平的正义——正义新论》，姚大志译，上海三联书店，2002。

18．〔美〕朱迪·弗里曼：《合作治理与行政法》，毕洪梅、陈标冲译，商务印书馆，2010。

19．〔日〕南博方：《日本行政法》，杨建顺、周作彩译，中国人民大学出版社，1988。

20．〔日〕盐野宏：《行政救济法》，杨建顺译，北京大学出版社，2008。

21．〔日〕宇贺克也：《国家补偿法》，肖军译，中国政法大学出版社，2014。

22．〔英〕威廉·韦德：《行政法》，徐炳等译，中国大百科全书出版社，1997。

23．〔英〕威斯特：《论资本用于土地》，李宗正译，商务印书馆，2015。

24．〔英〕约翰·斯图亚特·穆勒：《政治经济学原理及其社会哲学上的若干应用》，胡企林、朱泱译，商务印书馆，1991。

25．白昌前：《农村土地经营权实现法律保障研究》，法律出版社，2020。

26．鲍海君：《政策供给与制度安排：征地管制变迁的田野调查——以浙江为例》，经济管理出版社，2008。

27．陈红霞编《中外土地制度比较》，浙江大学出版社，2021。

28．陈家辉：《澳门土地法改革研究》，社会科学文献出版社，2014。

29．陈锡文、赵阳、陈剑波、罗丹：《中国农村制度变迁 60 年》，人民出版社，2009。

30．陈小君等：《我国农村集体经济有效实现的法律制度研究：理论奠基与制度构建》，法律出版社，2016。

31. 陈新民:《德国公法学基础理论(增订新版·下卷)》,法律出版社,2010。

32. 程雪阳:《中国地权制度的反思与变革》,上海三联书店,2018。

33. 崔友平编《共同富裕之路:巩固和完善农村基本经营制度》,中原农民出版社、红旗出版社,2019。

34. 大理市农村土地制度改革三项试点工作调研课题组:《农村土地制度改革:大理试点的探索实践》,中国社会科学出版社,2018。

35. 丁关良、蒋莉:《依法有序地推进土地承包经营权流转研究》,科学出版社,2013。

36. 董新辉:《乡村振兴背景下宅基地"三权分置"改革法律问题研究》,法律出版社,2021。

37. 董志凯、陈廷煊:《中国史话:土地改革史话》,社会科学文献出版社,2011。

38. 窦衍瑞:《行政补偿制度的理念与机制》,山东大学出版社,2007。

39. 杜润生:《杜润生自述:中国农村体制变革重大决策纪实》(修订版),人民出版社,2005。

40. 杜伟、赵华、黄善明:《深化农村集体经营性建设用地流转改革研究》,科学出版社,2021。

41. 杜雪君、黄忠华:《土地流转与城乡发展》,浙江大学出版社,2021。

42. 房绍坤等:《公益征收法研究》,中国人民大学出版社,2011。

43. 盖国强:《让农民把土地当成自己的——农村土地制度创新研究》,山东人民出版社,2014。

44. 盖凯程:《基于农村集体经营性建设用地入市的土地利益协调机制研究》,经济科学出版社,2021。

45. 甘藏春:《土地正义——从传统土地法到现代土地法》,商务印书馆,2020。

46. 高飞:《集体土地征收法制改革研究:法理反思与制度重构》,中国政法大学出版社,2019。

47. 高汉:《集体产权下的中国农地征收问题研究》,上海人民出版社,2009。

48. 高圣平:《农地三权分置的法律表达》,法律出版社,2023。

49. 高圣平:《中国土地法制的现代化——以土地管理法的修改为中

心》,法律出版社,2014。

50. 龚暄杰:《农村集体土地增值利益分享法治化研究》,法律出版社,2019。

51. 郭洁:《集体建设用地使用权流转市场法律规制的实证研究》,法律出版社,2013。

52. 郭亮:《土地流转与乡村秩序再造——基于皖鄂湘苏浙地区的调研》,社会科学文献出版社,2019。

53. 韩芳:《农村土地养老保障功能研究》,知识产权出版社,2010。

54. 何格、陈文宽:《同地同权下的征收补偿机制重构研究》,中国农业出版社,2013。

55. 贺雪峰:《地权的逻辑Ⅱ:地权变革的真相与谬误》,东方出版社,2013。

56. 贺雪峰:《地权的逻辑——中国农村土地制度向何处去》,中国政法大学出版社,2010。

57. 贺雪峰:《新乡土中国》,北京大学出版社,2013。

58. 胡平:《中国农地征收制度变迁及改革展望》,中国社会科学出版社,2017。

59. 华生:《城市化转型与土地陷阱》,东方出版社,2014。

60. 华生:《新土改:土地制度改革焦点难点辨析》,东方出版社,2015。

61. 黄善明等:《农村土地制度改革历程与现状研究》,科学出版社,2021。

62. 黄影颖:《土地山林权属争议案件确权规则与裁判指引》,法律出版社,2022。

63. 季金华、徐骏:《土地征收法律问题研究》,山东人民出版社,2011。

64. 蒋辉、吴永清:《乡村产业振兴研究》,社会科学文献出版社,2021。

65. 李春燕:《变革与重构:集体土地征收程序研究》,法律出版社,2017。

66. 李国健:《中国被征地农民补偿安置研究》,中国海洋大学出版社,2008。

67. 李新烽:《南非土地制度研究》,中国社会科学出版社,2022。

68. 李永安:《中国农户土地权利研究》,中国政法大学出版社,2013。

69. 李振山:《人性尊严与人权保障》,元照出版社,2001。

70. 连宏萍：《中国土地政策创新实践研究》，中国经济出版社，2021。

71. 梁慧星、陈华彬：《物权法》（第七版），法律出版社，2020。

72. 梁漱溟：《乡村建设理论》，上海人民出版社，2011。

73. 凌学东：《集体土地上房屋征收补偿价值的法律分析》，中国法制出版社，2014。

74. 刘承韪：《产权与政治：中国农村土地制度变迁研究》，法律出版社，2012。

75. 刘广明、尤晓娜：《"三权分置"视阈下宅基地使用权流转研究》，法律出版社，2021。

76. 刘婧娟：《中国农村土地征收法律问题》，法律出版社，2013。

77. 刘锐：《土地、财产与治理：农村宅基地制度变迁研究》，华中科技大学出版社，2019。

78. 刘守英：《土地制度与中国发展》，中国人民大学出版社，2018。

79. 刘守英：《直面中国土地问题》，中国发展出版社，2014。

80. 刘守英：《中国土地问题调查：土地权利的底层视角》，北京大学出版社，2018。

81. 刘同山：《城镇化进程中农村土地退出及其实现机制》，社会科学文献出版社，2020 版。

82. 刘正山：《大国地权：中国五千年土地制度变革史》，华中科技大学出版社，2014。

83. 陆剑：《集体经营性建设用地入市的法律规则体系研究》，法律出版社，2015。

84. 鹿心社：《研究征地问题 探索改革之路（一）》，中国大地出版社，2002。

85. 吕翾：《土地发展权研究》，华南理工大学出版社，2021。

86. 蒙晓阳：《私法视域下的中国征地补偿》，人民法院出版社，2011。

87. 彭小霞：《我国农村征地生态补偿法律保障机制研究》，法律出版社，2019。

88. 蒲坚：《中国历代土地资源法制研究》（修订版），北京大学出版社，2011。

89. 祁全明：《农村闲置宅基地治理法律问题研究》，法律出版社，2018。

90. 沈国明、关涛、谭荣、蒋明利：《农村土地制度改革：浙江故事》，科学出版社,2018。

91. 沈开举、方涧、司野等:《土地征收增值收益分配比例研究:理论、现实与规范》,法律出版社,2021。

92. 沈开举:《征收、征用与补偿》,法律出版社,2006。

93. 沈开举:《中国土地制度改革研究》,法律出版社,2014。

94. 沈开举主编《行政补偿法研究》,法律出版社,2004。

95. 石佑启:《私有财产权公法保护研究:宪法与行政法的视角》,北京大学出版社,2007。

96. 宋静、黄家章:《土地争议行民交叉裁判规则与案例解析》,中国法制出版社,2021。

97. 孙弘:《中国土地开发权研究:土地开发与资源保护的新视角》,中国人民大学出版社,2004。

98. 孙景淼、林健东等:《乡村振兴的浙江实践》,浙江人民出版社,2019。

99. 孙中山:《三民主义》,中国长安出版社,2011。

100. 谭荣:《中国土地制度导论》,科学出版社,2021。

101. 唐健、谭荣、魏西云:《农村土地制度改革的中国故事:地方政府行为的逻辑》,北京大学出版社,2021。

102. 田莉:《有偿使用制度下的土地增值与城市发展——土地产权的视角分析》,中国建筑工业出版社,2008。

103. 汪晖、陶然:《中国土地制度改革:难点、突破与政策组合》,商务印书馆,2013。

104. 汪晖:《中国征地制度改革:理论、事实与政策组合》,浙江大学出版社,2013。

105. 王玎:《准征收研究》,中国社会科学出版社,2021。

106. 王海燕:《私有财产权限制研究》,中国社会科学出版社,2017。

107. 王慧娟、施国庆:《城市郊区征地拆迁移民置换与补偿安置》,社会科学文献出版社,2013。

108. 王敬尧、魏来:《中国农地制度改革:经营制度、地方财政与基层治理的维度》,经济管理出版社,2018。

109. 王名扬:《法国行政法》,中国政法大学出版社,1988。

110. 王冉:《农村土地制度与治理逻辑研究》,中国社会科学出版社,

2021。

111. 王太高:《行政补偿制度研究》,北京大学出版社,2004。

112. 王铁雄:《征地补偿与财产权保护研究》,中国法制出版社,2011。

113. 王振江:《农村土地产权与征收补偿问题研究》,中国人民大学出版社,2008。

114. 韦彩玲:《农民土地权益保障政策——源起、评估及优化》,知识产权出版社,2020。

115. 魏国学:《城镇化进程中的三大问题:就业、土地和公共服务》,人民日报出版社,2015。

116. 文贯中:《吾民无敌:城市化、土地制度与户籍制度的内在逻辑》,东方出版社,2014。

117. 文兰娇、张安录:《城乡一体化下国土空间优化与土地收益分配研究》,科学出版社,2021。

118. 翁岳生:《行政法》,中国法制出版社,2002。

119. 吴春岐:《中国土地法体系构建与制度创新研究》,经济管理出版社,2012。

120. 习近平:《之江新语》,浙江出版联合集团、浙江人民出版社,2007。

121. 向勇:《中国宅基地立法基本问题研究》,中国政法大学出版社,2015。

122. 肖黎明:《倾听田野——集体土地征收法律制度研究》,知识产权出版社,2020。

123. 谢志岿:《弹簧上的行政——中国土地行政运作的制度分析》,商务印书馆,2015。

124. 徐涤宇、胡东海、熊剑波、张晓勇:《物权法领域公私法接轨问题研究》,北京大学出版社,2016。

125. 薛刚凌:《行政补偿理论与实践研究》,中国法制出版社,2011。

126. 阎其华:《自然资源法》,中国政法大学出版社,2021。

127. 阎巍、胡卉明:《集体土地征收案件裁判思路与裁判规则》,法律出版社,2020。

128. 姚昭杰、刘国臻:《我国土地权利法律制度发展趋向研究:以土地发展权为例》,中山大学出版社,2015。

129. 尹田:《中国海域物权制度研究》,中国法制出版社,2004。

130. 于霄:《中国农村土地信托法律问题研究》,上海人民出版社,2015。

131. 袁震:《农民土地权利论》,法律出版社,2020。

132. 袁震:《我国农村土地地权冲突与协调法律问题研究》,法律出版社,2020。

133. 张惠强:《土地的分利流转——以蓉城的改革试验为例》,人民出版社,2022。

134. 张琦等:《中国土地制度改革的新思考》,北京师范大学出版社,2014。

135. 张千帆、党国英、高新军等:《城市化进程中的农民土地权利保障》,中国民主法制出版社,2013。

136. 张千帆:《土地管理制度比较研究》,中国民主法制出版社,2013。

137. 张永辉:《宅基地使用权制度研究——以新型城镇化为视角》,法律出版社,2021。

138. 张占录等:《农村土地股份制理论与制度设计研究》,光明日报出版社,2022。

139. 章剑生:《现代行政法总论》(第2版),法律出版社,2019。

140. 章剑生:《行政程序法学原理》,中国政法大学出版社,1994。

141. 赵谦:《土地复垦监管的行政法研究》,法律出版社,2021。

142. 赵谦:《宪法依据问题研究——以我国土地整理立法为例》,人民出版社,2014。

143. 赵旭东、王光进等:《土地征收与房屋拆迁中的利益冲突及其法律调整》,法律出版社,2013。

144. 中国社会科学院农村发展研究所宏观经济研究室:《农村土地制度改革:国际比较研究》,社会科学文献出版社,2009。

145. 钟祥财:《中国土地思想史稿》,上海人民出版社,2014。

146. 周其仁:《产权与制度变迁:中国改革的经验研究》(增订本),北京大学出版社,2004。

147. 周其仁:《城乡中国(下)》,中信出版社,2014。

148. 庄斌:《土地承包权与经营权分置制度研究:改革逻辑与立法选择》,中国社会科学出版社,2018。

149. 邹士享、黄莉:《马克思主义住宅理论与中国农村宅基地开发研究》,中国社会科学出版社,2021。

二、中文报刊论文

1. 北京大学国家发展研究院综合课题组:《更新城市的市场之门——深圳市化解土地房屋历史遗留问题的经验研究》,《国际经济评论》2014 年第 3 期。

2. 蔡超:《"三权分置"还是"两权置换"?——城乡融合发展视域下的土地制度改革构想》,《西北农林科技大学学报(社会科学版)》2021 年第 1 期。

3. 陈金钊:《如何理解法治与改革的关系》,《苏州大学学报(法学版)》2014 年第 2 期。

4. 陈甦:《城市化过程中集体土地的概括国有化》,《法学研究》2000 年第 3 期。

5. 陈小君:《民法典时代土地管理法制改革契机与优化路径论纲》,《学术月刊》2022 年第 3 期。

6. 陈小君:《农村集体土地征收的法理反思与制度重构》,《中国法学》2012 年第 1 期。

7. 陈小君:《土地经营权的性质及其法制实现路径》,《政治与法律》2018 年第 8 期。

8. 陈小君:《我国〈土地管理法〉修订:历史、原则与制度——以该法第四次修订中的土地权利制度为重点》,《政法与法律》2012 年第 5 期。

9. 陈耀东、李俊:《集体建设用地流转与土地征收客体范围重叠的困境与出路》,《长白学刊》2016 年第 1 期。

10. 陈耀东:《集体经营性建设用地入市流转的法律进路与规则设计》,《东岳论丛》2019 年第 10 期。

11. 陈永杰、程艺萌:《新型城镇化背景下城中村改造中的治理创新——一个发展型权利框架》,《杭州师范大学学报(社会科学版)》2021 年第 6 期。

12. 成协中:《城市土地国家所有的实际效果与规范意义》,《交大法学》2015 年第 2 期。

13. 程雪阳、高林娜、蒋仁开:《建党百年土地法治建设的历史逻辑和基本经验》,《中国土地科学》2021 年第 12 期。

14. 程雪阳:《"土地承包关系稳定并长久不变"的理论争议与制度落实》,《中国法律评论》2021年第1期。

15. 程雪阳:《合宪性视角下的成片开发征收及其标准认定》,《法学研究》2020年第5期。

16. 程雪阳:《土地发展权与土地增值收益的分配》,《法学研究》2014年第5期。

17. 程雪阳:《重建财产权:我国土地制度改革的基本经验与方向》,《学术月刊》2020年第4期。

18. 崔雪炜:《论集体经营性建设用地入市中所有权区分归属的正当性》,《大连理工大学学报(社会科学版)》2021年第2期。

19. 丁俊华、蔡继明:《现行土地制度对我国城市化进程的制约及因应之策》,《河南大学学报(社会科学版)》2022年第1期。

20. 董祚继:《"三权分置"——农村宅基地制度的重大创新》,《中国土地》2018年第3期。

21. 方涧:《修法背景下集体经营性建设用地入市改革的困境与出路》,《河北法学》2020年第3期。

22. 傅鼎生:《"入城"集体土地之归属——城中村进程中不可回避的宪法问题》,《政治与法律》2010年第12期。

23. 高飞:《进城落户农户承包地处理之困境与出路》,《法学论坛》2019年第5期。

24. 高海:《论集体土地股份化与集体土地所有权的坚持》,《法律科学》2019年第1期。

25. 高海:《宅基地"三权分置"的法律表达——以〈德清办法〉为主要分析样本》,《现代法学》2020年第3期。

26. 高圣平:《农村土地承包法修改后的承包地法权配置》,《法学研究》2019年第5期。

27. 高圣平:《宅基地制度改革与民法典物权编编纂——兼评〈民法典物权编(草案二次审议稿)〉》,《法学评论》2019年第4期。

28. 龚刃韧:《中国农村土地征收的宪法困境》,《法学》2013年第9期。

29. 桂华:《地权形态与土地征收秩序——征地制度及其改革》,《求索》2021年第2期。

30. 郭冬艳、岳永兵、黄洁:《征地制度改革的路径选择》,《中国土地》2015年第6期。

31. 郭圣莉、董玉倩：《中国农村土地征收补偿分配制度的发展及演变——基于 55 份政策文本的内容分析（1978—2019 年）》，《经济与管理》2021 年第 6 期。

32. 韩长赋：《中国农村土地制度改革》，《农业经济问题》2019 年第 1 期。

33. 韩大元：《宪法与社会共识：从宪法统治到宪法治理》，《交大法学》2012 年第 1 期。

34. 韩俊：《农村土地制度改革须守住三条底线》，《人民日报》2015 年 1 月 29 日。

35. 韩松：《城镇化进程中入市集体经营性建设用地所有权归属及其与土地征收制度的协调》，《当代法学》2016 年第 6 期。

36. 何朝银：《试论我国农村土地制度的形成和发展——学习习近平总书记关于乡村振兴的重要论述》，《毛泽东邓小平理论研究》2020 年第 6 期。

37. 贺雪峰：《三项土地制度改革试点中的土地利用问题》，《中南大学学报（社会科学版）》2018 年第 3 期。

38. 胡大伟：《水库移民征地补偿协商机制构建研究——基于合意治理的思考》，《中国土地科学》2013 年第 4 期。

39. 胡鸿篙、林雪：《深化农村土地改革重在制度创新》，《人民论坛》2018 年第 13 期。

40. 黄常青：《城中村改造中的若干法律问题》，《中国党政干部论坛》2007 年第 1 期。

41. 黄俊辉：《中国农村集体土地法律制度变迁与完善图景》，《江西社会科学》2021 年第 9 期。

42. 黄贤金：《论构建城乡统一的建设用地市场体系——兼论"同地、同权、同价、同责"的理论圈层特征》，《中国土地科学》2019 年第 8 期。

43. 黄小虎：《把所有者和管理者分开——谈对推进自然资源管理改革的几点认识》，《红旗文稿》2014 年第 5 期。

44. 黄忠：《成片开发与土地征收》，《法学研究》2020 年第 5 期。

45. 黄忠：《城市化与"入城"集体土地的归属》，《法学研究》2014 年第 4 期。

46. 黄忠：《集体建设用地制度改革的征税与征收模式辨析》，《中外法学》2022 年第 1 期。

47. 姜红利、宋宗宇：《集体土地所有权归属主体的实践样态与规范解释》,《中国农村观察》2017 年第 6 期。

48. 靳相木、陈箫:《土地征收"公正补偿"内涵及其实现——基于域外经验与本土观的比较》,《农业经济问题》2014 年第 2 期。

49. 靳相木、王海燕、王永梅、欧阳亦梵:《宅基地"三权分置"的逻辑起点、政策要义及入法路径》,《中国土地科学》2019 年第 5 期。

50. 靳相木、王永梅:《新时代进城落户农民"三权"问题的战略解构及其路线图》,《浙江大学学报(人文社会科学版)》2019 年第 6 期。

51. 李凤章、苏紫衡:《集体土地征收制度再认识》,《国家检察官学院学报》2013 年第 3 期。

52. 李谦:《宅基地三权分置:法理思辨、基础澄清与制度安排——以〈德清办法〉为样本再分析》,《农村经济》2021 年第 8 期。

53. 李蕊:《管制及其改进:中国土地管理制度改革的逻辑进路》,《广东社会科学》2020 年第 4 期。

54. 李润国、赵青、王伟伟:《新型城镇化背景下城中村改造的问题与对策研究》,《宏观经济研究》2015 年第 8 期。

55. 李宴:《城中村土地制度问题本质及其治理路径》,《中国农业大学学报(社会科学版)》2012 年第 2 期。

56. 李祎恒:《我国土地征收补偿条款的规范变迁及功能转向》,《南京社会科学》2021 年第 11 期。

57. 梁慧星:《制定中国物权法的若干问题》,《法学研究》2000 年第 4 期。

58. 梁亚荣、高海燕:《宅基地征收补偿类型化立法探析》,《南京农业大学学报(社会科学版)》2014 年第 1 期。

59. 刘法威、杨衍:《城乡融合背景下乡村土地利用多功能转型研究》,《郑州大学学报(哲学社会科学版)》2020 年第 3 期。

60. 刘圣欢、杨砚池:《农村宅基地"三权分置"的权利结构与实施路径——基于大理市银桥镇农村宅基地制度改革试点》,《华中师范大学学报(人文社会科学版)》2018 年第 5 期。

61. 刘守英:《农村土地制度改革:从家庭联产承包责任制到三权分置》,《经济研究》2022 年第 2 期。

62. 刘守英:《中共十八届三中全会后的土地制度改革及其实施》,《法商研究》2014 年第 2 期。

63. 刘同山、张云华:《城镇化进程中的城乡二元土地制度及其改革》,

《求索》2020 年第 2 期。

64. 刘新卫、赵崔莉:《农村土地整治的工程化及其成因》,《中国农村经济》2017 年第 7 期。

65. 刘雨露、黄敏:《新中国农村土地制度改革 70 年:经验、挑战与展望》,《四川师范大学学报(社会科学版)》2019 年第 5 期。

66. 刘玉姿:《论作为土地征收目的的成片开发建设——兼评〈土地管理法〉第 45 条第 1 款第 5 项》,《北方法学》2021 年第 1 期。

67. 刘志昌:《习近平农村土地制度改革思想的价值旨归及其意义》,《社会主义研究》2017 年第 6 期。

68. 柳经纬、戴国朴:《集体土地入市法律问题再探讨——以 2019 年〈中华人民共和国土地管理法〉修改为中心》,《河南财经政法大学学报》2021 年第 3 期。

69. 陆剑、胡梦杰:《〈民法典〉视域下居住权征收补偿问题研究》,《中国土地科学》2020 年第 12 期。

70. 罗明忠、唐超:《农地确权:模式选择、生成逻辑及制度约束》,《西北农林科技大学学报(社会科学版)》2018 年第 4 期。

71. 罗舒雯、叶剑平:《"三权分置"背景下宅基地流转困境及协同治理模式构建——基于浙江省 L 市的实证调查》,《湖南农业大学学报(社会科学版)》2021 年第 4 期。

72. 罗玉辉:《新中国成立 70 年农村土地制度改革的历史经验与未来思考》,《经济学家》2020 年第 2 期。

73. 罗玉辉:《中国共产党百年农村土地制度改革的"变"与"不变"》,《中州学刊》2021 年第 8 期。

74. 马得懿:《基于有治与管制平衡的法律机制——以辽宁沿海滩涂的保护与利用为例》,《太平洋学报》2010 年第 10 期。

75. 马倩雲、张安录:《农村集体经营性建设用地市场风险及处理策略研究》,《土地经济研究》2016 年第 2 期。

76. 欧阳君君:《城市规划实施中的征地与集体经营性建设用地入市之关系协调》,《西南民族大学学报(人文社会科学版)》2019 年第 7 期。

77. 彭建辉、杨珍惠:《集体经营性建设用地入市问题探析》,《中国土地》2014 年第 11 期。

78. 祁黄雄、陆建广:《农村宅基地开发利用的案例研究——浙江联众公司"城仙居"模式利弊分析》,《中国土地科学》2010 年第 5 期。

79. 齐睿、李珍贵、李梦洁:《土地征收补偿与安置制度辨析》,《中国行政管理》2015 年第 1 期。

80. 钱忠好、牟燕:《乡村振兴与农村土地制度改革》,《农业经济问题》2020 年第 4 期。

81. 秦晖:《中国农村土地制度与农民权利保障》,《探索与争鸣》2002 年第 7 期。

82. 青岛市中级人民法院行政庭:《城中村改造中土地房屋征收补偿法律问题研究——基于以青岛为标本的实证分析视角》,《山东审判》2014 年第 4 期。

83. 曲相霏:《消除农民土地开发权宪法障碍的路径选择》,《法学》2012 年第 6 期。

84. 宋才发、金璐:《三权分置:农村土地制度创新的法治基础》,《中南民族大学学报(人文社会科学版)》2018 年第 5 期。

85. 宋志红:《"土地承包到期后再延长三十年"意味着什么不意味什么》,《法制日报》2018 年 1 月 31 日。

86. 宋志红:《乡村振兴背景下的宅基地权利制度重构》,《法学研究》2019 年第 3 期。

87. 孙宪忠:《推进我国农村土地权利制度改革若干问题的思考》,《比较法研究》2018 年第 1 期。

88. 唐健、谭荣:《农村集体建设用地入市路径——基于几个试点地区的观察》,《中国人民大学学报》2019 年第 1 期。

89. 陶然、王瑞民:《城中村改造与中国土地制度改革:珠三角的突破与局限》,《国际经济评论》2014 年第 3 期。

90. 陶自祥:《"三权分置"与农村土地流转制度创新——以 C 县"虚拟地块"制度创新为例》,《思想战线》2019 年第 6 期。

91. 童列春:《中国农地集体所有权制度理论解惑与重述》,《南京农业大学学报(社会科学版)》2018 年第 3 期。

92. 万举:《国家权力下的土地产权博弈——城中村问题的实质》,《财经问题研究》2008 年第 5 期。

93. 汪晖、陶然:《如何实现征地制度改革的系统性突破——兼论对〈土地管理法〉修改草案的建议》,《领导者》2009 年第 29 期。

94. 汪小红、朱力:《转型期征地问题的三重逻辑》,《华南农业大学学报(社会科学版)》2018 年第 1 期。

95. 王洪平、房绍坤:《论公益征收补偿的标准》,《山东社会科学》2010年第 11 期。

96. 王洪平:《论城中村改造中宅基地和村民住宅的依法处置》,《法治研究》2021 年第 5 期。

97. 王洪平:《论城中村改造中宅基地和村民住宅的依法处置》,《法治研究》2021 年第 5 期。

98. 王克稳:《论滩涂资源的法律属性及其法律适用》,《江苏行政学院学报》2014 年第 2 期。

99. 王克稳:《我国集体土地征收制度的构建》,《法学研究》2016 年第 1 期。

100. 王全兴、王甜甜:《集体建设用地"入市"中的政府优先购买权》,《法学》2019 年第 6 期。

101. 王铁雄:《城中村改造中土地权利配置法律问题研究》,《法学杂志》2016 年第 4 期。

102. 王兆林、石永明:《乡村康养产业用地政策供给的有效性》,《中国土地》2020 年第 7 期。

103. 魏程琳:《财产化还是治理化:宅基地"三权分置"改革的目标厘定与方案构建》,《农业经济问题》2021 年第 12 期。

104. 温世扬、梅维佳:《宅基地"三权分置"的法律意蕴与制度实现》,《法学》2018 年第 9 期。

105. 吴昭军:《集体经营性建设用地土地增值收益分配:试点总结与制度设计》,《法学杂志》2019 年第 4 期。

106. 吴昭军:《农村集体经济组织"代表集体行使所有权"的法权关系界定》,《农业经济问题》2019 年第 7 期。

107. 习近平:《高举中国特色社会主义伟大旗帜 为全面建设社会主义现代化国家而团结奋斗——在中国共产党第二十次全国代表大会上的报告(2022 年 10 月 16 日)》,《人民日报》2022 年 10 月 26 日。

108. 席志国:《民法典编纂视域中宅基地"三权分置"探究》,《行政管理改革》2018 年第 4 期。

109. 夏柱智:《国家治理视域中的土地制度改革》,《求索》2020 年第 2 期。

110. 夏柱智:《农村土地制度改革的进展、问题和启示——基于 33 个试点的资料》,《云南行政学院学报》2017 年第 5 期。

111. 谢保鹏、朱道林、陈英、裴婷婷、晏学丽:《土地增值收益分配对比研究:征收与集体经营性建设用地入市》,《北京师范大学学报(自然科学版)》2018年第3期。

112. 熊柴、蔡继明、刘媛:《城乡融合发展与土地制度改革》,《政治经济学评论》2021年第5期。

113. 徐建牛、李敢:《"坡地村镇"与乡村振兴的浙江探索——"本土化逆城镇化"现象的社会学分析》,《中国民政》2018年第10期。

114. 徐俊忠:《深刻领会习近平同志关于深化农村土地制度改革的重要论述》,《红旗文稿》2017年第8期。

115. 徐文:《改革抑或过渡:征转分离制度之价值、成本及改良》,《西南民族大学学报(人文社会科学版)》2012年第8期。

116. 薛小建:《征地补偿制度法律问题探讨》,《政法论坛》2010年第5期。

117. 严金明、蔡大伟、夏方舟:《党的十八大以来农村土地制度改革的进展、成效与展望》,《改革》2022年第8期。

118. 燕雨林、刘愿:《城镇化进程中城中村改造地权归属问题研究》,《广东社会科学》2013年第4期。

119. 杨登峰:《中国共产党百年土地政策试点的法治省思》,《法治现代化研究》2021年第6期。

120. 杨建顺:《我国公共补偿的相关立法》,《人民日报》2004年2月18日。

121. 杨一介:《论集体建设用地制度改革的法理基础》,《法学家》2016年第2期。

122. 叶必丰:《城镇化中土地征收补偿的平等原则》,《中国法学》2014年第3期。

123. 叶剑锋、吴宇哲:《宅基地制度改革的风险与规避——义乌市"三权分置"的实践》,《浙江工商大学学报》2018年第6期。

124. 于凤瑞:《〈土地管理法〉成片开发征收标准的体系阐释》,《中国土地科学》2020年第8期。

125. 岳瑞:《土地发展权语境下的留用地实质及制度优化研究》,《规划师》2022年第1期。

126. 岳永兵:《乡村振兴背景下农村土地制度改革与完善》,《中国国土资源经济》2021年第9期。

127. 曾盛聪:《地利共享、分配正义与政府责任:一个分析框架》,《人文杂志》2018年第10期。

128. 张春雨:《关于"城市土地国有"法律规定的几点思考》,《中国土地科学》2009年第2期。

129. 张桂文:《深化农村土地制度改革 促进城乡融合发展》,《辽宁大学学报(哲学社会科学版)》2021年第4期。

130. 张宏东:《论"村改居"不能自然改变集体土地所有权的性质》,《农村经济》2008年第10期。

131. 张嘉秋:《赋予渔民长期而有保障的水域、滩涂使用权——全国人大农委刘明祖主任委员在贯彻实施〈物权法〉暨渔业政策座谈会上的讲话》,《中国水产》2007年第7期。

132. 张京祥、林怀策、陈浩:《中国空间规划体系40年的变迁与改革》,《经济地理》2018年第7期。

133. 张兰、冯淑怡:《建党百年农村土地制度改革的基本历程与历史经验》,《农业经济问题(月刊)》2021年第12期。

134. 张千帆:《"公正补偿"与征收权的宪法限制》,《法学研究》2005年第2期。

135. 张清勇、丰雷:《谁是中国沿海滩涂的所有者?——滩涂所有权的制度变迁与争议》,《中国土地科学》2020年第9期。

136. 章剑生:《行政征收程序论——以集体土地征收为例》,《东方法学》2009年第2期。

137. 赵龙:《为乡村振兴战略做好土地制度政策支撑》,《行政管理改革》2018年第4期。

138. 赵祥:《"再集体化"与政策协同:集体建设用地入市改革的路径分析——基于广东佛山市南海区改革试点的经验分析》,《岭南学刊》2019年第4期。

139. 郑淋议、钱文荣、郭小琳:《农村土地制度改革的研究进展与经验深化——来自改革先行地浙江的探索》,《当代经济管理》2020年第2期。

140. 郑品芳、李佑新:《中国共产党百年农村土地政策制度改革研究》,《湖南大学学报(社会科学版)》2021年第2期。

141. 郑卫:《杭州市城市房屋拆迁补偿政策变迁》,《中国土地科学》2010年第2期。

142. 郑振源、蔡继明:《城乡融合发展的制度保障:集体土地与国有土地同权》,《中国农村经济》2019 年第 11 期。

143. 中央农村工作领导小组办公室、浙江省农业和农村工作办公室：《习近平总书记"三农"思想在浙江的形成与实践》,《人民日报》2018 年 1 月 21 日。

144. 周珂：《海域物权法理浅议》,《法学杂志》2008 年第 3 期。

145. 周应恒、刘余：《集体经营性建设用地入市实态：由农村改革试验区例证》,《改革》2018 年第 2 期。

146. 朱一中、曹裕：《农地非农化过程中的土地增值收益分配研究——基于土地发展权的视角》,《经济地理》2012 年第 10 期。

147. 祝天智：《集体经营性建设用地入市与征地制度改革的突破口》,《现代经济探讨》2014 年第 4 期。

三、外文文献

1. Jacques Sluysmans, Stijn Verbist, Regien de Graaff, "Compensation for Expropriation: How Compensation Reflects a Vision on Property", European Property Law Journal 3, no. 1(2014).

2. Jinlong Gao, Yansui Liu, Jianglong Chen, "China's Initiatives Towards Rural Land System Reform", Land Use Policy 94, no. C(2020).

3. Kang-Moo Heo, "Legal Issues on Expropriation and Compensation for Projects for Urban Planning Facilities", Administrative Law Journal 35 (2013).

4. Louise A. Halper, "Law: A New View of Regulatory Takings?", Environment: Science and Policy for Sustainable Development 36, no. 1(2010).

5. Louise A. Halper, "Law: A New View of Regulatory Takings?", Environment: Science and Policy for Sustainable Development 36, no. 1 (2010).

6. Mendelson M. H., "Compensation for Expropriation: The Case Law", The American Journal of International Law 79, no. 22(1985).

7. Richard A. Epstein, Takings: Private Property and the Power of Eminent Domain(Cambridge: Harvard University Press, 1985).

8. Sergey A. Starostin, "Public-Private Partnership as a Perspective Administrative Law Form of Implementation of Executive Power", Jurist

10(2018).

9. Sherry John E. H., "Land Regulation and Property Rights", Cornell Hotel and Restaurant Administration Quarterly 37, no. 2(1996).

10. Susan H. Whiting, "Rural Land Takings Law in Modern China: Origin and Evolution", The China Quarterly 237(2019).

11. Susan Marks, "Expropriation: Compensation and Asset Valuation", The Cambridge Law Journal 48, no. 2(1989).

12. Yiğit Sayın, Amnon Lehavi, Bertil Emrah Oder, Murat Önok, Domenico Francavilla, Victor Torre de Silva, R. Sudarshan, "Land Law and Limits on the Right to Property: Historical, Comparative and International Analysis", European Property Law Journal 6, no. 1(2017).

后 记

　　恩师章剑生教授时常告诫门生,做学术研究要有"阵地战"意识,应该围绕着某个专题进行持续、深入地研究,写出一批高质量的学术论著,占据这个学术领域的制高点。在一定意义上,拙作是本人试图坚守土地法治"阵地",作"延长线"研究的学术小结。博士期间,受导师章剑生教授的耳提面命和悉心指导,本人选取水库移民征地补偿进行系统梳理和独立批判,在《中国土地科学》《大连理工大学学报(社会科学版)》《中国农村水利水电》等专业期刊上发表了系列论文,并撰写了博士学位论文。由此,以土地征收与补偿为源点及扩散基地的土地法治与土地法学便为本人持续关注的研究领域。

　　近年来,关于农村土地制度改革的呼声始终高涨,相关问题受到理论界和实务界的广泛关注。农村土地制度改革实践在我国不同区域呈现出不同的特征,对这些地方性知识进行深入总结提炼,才能提出更有针对性的政策建议,建构更有生命力的法律制度。改革开放以来,浙江在农村土地制度改革创新方面开展了许多有益的探索。尤其是党的十八大以来,浙江积极贯彻落实党中央深化农村土地制度改革的战略部署,在众多领域先行先试,探索形成了一系列具有推广价值的地方经验。系统探究浙江农村土地制度创新的演进脉络、法理逻辑以及法治因应策略,具有重要的理论和实践意义。基于此,本人对浙江农村土地制度改革实践展开追踪调查,全面梳理、总结和分析相关改革经验,以此为基础展开法理剖析,探索提出农村土地制度深化改革的法治因应之道,以期为高质量推进乡村振兴战略做好土地法律政策支撑,为进一步完善土地法治体系提供理论支持和对策参考。为此,本人积极尝试把学术成果转化成资政成果,目前已取得些许成效,相关成果先后得到最高人民法院领导和杭州市委主要领导的肯定性批示。

　　完成这部专著的过程中,本人经历了一段艰辛又充满挑战的人生阶段。如今,这部作品即将付梓,借此机会衷心感谢给予我无私帮助和支持的人。

感谢导师章剑生教授、周永坤教授、胡玉鸿教授的学术引领和悉心教诲;感谢中国人民大学法学院高圣平教授、浙江大学中国农村发展研究院丁关良教授拨冗作序;感谢本人所在单位同仁们的宽容以待和真诚关爱。

感谢《中国土地科学》《自然资源学报》《浙江学刊》《治理研究》《农村经济》《湖南农业大学学报(社会科学版)》等刊物及相关编辑,因为你们的厚爱和青睐得以让拙著的部分内容及观点提前面世,让我能够保持信心坚守土地法治与土地法学研究。感谢浙江大学出版社及蔡圆圆编辑,让拙著得以顺利出版发行。

最后,感谢家人的默默付出与支持。本人从一个普通的农家子弟成长为高校教授,经历诸多艰辛和磨难,尝遍酸甜苦辣。没有他们的支持与鼓励,本人断然无法夯实自己,坚定地走向未来,亦无法顺利完成这部专著。

胡大伟